的是，此刻在政治上整個中國仍然處於「一分為二」的艱苦狀
態，加上馬列教條的種種限制，我們不可能邀請大陸學者參與撰
寫工作。不過到目前為止，我們已經獲得八十位以上海內外的學
者精英全力支持，包括臺灣、香港、新加坡、澳洲、美國、西德
與加拿大七個地區；難得的是，更包括了日本與大韓民國好多位
名流學者加入叢書作者的陣容，增加不少叢書的國際光彩。韓國
的國際退溪學會也在定期月刊《退溪學界消息》鄭重推薦叢書兩
次，我們籍此機會表示謝意。

原則上，本叢書應該包括古今中外所有著名的哲學思想家，
但是除了財源問題之外也有人才不足的實際困難。就西方哲學來
說，一大半作者的專長與興趣都集中在現代哲學部門，反映著我
在近代哲學的專門人才不太充足。再就東方哲學而言，印度哲
部門很難找到適當的專家與作者；至於貫穿整個亞洲思想文化
教部門，在中、韓兩國的佛教思想家方面雖有十位左右的作
，日本佛教與印度佛教方面卻仍近乎空白。人才與作者最
在儒家思想家這個部門，包括中、韓、日三國的儒學發展
能令人滿意。總之，我們尋找叢書作者所遭遇到的這些
於我們有一學術研究的重要啟示（或不如說是警號）：
思想、日本佛教以及西方哲學方面至今仍無高度的研
必須早日設法彌補這些方面的人才缺失，以便提高
平。相比之下，鄰邦日本一百多年來已造就了東西
部門的專家學者，足資借鏡，有待我們迎頭趕
弟三家為主的中國哲學，可以說是傳統中國思
基，有待我們經過一番批判的繼承與創造的發

世界哲學家叢書

弗　洛　伊　德

陳　小　文　著

1994

東大圖書公司印行

國立中央圖書館出版品預行編目資料

弗洛伊德／陳小文著.--初版.--臺北
市：東大發行：三民總經銷，民83
　　　面；　　公分 --（世界哲學
家叢書）
參考書目：面
含索引
ISBN 957-19-1684-6（精裝）
ISBN 957-19-1685-4（平裝）

1.弗洛伊德(Freud, Sigmand,)-
(1856-1939)學術思想—心理學
175　　　　　　　　83007570

弗 洛 伊 德

著作人　陳小文
發行人　劉仲文
著作財產權人　東大圖書股份有限公司
發行所　東大圖書股份有限公司
地址／臺北市復興北路三八六號
郵撥／○一○七一七五一○號
印刷所　東大圖書股份有限公司
總經銷　三民書局股份有限公司
門市部　復北店／臺北市復興北路三八六號
　　　　重南店／臺北市重慶南路一段六十一號
初版　中華民國八十三年九月
編號　E 14053①
基本定價　伍元伍角陸分
行政院新聞局登記證局版臺業字第○一九七號

有著作權‧不准侵害

ISBN 957-19-1684-6（精裝）

「世界哲學家叢書」總序

本叢書的出版計畫原先出於三民書局董事長劉振強先生多年
來的構想，曾先向政通提出，並希望我們兩人共同負責主編工
作。一九八四年二月底，偉勳應邀訪問香港中文大學哲學系，
月中旬順道來臺，即與政通拜訪劉先生，在三民書局二樓
商談有關叢書出版的初步計畫。我們十分贊同劉先生的構
為此套叢書（預計百冊以上）如能順利完成，當是學術
事業的一大創舉與突破，也就當場答應劉先生的誠懇
擔任叢書主編。兩人私下也為叢書的計畫討論多次各
稿細則」，以求各書可循的統一規格，尤其在內環
書必須包括(1)原哲學思想家的生平；(2)歷史
境；(3)思想傳承與改造；(4)思想特徵及其
地位；(6)對後世的影響（包括歷代對他的
想的現代意義。

作為叢書主編，我們都了解到，以
與時間，要去完成多達三、四百冊的
是不可能的事。光就人力一點來說
些困難（如筆債太多之類），不
的簽約作者，暗示過繼續邀請

展，重新提高它在世界哲學應有的地位。為了解決此一時代課題，我們實有必要重新比較中國哲學與（包括西方與日、韓、印等東方國家在內的）外國哲學的優劣長短，從中設法開闢一條合乎未來中國所需求的哲學理路。我們衷心盼望，本叢書將有助於讀者對此時代課題的深切關注與反思，且有助於中外哲學之間更進一步的交流與會通。

最後，我們應該強調，中國目前雖仍處於「一分為二」的政治局面，但是海峽兩岸的每一知識分子都應具有「文化中國」的共識共認，為了祖國傳統思想與文化的繼往開來承擔一分責任，這也是我們主編「世界哲學家叢書」的一大旨趣。

傅偉勳　韋政通

一九八六年五月四日

自　序

如果在十多年前問我弗洛伊德是何許人也，我會瞠目以對。第一次知道弗洛伊德的名字還是在西方哲學史的課堂上，當時老師超出題外講到弗洛伊德的泛性主義觀點，使我們這些剛進大學的少男少女既羞澀又興奮，此後就一直琢磨著要找本書來看看。北大圖書館的藏書目錄卡上有1949年以前商務印書館出版的《精神分析引論》，也有臺灣版《夢的解釋》，每次我們把條子遞進去的時候，都被管理員打了回來，告訴我們是禁書不借，並以奇怪的目光盯著人，使你有偷看黃色書籍的難堪。當時撩人心性的還有尼采，他的權力意志使我們這些剛入大學的「天之驕子」聽了耳熱，想從其書中找點成名成家的精神動力。其時尼采被當作法西斯主義的理論前驅，他的著作也屬禁閱之列，但是在北大圖書館的文科閱覽室裏，居然有一本複印的《查拉圖斯特拉如是說》供人自由閱覽，因此我們當時忿然不解，為什麼法西斯主義理論者的著作可以自由閱覽，而作為心理學家的弗洛伊德的書籍却被禁止借閱？甚為感嘆道德的禁錮甚於政治。

1984年，商務印書館重印《精神分析引論》，舉世為之注目，外電紛紛報導，商務印書館為此還專門召開了一次記者招待會，可見其意義之重大。記得當時我們也異常興奮，奔走相告去搶購。由於購書人太多，新華書店只滿足提前預訂者，一時間持有預訂單的人成了人們追逐的對象，一如上海股民追逐股票認購

證一樣。為了買到書，大家紛紛塗改訂單，將 1 本改為10本， 2
本改為20本。我就是通過這種方式買到這本書的。當我以獵奇的
心態一口氣讀完這本書以後，購書的興奮轉變為閱後的驚恐。按
照書中的觀點，我不斷地反躬自問是否有戀母恨父的俄狄普斯情
結，是否有自戀的那西索斯情結；一覺醒來，就要回憶昨晚是否
做夢，其夢境又具有什麼樣的性的含義；我有輕度恐高症，按照
弗洛伊德的觀點，之所以恐高是因為擔心別人推你下去，之所以
擔心被推下去是因為你無意識中有一種推人下萬丈深淵的欲望，
或者說兒時受過這方面的創傷，我嚇出了一身冷汗，我有推人下
萬丈深淵的欲望嗎? 我小時候把人從高處推下去過沒有? 當時弗
洛伊德著實使我擔驚受怕了一陣子。其後弗洛伊德的著作如雨後
春筍般出版了，還形成了一股不大不小的熱潮，而此時我倒冷靜
了下來。

　　重讀弗洛伊德是在讀研究生之後。我研究的方向是海德格
爾，不知為什麼我總感到海德格爾與弗洛伊德具有某種共通的地
方，這是一種很奇怪的想法，但我相信不會錯。因此，在讀書時
我不斷地將其對比，經過不斷地思索，我逐漸認識到，那就是在
自由和人的問題上，他們兩人都使自由由外在轉向內在，使人從
抽象走向具體。弗洛伊德的這一思想被弗洛姆和馬爾庫塞闡釋得
更清楚。

　　1991年秋，洪漢鼎老師講到東大圖書公司正在編輯一套《世
界哲學家叢書》，問我是否願意為之撰稿，我挑選了尼采和弗洛
伊德，因為這兩人都是我非常熟悉的人物，寫起來可能會得心應
手些。承蒙傅偉勳教授的支持，同意我撰寫弗洛伊德。我原本擬
定半年時間寫完，可是當我擬定寫作提綱時，越來越感到要全面

準確地評介弗洛伊德何其難也，我閱讀了大量的中外文書籍，力圖從中找出一本便捷的參考書，最後不得不放棄這一企圖，決定直接從原著著手，從弗洛伊德本人那裏找出一條便捷的通達他的思想的途徑。我至今還記得我意外地借到弗洛伊德研究版全集時的喜悅心情，我激動得語無倫次，來不及擦去書上的塵土就心急火燎地翻閱起來。我從原著中理清了思路，按照弗洛伊德的觀點將其思想分為導論和本論兩個部分，導論包括過失、夢和神經病的研究，本論包括無意識、本能和文化哲學的研究。但是架起了屋架並不意味著造得成大廈，開得出菜單不一定炒得出菜，寫作的過程也不是一帆風順的，每一章的完成真如尼采所說，有如母雞下蛋的痛苦，當然亦有母雞下蛋的痛快。好幾次都有打退堂鼓的念頭。感謝武維琴老師和洪漢鼎老師的不斷鼓勵和支持，經過兩年的努力，終於寫出了現在呈現在讀者面前的這本書。也許這座大廈造得不好，也許這道菜不合口味，但是每念及自己已盡其能，也就心安了，唯一希望的是，請讀者多多批評指教，以便提高我對弗洛伊德的認識。

目　次

第一章　弗洛伊德的生平

1856年5月6日，弗洛伊德出生於摩拉維亞的弗萊堡 (Freiberg in Moravia) 的一個猶太人的家庭。摩拉維亞的弗萊堡今屬捷克斯洛伐克，當時歸奧匈帝國統治。但弗洛伊德的祖籍並不屬於奧地利，他的祖先像所有的猶太人一樣居無定所，到處漂泊。他的家族曾住在萊茵河 (Rhine) 畔的科隆 (Cologne) 附近。十四世紀至十五世紀之間的反猶運動，迫使他的祖先向東逃難。十九世紀期間，又從立陶宛 (Lithuania) 經加里西亞 (Galicia) 移居德屬奧地利。弗洛伊德的父親雅各布‧弗洛伊德 (1815～1896) 是個毛織品商人，生意做得不是太好。母親阿瑪麗婭‧弗洛伊德 (1835～1930) 聰明善良，閱歷甚豐，勤儉持家，是一位虔誠的猶太教徒。弗洛伊德還有兩個異母哥哥、兩個同胞弟弟、五個妹妹，加上他共十二口人。

1860年，因經商失敗，加上逃避兵役，弗洛伊德舉家來到維也納。當時弗洛伊德才4歲。在10歲以前，弗洛伊德的教育是在家中進行的。弗洛伊德的母親對他關懷備至，寵愛有加。他從小智力超羣，父母爲了培養他，出盡其力。他的家境並不富裕，家中照明用的是燭光，妹妹晚間的學習亦是如此，可是父母卻爲他的臥室配了一盞汽燈。他的母親愛好音樂，他8歲的妹妹愛好鋼

琴。雖然鋼琴離他的臥室較遠，但他認爲琴聲打擾了他的學習，堅決要求把鋼琴搬走了。 因此， 家裏沒有人受過任何音樂教育 ❶。弗洛伊德的父親是一位十分嚴厲的人，但爲人誠實、單純、心地善良，樂於助人，並且樂觀、自信、堅強。弗洛伊德講到父親的爲人時說，父親像狄更斯的小說《大衛‧科波菲爾》中的人物米考伯那樣，是個樂天派。弗洛伊德遺傳了父親的這些優點。他的父親沒有受過什麼高深的教育，但對猶太法典《塔爾姆特》用功較深。弗洛伊德幼年的教育主要來自他父親關於猶太法典的知識和日常的生活經驗。1891年，弗洛伊德35歲生日時，他的父親找出送給兒時弗洛伊德的《聖經》，又將之送給他，並用希伯來文題贈道：

> 親愛的兒子：上帝的精神開始引導你從事學業的時候，是在你七歲那年。 我曾經以上帝的精神對你說：「看我的書吧，這本書將爲你打開知識和智慧的源泉。」這是萬書之本；這是有識之士掘出的「智慧之源」。正是從這裏，立法者們引出了他們的知識之流。
>
> 你已經在這本書中看出全能者的先見之明，你已甘心情願地聆聽了它，你已經照此去做，並已在聖靈的鼓舞下努力高飛。自那以後，我一直保留著這本《聖經》。如今，當你35歲壽辰的時候，我把它從儲藏處中取出，並把它贈送給你，作爲你的老父對你的愛的標誌。 ❷

---

❶ *The Life and Work of Sigmund Freud*, vol. 2, p. 209.
❷ *The Life and Work of Sigmund Freud*, vol. 1, p. 19.

　　讓一個 7 歲的孩子誦讀《聖經》，可見弗洛伊德的父親對兒子教育之嚴格與宗教的虔誠；一個 7 歲的孩子就能誦讀《聖經》，可見弗洛伊德從小智力之超羣。

　　1865年，弗洛伊德 9 歲時，因其超常智力和好學不怠所取得的成績，比一般人早一年考入了文科中學（Gymnasium），中學裏更顯示了他的聰明才智，連續七年，成績一直名列前茅，並享受特別的待遇，從不用參加班裏的考試。可能是父親從小對他進行的猶太法典知識的教育，也可能是由於作爲猶太人，一直處於被壓迫的緣故，弗洛伊德在中學的志願是學習法律，從事社會活動。除了正常的功課外，弗洛伊德閱讀了大量的課外讀物，包括歷史、文學、地理、數學、物理、化學、外語等。尤其是對文學，弗洛伊德愛之有加。他最推崇希臘故事、莎士比亞和歌德，弗洛伊德後來的文章中大量涉及這方面的文學內容，與他中學時打下的牢固基礎不無關係。

　　不僅如此，文學還將弗洛伊德引上了醫學之路。那是在畢業前夕，弗洛伊德聽了一個名叫卡爾·布呂爾（Carl Brühl）教授的一次講演，在這次講演中，布呂爾教授朗誦了歌德的一篇散文〈論自然〉。〔按：這篇散文當時認爲是歌德寫的，實際上，據皮斯特茲（Pestalozzi）考證，其眞正的作者是托波勒（G. C. Tobler），一位瑞士作家，歌德當時誤把它收入全集中，以致傳訛。〕這篇散文具有如此大的感染力，它使弗洛伊德放棄從事法律工作的夙願，而走上了他的天命之途。弗洛伊德當時憬然有悟，「決定要做一名醫學院的學生❸」。不僅如此，這篇文章還一直

---

❸ *An Autobiographical Study*, p. 14.

縈繞在他的心頭，在他本人的一個夢中起過重要作用。那麼，這是一篇什麼樣的文章呢？幸乎其短，我們也可以在此聽一聽：

大自然，就在你抵制它的時候，你也在服從它的規律，就在你自以為頂撞它的時候，你其實是在順它而動。

它沒有語言不能說話，但是它創造了一種種的語言和一顆顆的心，可以感覺，可以說話。

它的王冠就是愛。只有通過愛，你才能接近它。它在萬有之間布下一道道的溝，但這無非是為了緊緊擁抱。它為了一切的結合而一切地孤立。對於那痛苦的生命，只消在愛的杯子裏啜上幾口，它就給予全部的補償。

它是完整的，賞與罰，享樂與受苦，全在它。它嚴峻而溫和，可畏而可愛，至弱而至強。在它，始終是同樣的它。

它既不知有過去，也不知有未來。它的永恒就在於現在。

它就是善。我因它的種種造物而稱頌它。它明智而寧靜，誰都休想從它那裏掏得半句解釋，它決不白送給誰半點兒禮物。它是狡猾，但它的狡猾的目的在於善，因此，最好是別看它的狡猾。

它是完整的，然而它始終是未完成的。它對於自己所做的，可以一遍又一遍地做個不休。

它以合適的形相呈現在每一件事物下。它隱蔽在千差萬別的名目下，名目萬別千差，它始終是同樣的它。

它已把我投入這世界，它將使我離開這世界。我把自己支付給它。它可以隨意調排咱。咱是它的造物，它恨不了咱。因而這說的它，可不是咱在說它。不，真和假，全是

它說的它。過全是它，功也全是它。

　　這的確是一篇孤篇橫絕的美妙散文。但是，爲什麼其優美的文筆沒有將弗洛伊德引向文學，爲什麼其題目的精巧、內容的精湛沒有將弗洛伊德引向動物學、植物學、礦物學，而是將他引向了醫學？這是一個謎。據說，關於這次講演，弗洛伊德爲維也納一家報紙寫過一篇評論，但現在已無從查證。弗洛伊德在《自傳》中說：「我是爲一種好奇心所驅使，而這種好奇心更多的是對於人類的關心，而不是對於其它事物❹。」一篇〈論自然〉的散文，使弗洛伊德去關心人類，而不是去關心自然，由此可見，弗洛伊德天生具有獨特的思維方式。

　　1873年，17歲的弗洛伊德因其優異的成績，被保送進了維也納大學醫學院。在大學裏，弗洛伊德一如在中學中一樣，涉獵很廣，他什麼課都聽，什麼書都看，人們都不知道他要學到哪兒去，連他自己也不知道。事實上，弗洛伊德在大學裏過得很不順心，他一時衝動上了醫學院，但一進醫學院以後，就馬上「體驗到一些明顯的失望❺」。首先是他的猶太血統使他遭受排擠，其次，過於廣泛的涉獵使他醫學成績平平。同學中甚至有人在嘲笑他將成爲大學園地裏的「一枚乾癟的果子」。弗洛伊德一下子從中學的寵兒變成大學裏的嘲笑對象，他的自尊心受到了嚴重的傷害。弗洛伊德不甘心做一個劣等生，他即時認清了自己的處境，「在大學的開頭幾年裏，我不得不認清，我的才能的特徵及其局

---

❹ *An Autobiographical Study,* p. 13.
❺ 同上書，p. 14.

限性，使我不可能在我於青年時期就急切地投身於其中的許多科學領域中取得全部成功。這樣，我懂得了梅菲斯特 (Mephisto-pheles) 的告誡之眞諦:『對科學的廣泛涉獵是徒勞無功的， 每個人只能學到他所能學的東西❻。』」

在大學二年級的時候，弗洛伊德又顯示了他的超羣才智，他參加了一系列的研究活動，取得了優異的成績。在維也納大學醫學院，根據動物學家克勞斯教授的建議，每年選派一些優秀學生到里雅斯特動物實驗站去實習兩次，弗洛伊德是第一批被選拔的學生。他在這裏做關於鰻魚性腺結構的論文，取得了重要成果。其論文被克勞斯教授在科學院會議上宣讀，並在院內的《學報》上加以發表。這第一次成果，增加了弗洛伊德科學的信心。

但是，直到1876年，命運才再次把這位未來的偉人拉上他的天命之途。用弗洛伊德的話說就是:「 找到了歸宿和充分的滿足，同時也找到了應該尊敬並可奉爲楷模的人❼。」這個「歸宿」就是恩斯特‧布呂克的生物學研究所; 這位「可奉爲楷模的人」就是恩斯特‧布呂克 (Ernst Brücke)。布呂克是科學史上煊赫的「柏林物理協會」的三個創始人之一，另外的兩個人是杜布瓦 —— 雷蒙 (Duboús-Raymond) 和偉大的物理學家赫爾姆霍茲 (Hermholtz)。這個協會後來以「赫爾姆霍茲學派」著稱。弗洛伊德自從進入生物學研究所，師從布呂克，他所企求科學眞理的熱忱就被點燃了。布呂克是他終生服膺的老師，二十年後，當弗洛伊德名滿天下、桃李滿園的時候，他還深情地對他的學生

---

❻ *An Autobiographical Study*, p. 15.

❼ 同上。

瓊斯 (E. Jones) 說:

> 他是個自覺的、不知疲倦的勞動者，他要求他的合作者和
> 學生也具有這種品質。這有一則典型的軼聞：某學生在作
> 業本上寫道：「一次膚淺的觀察就顯示……。」待到作業
> 發還，他看到這句話被劃掉，旁邊批道：「誰都無權只作一
> 次膚淺的觀察……。」這是個完全不懂得玩弄手段和權變
> 的人。看學生，他只看才能。他像個父親那樣教導和保護
> 學生，他要求學生的遠遠不僅是學問。但是他尊重學生的
> 個人見解，鼓勵他們放手做他們的獨創性工作，即使見解
> 不同也無妨，因此就有利於每一個有才能的學生。人們常
> 說，他的朋友和學生沒有一個是對他不忠實的。❽

布呂克指定弗洛伊德鑽研生理學的一個分支 —— 神經系統組
織學，這門學科不太合他的味口，但他仍堅持嚴肅認眞地鑽研
了。1877年，他拿出了第一個科研成果：〈鰻魚的生殖腺的形態
和構造〉(Beobachtungen über Gestaltung und feineren
Bau der als Hodern beschriebenen Lappenorgane des
Aals)。布呂克認爲，作爲一名新手，這個報告已經很令人滿意
了，於是推薦在科學院學報上發表。1878年，弗洛伊德又發明了
用金氯化合物給神經細胞染色的技術來研究八目鰻脊髓神經節細
胞和蜊蛄神經細胞，發現了類似我們今天所謂的神經元相近的結
構。他把他的發明和發現寫成論文，得到布呂克的激賞，認爲

---

❽ *The Life and Work of Sigmund Freud,* vol. 1, p. 44.

「已遠遠超過一名新手的水平」，並再次推薦給科學院學報。

　　僅兩年就有這樣大的成績，弗洛伊德興高采烈，躊躇滿志，以致在《自傳》中自豪地說：「人們一般認為，我是被選拔出來補充下一個有可能空缺的助手職位的❾。」幾年以後，它還在第一部成名著作《夢的解釋》中，對這個時期的情況反覆地敍述、分析。弗洛伊德準備安心在生理學上立業了，1878年，他在寫信給他的朋友克羅帕夫馬黑爾（W. Knoepfmacher）時說：「剝動物皮與折磨人，這兩者之間我寧願選擇前者❿。」這意思是說，他不想做醫生，而要做生理學家了。從1876年到1882年整整5年的時間（其中1879年至1880年以醫學院學生的資格服兵役，為奧匈帝國盡臣民的義務了），弗洛伊德一直埋頭於神經系統組織學的研究，「醫學本身的各個分支，除精神病學（Psychiatry）之外，對我都沒有吸引力。我明顯地放鬆了我的醫學課程的學習，因此直到1881年，我才獲得了那姍姍來遲的醫學博士學位⓫」。

　　如果事情按這種情況發展下去，那麼昨天的生理學領域也許會多一個專家，但是今天的心理學和醫學就少了一個學派，今日西方的社會生活也不知會是一個什麼樣的情況。但是，天命再次顯示出它的威力，「1882年是我的轉折點，我最崇敬的老師發現我的經濟狀況困窘，極力勸我放棄理論研究工作，從而糾正了我父親高尚而毫無遠見的想法。我聽從了他的勸告，離開生理研究所進入了維也納總醫院（The General Hospital）做了一名

---

❾　*The Life and Work of Sigmund Freud*, vol. 1, p. 16.
❿　*Letters of Sigmund Freud 1873~1939*, p. 24.
⓫　*An Autobiographical Study*, p. 16.

『臨床助理醫生』(Aspirant)⑫ 」。這一年，弗洛伊德家的經濟到了衰落的地步，他的父親爲了讓心愛的兒子做教授，出人頭地，不惜讓他的妹妹外出幫佣，所以弗洛伊德對他的父親有些微詞。但事實上，弗洛伊德的家庭並非突然中落，至少在他進醫學院那年他的父親已經感到艱難拮据了。但是爲什麼八年來他毫不在意，而今天在老師的提醒下，卻能放棄具有光明前途的生理學教授職位的誘惑，而去幹自己不喜歡的醫學呢？據傳記學家考證，這是由於他的未婚妻。

弗洛伊德的未婚妻名叫瑪塔・貝爾蕾絲(Martha Bernays)。瑪塔身材苗條，舉止文雅，外表嬌美，甜蜜而溫柔。但是，弗洛伊德注重的是她的內在美。他在給瑪塔的一封信中寫道：「不要忘記，『美麗』只能維持幾年，而我們卻得一生生活在一起；一旦青春的豔彩成爲過去，那唯一美的東西，就在於內心所表現出來的善良和了解上。這正是你勝過別人的地方⑬。」瑪塔的家族是個顯赫的猶太世家。弗洛伊德認識瑪塔時，她才21歲，比弗洛伊德小 5 歲。就在布呂克勸告弗洛伊德之前三個月，即1882年 6 月17日私訂白頭之約。爲了急於成家，弗洛伊德再也不耐煩在等待教授頭銜的漫長道路上踽踽獨行了。爲了改善與自己的終身大事有關的經濟問題，於是違心地走上了自己「一錯再錯」所選擇的醫學之路。

關於未婚妻，弗洛伊德在《自傳》中說過這樣的一句話：「我之所以在青年時代沒有成名，正是因爲我那時的未婚妻的緣

---

⑫ *An Autobiographical Study*, p. 16.

⑬ *The Life and Work of Sigmund Freud*, vol. 1, p. 102.

故⑭。」

弗洛伊德歸咎於未婚妻的所謂「青年時代未成名」，主要的並不是指改道醫學，而是他在1882年6月17日訂婚到1886年9月14日結婚這四年又三個月裏所蒙受的「江湖騙子」的「惡名」。

1884年，弗洛伊德由於一種業餘愛好，從梅克（Merck）化學公司找到了一些當時尚未弄清其功能的生物鹼可卡因（Co⁻caine），並研究其生理作用。1884年4月21日，他給瑪塔的信中說：

> 我猜想，如果把可卡因應用於心力衰竭、神經官能症引起的疲勞，或者因戒斷嗎啡導致的那種痛苦，可能有效。我要親身試試。也許已有許多人試過，也許它毫無價值，但是我不願不試就把它放過。你知道，有人經常試、始終願意試，好日子這才終於降臨到他的身上。這種機會，我們可以設想只要遇到一次，我們的成家就不成問題。⑮

成名加上成家使弗洛伊德對這項研究投入了極大的熱情和精力。功夫不負有心人，弗洛伊德對可卡因的研究也取得了長足的進步。1884年5月25日，他在寫給瑪塔的信中說：

> 我現在就可以動手寫論文了。可卡因可望與嗎啡並肩，甚至等而上之。我還因為它而產生其它種種希望和計劃。我在定期服用小劑量的可卡因，它治療精神疲倦和消化不良

---

⑭ *An Autobiographical Study*, p. 24.

⑮ *Letters of Sigmund Freud 1873~1939*, p. 123; 參見 *Freud, The Man and The Cause*, p. 59.

的效果出色極了。我希望它能够根除最頑固的嘔吐症，哪怕是由疼痛引起的症狀。現在我感到自己是個真正的醫生了……。倘若事情一直是這樣順利，我們再也不用爲結婚和維也納定居發愁了。❶

　　1883年6月，瑪塔隨全家搬到漢堡去了，弗洛伊德已有一年多沒有見到瑪塔，思念之情與日俱增，其時，他還準備澄清可卡因的痳醉作用和證實它在局部外科手術中的痳醉功效，這還得做一些實驗。這些結果他原應該寫進他的論文之中，但是他等不及了，因此，他匆匆忙忙地寫完論文，只敍述了可卡因的鎭痛提神作用，對它的痳醉作用只進行了預測。他把這未完成的實驗交給他的好友，眼科專家柯尼西斯坦因 (Königstein)。1884年9月，弗洛伊德前往漢堡和未婚妻度過了四個星期的好時光。回到維也納後，卻發現擔保他們結婚的實驗還沒完成，另一個人已捷足先登了——卡爾·科勒 (Karl Koller) 已搶先宣讀了他在牛眼睛上實驗可卡因痳醉的結果，弗洛伊德結婚的保障泡了湯，同時也失去了一次成名的機會。

　　非但未成名，弗洛伊德還背上了「惡名」。由於弗洛伊德的那篇論文寫得實在妙趣橫生，在一般讀者之中被當作科學佳作在傳誦，可卡因一時之間在中歐的一些城市成爲時髦的常服藥品，許多人因此成爲癮君子，成了一大社會問題。追根溯源，論文的作者也就成了「江湖騙子」。

　　在此期間，弗洛伊德一直在維也納總醫院實習，由於他工作

---

❶ *The Life and Work of Sigmund Freud*, vol. 1, p. 81.

突出，不久就升爲住院內科醫生，並在醫院的各個科室裏工作。同時，他還繼續他樂此不疲的生物學研究。把布呂克研究魚類的課題擴展到人類中樞神經系統。由此又結合醫學，開始研究神經方面的疾病。當時，神經病理學的研究還處在初步階段，許多問題還沒有弄清楚。在神經病理學方面的權威是巴黎的沙可（Charcot），弗洛伊德因此熱切希望到巴黎進修學習。

1885年春，弗洛伊德由於組織學方面和臨床方面的論文，被任命爲神經病理學講師。並且又在布呂克的熱情推薦下，獲得了一筆數目不小的獎金，秋天，弗洛伊德終於如願以償地成了薩伯里（Salpêtrière）醫學院的一名學生。弗洛伊德對沙可讚賞備至：

> 沙可確實有教授的魅力。他的講座結構和內容都很精嚴，每一堂課都是小型的傑作，但形式的恢閎與完善使聽者終日難忘，並爲他的論證所盤踞。他舉病例，極少舉一個孤例，每舉一例，總是輔之以一整列的相反例子，並以之相互比較。
>
> 從他的講座出來，我常常覺得自己像是從聖母院出來，有一種再度完善的感情。他給我的震撼是這樣劇烈，每當我離開他，我就無心去想我的蠢念頭，我會一連三天無所事事，然而並不覺得自己這樣是可怪的。⑰

---

⑰ *Correspondence: 1873~1939.* 參見 *Freud, The Man and The Cause*, p. 70.

　　但是沙可並沒有注意到這個奧國學生，弗洛伊德只是默默無聞地學習。有一天，沙可在講課時說，因為戰爭，他的講課一直未能翻譯成德文，他對此感到遺憾。如果有人願意將他最近的講稿譯成德文，他會高興的。弗洛伊德以一個學生的虔誠和一個猶太人的機敏立即寫信向沙可自薦。沙可接受了弗洛伊德的請求。從此，弗洛伊德開始與沙可進行直接的交往，並參與了沙可診所的一切活動。

　　弗洛伊德跟沙可學習的主要是他關於歇斯底里(hysteria)的研究。沙可證明了歇斯底里的真正症狀和規律性，並證明了男性歇斯底里經常發生等情況。1886年2月，弗洛伊德離開巴黎，結束了在沙可那裏的學習。在離開巴黎之前，他同沙可討論了一個歇斯底里性麻痺和器質性麻痺 (hysterical and organic paralyses) 作比較研究的計劃，沙可充分肯定了他的觀點。

　　1886年9月14日，弗洛伊德與瑪塔結婚，他們在維也納安家落戶。弗洛伊德以神經病 (nervous diseases) 專家的身分繼續在維也納總醫院作內科醫生。可是神經病治療在當時還是個新興學科，人們根本不了解。許多人聽了弗洛伊德的講課後，都驚奇地大叫道：「天哪，我親愛的先生，你怎麼能說出這樣荒唐的話？歇斯底里是子宮的意思，男人怎麼會得這種病呢⑱？」儘管弗洛伊德用病例進行了充分的論證，也沒有得到大家的讚賞。

　　弗洛伊德仍然執著地追求他的事業。在1886年到1891年這一期間，為了確立自己在這一新的職業中的信譽，並保障自己和家庭的物質生活，弗洛伊德兢兢業業地從事精神病的治療，幾乎沒

⑱ *An Autobiographical Study*, p. 25.

有做什麼科研工作， 也沒有發表什麼文章， 直到1895年與布洛伊爾博士 (Dr. Josef Breuer) 合著《關於歇斯底里的研究》*(Studien über Hysterie)*。

布洛伊爾是弗洛伊德的老朋友，在布呂克研究所時他們就結識了，並產生了友誼。布洛伊爾是維也納最受尊敬的家庭醫生之一，而且有從事學術研究的經歷，已出版好幾本有長久價值的關於呼吸生理學和平衡器官方面的著作。他智力超羣，為人熱情，在弗洛伊德的行醫過程中幫助很大。布洛伊爾長期從事歇斯底里研究，他利用催眠法使病人將自己的病情宣泄出來。《關於歇斯底里的研究》主要是布洛伊爾的研究成果，它強調情緒生活的意義，強調區別無意識 （Unbewusstein） 心理活動和有意識 (Bewusstein)（或者說能夠意識到的）心理活動的重要性。布洛伊爾的宣泄法沒有太多地論述性欲問題，弗洛伊德提供給《關於歇斯底里的研究》一書的那些病歷當中，性因素起一定作用，但是對於性欲的注意程度和對於其他情緒刺激的注意的程度基本上是相等的。弗洛伊德認識到，在《關於歇斯底里的研究》一書中試圖建立的理論還很不完善，尤其是它們根本還沒有觸及病源學 (Aetiology) 的問題，沒有觸及致病過程的根源問題。

於是，弗洛伊德把探溯病源學的問題作為自己的注重點。在不斷的行醫過程中，他迅速地從積累的經驗中認識到，在神經症現象背後起作用的，並不是任何一類情緒刺激，而常常是一種性本能。它或者是一種當時的性衝突，或者是早期的性體驗的影響。於是弗洛伊德超出歇斯底里的研究範圍，開始調查那些在他諮詢時間內大批到來的所謂神經衰弱者的性生活，發現在所有這些病人身上，都存在著嚴重的性功能濫用現象，弗洛伊德於是便毫無

例外地把神經病症都當作性功能紊亂來看待。但是，弗洛伊德的這些結論和關於這一方面的論題得到的反應只是懷疑和否認。

催眠術和宣泄法雖然在治療精神病時取得了重大作用，但是也有極大的局限，一是病人在宣泄工作似乎就要完成的時候，會突然出現一種「移情」(Die Übertragen)現象，二是病人會有周期性的復發，不能從根本上治療。如何從根本上解決這些問題？弗洛伊德發現病人在深度催眠中能夠再現那些忘記了的東西，因此，他認為，應該通過這種方式追溯病人痛苦發作的根源，「我感到我現在已經抓住了在催眠術背後起作用的那個神秘因素的實質❾」。弗洛伊德認為，精神病人頭腦裏有兩種特殊的衝動與之對抗，這就是「抵抗」和「本能」，這兩種衝動固定不變的過程稱為「壓抑」，當被壓抑的衝動從某種地方衝出來時，病人的「症狀」就產生了。這就是弗洛伊德的「壓抑學說」。於是他利用壓抑理論進行新的診治，不是像先前一樣利用「發洩」使病人進入歧途，而是暴露壓抑，用判斷行動取代之，弗洛伊德稱此方法為「精神分析」(Die Psychoanalyse)，以區別於從前的「宣泄法」。

對於神經症的那些沈澱於下和深藏於後的起因的探究，使弗洛伊德越來越經常地注意到病人的性衝動及其對性衝動的抵抗這兩者之間的衝突，並一直將其追溯到童年，得出了人所具有的「戀母情結」和「戀父情結」，提出了「里比多」這一中心概念。

弗洛伊德的大膽理論，令整個德國醫學界吃驚不已，他把性的問題明目張膽作為他的理論基石，使人們談「弗」色變，親朋

---

❾ *An Autobiographical Study*, p. 48.

幾近與之絕交，病人更不敢登門求醫。從前的良師加朋友布洛伊爾早在《關於歇斯底里的研究》一書出版之後，怕他的這位同仁「敢冒不韙」給他惹來麻煩，由冷淡而終至斷絕往來。經常給弗洛伊德介紹病人的同行，由於害怕連累，再也不敢介紹自己的病人上弗洛伊德那兒去了。上流社會的太太小姐，從道聽途說得知弗洛伊德的病理學說和治療方法如此這般，也紛紛退避。1897年的某一天，在弗洛伊德的門診日誌上，只記著三個人 —— 兩個免費的，一個就是他自己（此時，他正以自我分析來治療自己的神經官能症）。而過去，他的門診最盛時達到一天十到十二個病人，忙得不亦樂乎。弗洛伊德此時要負擔十二口人的家庭生活 —— 六個孩子、母親和兩個未出嫁的妹妹、妻子及妻妹。十二口人的衣食住行都得依賴於自己診所的收入，冷落的門庭使弗洛伊德面臨著在自己開闢的醫學道路上是進還是退的攸關考慮，但是他毅然選擇繼續前進：

> 現在我不再知道自己處在哪兒啦，因為我對於壓抑的理論，以及在壓抑中顯示的作用並不理解，……。如果我被壓倒了，過度疲勞了，我的那些觀念也就會給攪渾了，那麼我可以把以上的疑問看作軟弱的標誌。但是由於我正被逼在對立的位置上，我必須把這些疑問看作是正直的、有效的腦力勞動的結果，並且引以自豪 —— 在走了這麼遠的路程之後，我還有自我批評的能力……。
>
> 保持寧靜的心境，一切全在於此。我確有自己都極不滿意的地方。不朽的名聲，穩定的財富，充分的獨立，旅遊和切實地使我的子女免受我青年時代所受的種種憂慮，這一

切全在於歇斯底里病理和治療法研究的成敗。為此，我必
須保持平靜，甘於淡泊，樽節度日，聽任憂慮煎熬。❷

　　此時，弗洛伊德自己一直受神經官能症的困擾，他不斷地利
用自己的夢進行自我分析，一年多的自我分析，使他把自己保持
在健康範圍之內，沒有因工作的勞累和家庭的重擔所壓倒，由此
可見，自我分析的確是一種良好的訓練。在此期間，弗洛伊德對
夢的解釋發生了興趣。弗洛伊德本是個多夢的人，對夢的神秘性
感到有趣，在進行精神分析時，他發現，病人在進行自我聯想
時，總摻雜一些有關夢的敘述，而從這些敘述中，更能激發起他
們的聯想，同時，他發現精神病人的幻覺與患者之夢有某些共同
之處。

　　在有案可查的病例中，弗洛伊德所做的第一個夢的分析是在
1895年3月4日，在這個病歷中，弗洛伊德就顯示出夢是願望的滿
足這一原理。但是，眞正得出這一結論的，則是在1895年7月24
日，星期三，這個具有歷史意義的一天。在這一天，弗洛伊德由
於完成了一項自己的夢的完全分析，而對這一原理獲得了證實。
這個夢就是後來衆所周知的「伊瑪的注射」(Irma's Injection,
見本書第四章第二節)。

　　從1895年到1897年，弗洛伊德分析了大量的夢，得出了一系
列的結論，取得了重大的成果，於是他計劃寫一本《夢的解釋》
(*Die Traumdeutung*) 的書。這件工作花了他兩年時間，書
成之後，弗洛伊德沾沾自喜，幾乎不想把這部具有獨創性的研究

---

❷　*The Origins of Psychoanlysis:* Letters Daffs and Notes
　　to Wilhelm Fliess.

成果發表。但是，家庭的困境又使他不得不發表，「把它留給我
自己，那我還不夠有錢，我要活下去，也許它還是我的唯一指
望❹」。1899年9月末，弗洛伊德終於把這部書稿送交給了出版
社，11月，《夢的解釋》開始在書店出售。但是版權頁上寫的卻
是1900年，使這部跨世紀的書變成了開創世紀的書。

但是，這本書並沒有像弗洛伊德所指望的那樣爲他大賺其錢。
書在書店裏躺了18個月，問津者寥寥無幾，學術界也幾乎是抵制
地冷淡，因此，他倒欠了一筆出版費。究其原因，是由於書名使
人們把它看成是一本圓夢的書，而不是對夢的分析、研究，而且
行文的晦澀也使一般人望而生畏。弗洛伊德在回憶這段歷史的時
候，仍忿忿不已：

> 1900年出版的《夢的解釋》，專業刊物上幾乎沒有任何評
> 論。我曾經在〈精神分析運動史〉這篇文章中，提到過與
> 那個診所（我在這裏講過學）裏的一位助手的一次談話，
> 把它作爲維也納精神病學界所持態度的一個例子。這個助
> 手曾經寫過一本書，反對我的理論，但他從未讀過我的
> 《夢的解釋》。因爲診所裏有人告訴他說這本書根本不值
> 一讀。就是這個人，從那時起就成了敎授，他竟然拒絕承
> 認我所提到的那次談話，企圖使人們從根本上懷疑我的記
> 憶的準確性。我現在只能說：我仍舊堅持我當時陳述的每
> 一個字。❷

---

❹ *The Origins of Psychoanalysis*: Letters Daffs and Notes
to Wilhelm Fliess.

❷ *An Autobiographical Study*, p. 87.

在忍耐了18個月的寂寞以後，弗洛伊德決心將這本書交續給有文化的普通讀者，他決定將這本書簡化、通俗化，在內容上保持原著的原理，但行文簡潔明瞭，題目也改爲《論夢》(*Über den Traum*)。這個通俗本也沒有在德語世界引起反響，但卻引起了英國人和俄國人的注意，他們在1913年將《夢的解釋》譯成自己的文字。從此，弗洛伊德時來運轉，《夢的解釋》這本書被譯成多種文字傳播四方。至於德文本，弗洛伊德也親眼看見它重版了9次。1931年，弗洛伊德在英文第三版前言中自豪地寫道：

> 本書給心理學做出的新貢獻，在首次出版時（1900年）曾令世界爲之瞠目，而現時它的原貌卻基本保持未變。即使按照現在的眼光去判斷，我認爲本書仍包含了我既定要遇到的所有發現中最有價值的部分。這種領悟，一個人命中注定會有，但一生只會有一次。❷❸

1902年，在弗洛伊德是個重要的年頭。這一年，弗洛伊德擺脫了孤軍作戰的困境，成了一位受尊敬的人。這一年，開始有幾個年輕的醫生來到他的身邊，在確定的計劃下學習、使用和傳播心理分析學。他們約定每星期三在弗洛伊德家裏按一定的規則共同討論在這一領域的科研方向，並引導其他的人分享他們的利益，其中，有人還準備將精神分析應用到非醫療方面，這些人中有被弗洛伊德稱之爲「我們這個小組的積極而忠實的秘書，並且

---

❷❸ *Studienausgabe*, Band Ⅱ, s. 28.

是我最忠實的合作者」的奧托・蘭克 (Otto Rank)，弗洛伊德
的同事魏爾海姆・斯泰凱爾 (Wilhelm Stekel)，阿爾弗雷德・
阿德勒 (Alfred Adler)，馬克斯・卡哈勒 (Max Kahane) 和
魯道夫・賴特勒 (Rudolf Reitler) 等人。他們的小組取名爲
「星期三心理學學會」(The Wednesday Society)。這個小組
是心理分析運動的萌芽，它在1908年被改名爲「維也納心理分析
學協會」(The Vienna Psychoanalytical Society)。此後，
弗洛伊德的醫務日見起色，中歐各國的病人也紛紛慕名求醫。
1904年，弗洛伊德出版了他的最受歡迎的一本書《日常生活的精
神病理學》(*Zur Psychopathologie des Alltagslebens*)，但
也因此就與他的好友弗里斯 (W.Fliess) 打了一場筆墨官司，終
至絕交。當然，這時的弗洛伊德已不像從前的孤家寡人了，他已
經有了自己的團體。尤其是在1906年著名青年學者榮格 (Carl
Gustav Jung) 的加入，更使他聲勢浩大。榮格本來是布洛伊
爾的學生，是名震蘇黎世布爾格霍茲利 (Bourghölzli) 精神病
醫院的臺柱醫生。更爲重要的是榮格是雅利安人，出身於新教
家庭，這使弗洛伊德的團體擺脫了「猶太種族的科學」團體的譏
諷，而具有了「國際」的性質。

　　此後，弗洛伊德聲譽日隆，門徒日增。1907年德國的艾丁根
和阿伯拉罕，瑞士的路德維希・賓斯旺格 (Ludwig Binswan-
ger) 專程到維也納謁見弗洛伊德。1907年，榮格在蘇黎世建立
「蘇黎世心理分析學會」。1908年，阿伯拉罕在柏林建立「柏林心
理分析學會」。1908年，匈牙利的山道爾・費朗克齊，美國的布里
爾 (A. A. Brill) 和英國的歐內斯特・瓊斯 (Ernest Jones)，
也到維也納求見。這些人後來成爲推動心理分析學走向國際的核

心人物。

　　1908年4月26日，在薩爾茨堡（Salzburg），美國、英國、奧地利、匈牙利、德國、瑞士等6個國家的42位學者集會，這就是現在被「國際心理分析學協會」和心理學史家公認的「第一次國際心理分析學大會」(First International Psychoanalytical Congress)。同時，決定創辦《精神分析中央學報》(*Central Journal for Psycho-Analysis*)，不久又創辦刊物《無意識意向》(*Imago*)，力圖把精神分析應用到心理科學中去。

　　1909年，對弗洛伊德來說，是最幸福的一年。美國馬塞諸塞州烏斯斯特市(Worcester)的克拉克大學 (Clark University) 的校長，心理學家G.斯坦利·霍爾 (G. Stanley Hall) 邀請弗洛伊德參加克拉克大學慶祝建校二十周年的講學活動，並演講。弗洛伊德講了後來名為《精神分析五講》的內容，大受歡迎，尤其是在美國他得到了平等的對待和應有的尊敬，哈佛大學的神經病學家詹姆斯·普特南 (James J. Putnam)，「不顧年高體邁，熱心地支持精神分析，把他當時普遍受到人們尊敬的全部人格的力量，投入保護精神分析的文化價值及其目的的純潔性之中❷❹」。尤其使他感動的是大哲學家威廉·詹姆士 (W. James) 的會見，他對弗洛伊德及其學說作了極高的評價，詹姆士對弗洛伊德的學生瓊斯說:「心理學的未來是屬於你們的❷❺。」

　　訪美的成功使弗洛伊德精神大振，在《自傳》中，他回憶說:

---

❷❹　*An Autobiographical Study,* p. 94.

❷❺　同上。

當時我年僅53歲，我覺得自己年輕而健康，對那個新世界
的短期訪問在多個方面激發了我的自尊心。在歐洲，我感
到大家好像都看不起我；但在這裏，我發現那些最優秀的
人物對我是平等相待的。……，我好像實現了難以置信的
白日夢：精神分析不再是一種幻想的產物，它已成為現實
的一個寶貴的部分。❷⑥

　　美國之行使弗洛伊德實現了夢寐以求的理想：精神分析學說
不僅在一般羣衆中特別流行，而且一些官方的精神病醫生承認它
是醫學的訓練的一個重要組成部分。當然，更廣泛的承認還爲時
尚早，1914年和1917年美國心理學家懷特、諾貝爾醫學獎獲得者
羅伯‧貝拉尼等人先後提名弗洛伊德爲諾貝爾獎的候選人，爾後
法國藝術大師羅曼‧羅蘭也多次努力爲之爭取，但均未成功，對
此，弗洛伊德自我解嘲地說：「我已經兩次看見諾貝爾獎從我面
前閃過，但我知道，這種官方的承認根本不適合我的生活方式
❷⑦。」

　　但是，不久發生的事使弗洛伊德快樂的心情蒙上了一層陰
影，從1911年到1913年期間，精神分析中發生了兩起分裂主義運
動，領導者竟是弗洛伊德的得力幹將阿德勒和榮格，發生分裂的
主要原因是他們的理論與弗洛伊德的觀點發生了衝突。榮格反對
弗洛伊德的兒童性欲論和俄狄普斯情結，阿德勒走得更遠，完全
否定性欲的重要意義，認爲精神病的形成原因是人的權力和欲望

　❷⑥　*An Autobiographical Study*, p. 95.
　❷⑦　《影響世界歷史的16本書》，上海文光出版社1986年版，頁 102。

得不到滿足，以及自卑感。弗洛伊德惱羞成怒，堅持要把他們開除出精神分析運動。1911年阿德勒另組自由精神分析學會，開創個體心理學（individual psychology）。1914年，榮格從國際精神分析學會分裂出來，樹立起分析心理學（analytical psychology）的旗幟。在瓊斯的建議下，成立了守護弗洛伊德的「委員會」。其主要成員有費倫茨、阿伯拉罕、瓊斯、薩克斯、蘭克。事隔10年之後，弗洛伊德評價說：「這兩次反對精神分析的企圖已經煙消雲散，沒有造成任何危害。」事實上，阿德勒和榮格不僅沒有煙消雲散，反而聲名直上；他們的「分裂」不僅沒有危害精神分析運動，反而使精神分析運動日益壯大，聲譽鵲起。

　　鑒於這兩次「分裂」活動，弗洛伊德在組織上進行了重新調整，以保證研究工作的進展。1920年，弗洛伊德將忠實追隨他的精神分析學家組織成一個秘密的核心小組：弗洛伊德、蘭克、薩克斯於維也納；阿伯拉罕、艾丁根於柏林；費倫茨於布達佩斯；瓊斯於倫敦。弗洛伊德把自己手上戴的戒指作爲範樣，另鑄了六枚戒指發給其餘六人。戒指爲埃及寶石，面上刻有一老人頭像。他們互相通信，每兩年集合一次，必要時增加集會的次數。

　　但是，好景不常，國際精神分析運動又出現了新的分裂，這次是「忠實」的蘭克，以及費倫茨。他們背著「委員會」的成員，出版了《精神分析的發展》一書，其內容與觀點與弗洛伊德背道而馳。尤其是費倫茨的「泛性主義倫理學」，對正統的精神分析運動來說，是災難性的，「委員會」的成員們對此是可忍孰不可忍，弗洛伊德本著息事寧人的態度想通過內部解決，但未能如願，1926年蘭克脫離了組織，1929年，費倫茨又被開除出來。

　　從1912年起，弗洛伊德開始把精神分析運用到美學、宗教、神話、文化起源等領域，先後發表了《圖騰與禁忌》(*Totem und Tabu*，1913年)、《米開朗基羅的摩西》(*Der Moses des Michelangelo*，1914年)、《目前對戰爭及死亡的看法》(*Zeitgemäßes über Krieg und Tod*，1915年)、《集體心理學和自我的分析》(*Massenpsychologie und Ich-Analyse*，1921年)、《一個幻覺的未來》(*Die Zukunft einer Illusion*，1927年)、《文明及其不滿》(*Das Unbehagen in der Kultur*，1930年)、《爲什麼有戰爭》(*Warum Krieg?* 1933年)、《摩西與一神教》(*Der Mann Moses und die monotheistische Religion*，1939年)等著作，把精神分析全面貫徹到社會的各個領域。精神分析已成爲一種社會思潮，而不再是一種專業知識，當時，有人感慨地說：科學家依靠它，以探求本能的秘密；教育家希望從中找到訓練年輕人的秘訣。弗洛伊德已經正式奠定了作爲一個偉大的思想家的地位。他的成就已得到了全世界的公認和稱道。1930年，在法蘭克福市獲歌德文學獎。1935年又被選爲英國皇家學會名譽會員。

　　弗洛伊德已譽滿全球。1926年，當他70壽辰時，收到了布蘭德斯、愛因斯坦、羅曼‧羅蘭等人的賀電，著名文學家茨威格還專門在報紙上發表了祝辭。1936年，80壽辰時，從世界各地寄來的賀電更是雪片似的飛來，其中包括托馬斯‧曼 (Thomas Mann)、朱利‧羅曼 (Jules Romains)、羅曼‧羅蘭、威爾斯 (Herbert George Wells)、茨威格、沃爾夫夫人 (Virginia Woolf) 等 191 名作家、藝術家集體署名的禮獎，整個慶祝非常盛大，儘管弗洛伊德因病沒有參加。

納粹分子在德國猖狂的時候，弗洛伊德像所有的猶太人一樣受盡了侮辱，他的書被公開焚毀。1938年，納粹侵入奧地利，弗洛伊德的家立卽遭到蹂躪，在美國總統羅斯福的干預下，通過學生和友人的幫助，他終於得以離開奧地利，前往英國。但是他的女兒被逮捕，他的妹妹們也留在奧地利沒能出來。後來，他的 5 個妹妹就有 4 個慘遭納粹殺害。

在英國倫敦，弗洛伊德受到空前的禮遇，社會各界人士對他熱情歡迎和照顧，每天慰問信和電報不斷，有的人只寫上「倫敦，弗洛伊德收」，信卽能寄到他的手裏。英國國王親自登臨造訪弗洛伊德，社會名流紛紛前來拜望。尤其令弗洛伊德激動的是，英國皇家學會派人送來了該學會自1660年創立以來代代相傳的珍貴紀念册，請他在上面簽名留念，弗洛伊德激動得手都顫動得幾乎不能寫字，因爲在這個紀念册上，有偉大的伊薩克·牛頓和查理斯·達爾文的簽名，弗洛伊德在有生之年終於看到自己的名字與達爾文相列在一起，實現了自己夢寐以求的理想。

1939年，弗洛伊德病情日益嚴重。早在1923年，醫生就檢查出他得了口腔癌，在後續的歲月裏，他的口腔動了33次手術，但未能痊癒。1939年 9 月21日，弗洛伊德要求他的醫生實現他從前的諾言：在他病魔纏身的時候，不要讓他受不必要的痛苦，對他進行安樂死。在徵得他女兒的同意後，給他服了兩毫克嗎啡，12 小時之後，又服一次。弗洛伊德在嗎啡的麻醉中安然睡去，從 1939年 9 月23日凌晨起，他的心臟停止了跳動，再也沒有醒來。

第二章 弗洛伊德的思想淵源

任何眞正的偉大理論都不可能是空中樓閣，都有其堅實的基地，因而都有其生於斯長於斯的理論土壤和社會土壤，而且其理論的偉大與局限，都不可避免地打上創立者的個性的偉大與缺陷的烙印。正如弗洛伊德自己喜歡強調的那樣，精神分析是**他的**創造，因此，我們必須對弗洛伊德的個性及其生活環境進行一次精神分析，以便追溯精神分析的起源。

第一節 弗洛伊德與理性主義傳統

西方理性主義傳統肇始於古希臘，但是，理性主義一詞直到中世紀後期，文藝復興以後才顯示出其本眞的意義。中世紀是受神學支配的黑暗時代，用馬克思和恩格斯的話來說，「中世紀把意識形態的其他一切形式 —— 哲學、政治、法學，都合併到神學中，使它們成爲神學中的科目❶」，「中世紀是從粗野的原始狀態發展而來的。它把古代文明、古代哲學、政治和法律一掃而光，以便一切從頭做起❷」。十五、十六世紀，隨著新興資產

---

❶ 《馬克思恩格斯選集》，卷四，頁 251。
❷ 同上書，卷七，頁 400。

階級的壯大和發展，他們以其學識影響和財力成了市民等級的代表，並以自己的道德觀念、人生態度、情感傾向、法制思想、審美趣味等，使階級利益所引起的各種衝突帶上了濃厚的意識形態色彩。首先是古代希臘、羅馬的文化在這一時期得到了「復興」；接著爆發了以馬丁·路德爲代表的宗教改革運動，同時，「在中世紀的黑夜之後，科學以意想不到的力量一下子重新興起，並且以神奇的速度發展起來❸」，啓蒙運動的一個顯著特點就是以理性代替信仰。啓蒙運動的座右銘就是"sapere aude"——「敢於認識」。路德的宗教改革就是在帝國的議會上否定了羅馬教皇的權威並公開宣布說：「人們必須用《聖經》裏的話或用理性的論據來反駁他的教義❹。」使理性、思想成爲一種至高無上的權利，成爲一切宗教論爭的最高裁判者。哥白尼的「日心說」所依據的主要是哲學的和審美的觀點，他追求的是數學上的完全，也是以理性代替盲目的信仰。理性是萬物的尺度，是一切事物檢查自己存在或不存在的根據。啓蒙運動的另一個主要特點是追求眞理的熱望和勇氣。爲了走出黑暗的中世紀，許多仁人志士拋頭顱、灑熱血。路德的學說遭到了教廷的圍追堵截，哥白尼被投進了監獄。堅持和宣傳哥白尼學說的布魯諾，宗教裁判所以「異端」的罪名將他逮捕入獄，並百般嚴刑拷打，逼他放棄自己的信念，但他始終不屈，終於在1600年2月17日被判處死刑，活活燒死在鮮花廣場上。所有這些人，爲了堅持眞理都歷盡「苦其筋骨、餓其體膚、匱乏其身」的千辛萬苦，但是他們百折不撓，勇往直前。

---

❸ 恩格斯：《自然辯證法》，人民出版社，1975年版，頁 163。

❹ 轉引自《海涅選集》，人民文學出版社，1983年版，頁 233。

堅持眞理、崇尙理性的啓蒙精神，形成了西方理性主義傳統。斯賓諾莎、康德、盧梭和伏爾泰，儘管他們的哲學差異很大，但他們都有一個共同點：狂熱地信仰理性。這種精神一直滲透到十九世紀西歐和中歐的中產階級之中，特別是爲自然科學的進步而獻身的學生中間。

　弗洛伊德就是這種學生中的一員。在弗洛伊德身上最顯著的，也許是最強烈的情感力量，就是他「熱望眞理，堅信理性；對弗洛伊德來說，理性是能夠幫助解決生存問題，或者至少可以減輕人生固有痛苦的唯一一種人性能力❺」。

　弗洛伊德之所以深受這一理性主義傳統的影響，首先是因爲他的猶太背景。猶太傳統本身就是頗具理智素養的傳統，而且猶太民族一直深受其他民族的歧視，在情感上具有一種強烈的願望，那就是力圖戰勝阻礙他們的解放和進步的那些不合理的、黑暗的、迷信的力量。其次弗洛伊德一直生活在一個動盪不安的環境中。弗洛伊德目睹了意奧戰爭、普法戰爭、巴黎公社革命、美西戰爭、日俄戰爭和第一次世界大戰。他的一生就是在這種戰亂頻仍、充滿血腥、恐怖的環境中度過的。當時的奧匈帝國腐朽不堪，處在分裂的狀態。政治上的腐朽和社會的動盪很容易喚起一個聰明的孩子的懷疑，易於促進他的批判精神的發展。他的家庭從小康走向困頓的經歷，也使他懂得，社會穩定像政治穩定一樣不可信賴；傳統或因襲的體制也使人不可信賴，唯一値得信賴的就是自己，就是理性。

　在西方，提起弗洛伊德，人們總喜歡把他與哥白尼、達爾文

---

❺　弗洛姆：《弗洛伊德的使命》，三聯書店，1986年版，頁 2。

相提並論，認爲他的精神分析學說具有與哥白尼的日心說和達爾文的進化論同樣大的衝擊力和巨大而深遠的影響。不僅如此，弗洛伊德的性格和學說也受這兩位的影響。哥白尼和達爾文追求眞理的那種勇敢頑強的獻身精神，深深地激勵了弗洛伊德探索人的本質的勇氣，弗洛伊德發誓要幹出像哥白尼和達爾文那樣驚天動地的事業來。他知道，要做到這一點，必須具有非凡的勇氣，這種勇氣不是敢於犧牲自己的生命、自由或財富，雖然這種勇氣也很難得；而是要具有敢於孤獨或孤立的勇氣，要具有百折不撓的英雄氣概。 在這方面，「弗洛伊德的魄力達到了驚人的程度。 他憎恨孤立，因爲他深受其苦，但是他絕對不肯，甚至不想作出一點兒妥協以減緩孤立❻」。

在學術上，弗洛伊德也受理性主義科學觀的影響。首先是達爾文的進化論。達爾文認爲，具有適應性的個別物種，通過無數次的傳種接代，把它們各自承襲下來的變異特性傳給了後代，而在生存鬥爭中不適應物種的，不斷淘汰，最終也將產生出一種新的物種。而且，達爾文試圖表明人類起源於某種類人猿的祖先，這種猿早已滅絕，但是它很可能是生存下來的類人猿和人類的共同祖先。進化理論的創立，使人們開始把人作爲理性科學的研究對象，並相信，像一切認識的對象一樣，人是有規律可尋的，人的發展遵循客觀規律。弗洛伊德在研究人的心理、生理活動過程中，總是按照這種因果決定論的觀點，試圖找出現象背後的本質和規律。而且他發現，人既然是從低等動物進化而來的，那麼，他也一定會不可避免地遺傳有低等動物的某些本能和衝動，這促

❻ 《弗洛伊德的使命》，頁 9。

使他更進一步探討一切原因背後的根本原因。其次是赫爾姆霍茲（Hermann Ludwig Ferdinand von Helmholtz）發現的能量守恒定律，這一發現把物理學的各個領域結合成有機整體，是一個能量不斷轉化的過程。弗洛伊德把這個定理應用到人的心理分析，認爲自我、本我和超我是不斷轉化的，它們構成人格發展變化的動態系統。形成這個系統的能量他稱之爲心理能量，即「里比多」。他是今天稱之爲「動力心理學」（Dynamical Sychology）這個學科的創始人。

總之，理性主義傳統賦予弗洛伊德追求眞理的熱望和勇氣，也賦予他追求眞理的動力和源泉，雖然人們把他的學說稱爲「非理性主義」，但他本人卻是一個地地道道的理性主義者，具有傳統的理性主義者所具有的那些非凡的品格和精神。沒有這些非凡的品格和精神，是不可能創立非凡的理論學說的。

第二節　弗洛伊德與非理性主義傳統

弗洛伊德追求科學的精神是理性的，但是，他創立的精神分析學說則是以非理性的「無意識」作爲基礎。那麼，弗洛伊德的非理性思想是否也有根可尋、有據可查呢？答案是肯定的。西方的思想傳統雖然總的說來是理性的，或者說，理性佔著主導地位，但是，還有許多非理性的因素，或者說，非理性的思想作爲非主流亦貫穿於西方傳統思想之中。

最早把非理性的因素作爲萬事萬物根本原因的人，按照目前的材料來看，在西方，當推古希臘思想家恩培多克勒（Empedocles，約西元前 490～430年）。恩培多克勒認爲萬物由火、水、

土、氣四種元素組成，他稱之爲「四根」。但是，這四種元素的結合和分離則是由兩種非理性的因素「愛」和「憎」所促成。「愛」使這四種元素組合起來，形成萬事萬物，「憎」則使這四種元素分開，使萬事萬物分解。

> 看看那到處都溫暖光明的陽光，看看那浸沐在溫暖光明中的不朽星辰，看看那到處都陰暗寒冷的雨水，看看那地下湧出的牢固結實的東西。這一切在「憎」的支配時形狀不同，彼此分離；然而在「愛」中結爲一體，互相眷戀。❼
> 這「愛」和「憎」的競爭在人的肢體裏是明顯的。在一個時候，身體的一部分在生命洋溢的季節裏由「愛」團聚成一個整體；在另一個時候，則由殘酷的衝突把它們拆散，各自在生命的海那邊躑躅。植物和住在水裏的魚，住在山上的野獸和展翅飛翔的鳥，全都是這樣。❽

弗洛伊德的「愛欲論」(Eros) 也認爲有兩種互相對立的本能在相互作用。這兩種對立的本能一方面使身體內部具有生長和發展、抵抗死亡的能力，他稱之爲「生的本能」，另一方面是一種保守、惰性的力，它要求回到事物的初始狀態，它引向死亡，這是死的本能。生的本能與死的本能相互作用是生命的根本動力。它與恩培多克勒「愛」和「憎」的思想有異曲同工之妙。我們不能說弗洛伊德的「愛欲論」是恩培多克勒「愛」「憎」說的翻版，但是，弗洛伊德的「愛欲論」可以在其中尋到思想根源。

---

❼　《西方哲學原著選讀》，頁 44。

❽　同上書，頁 43-44。

　　柏拉圖的「愛欲說」（Eros）對弗洛伊德有直接而又深刻的影響。弗洛伊德說:「哲學家柏拉圖使用的『愛欲』一詞，從它的起源、作用與性愛的關係方面看，與『愛力』概念卽精神分析的里比多概念是完全符合的。」並引用柏拉圖《會宴篇》中的例子來論證自己的學說。具體的論述我們將在後續的正文中詳細地闡述。

　　柏拉圖在《斐多篇》（*Phaedrus*）還講了著名的「靈魂馬車」的故事。柏拉圖在這本書中講到，蘇格拉底專門講了靈魂中兩匹馬的問題。他說駕車人駕馭的這兩匹馬，一匹馴良，一匹頑劣。在右邊的那一匹長得很美，它愛好榮譽、謙虛和自制，要駕馭它無需乎鞭策，只要勸導就行；另外的那匹馬卻是又頑固又驕橫，亂蹦亂跳不聽使喚。當駕車人看到他所愛的對象時，整個靈魂充滿了感情和欲望，那匹馴良的馬知道羞恥不敢貿然行動，那匹頑劣的馬卻要帶著它的主人去追求歡樂。直到駕車人來到所愛的美少年面前，回想起美的本性，能夠自制，才拼命約束劣馬，讓它丟掉野性俯首貼耳地聽命。這時候情人的靈魂才肅然起敬地去愛他所愛的人。柏拉圖用這個比喻說明靈魂結構的觀點，提出了「靈魂二度說」的思想，認爲理性靈魂（rational soul）在腦內，含有智慧和淸晰的觀念，爲最高主宰；理性的靈魂又一分爲二，其高尙部分位於心臟，司高尙情操，如勇氣、抱負等；其卑下部分位於橫隔膜下，司原始情緒，爲性欲和低級情欲的根源。二者均爲理性所控制❾。許多外國心理學家認爲，弗洛伊德心理結構的三部圖式（無意識 —— 前意識 —— 意識，本我 —— 自

---

❾　參見張肯松編著《心理學史》，臺灣版，頁 16。

我 —— 超我）同柏拉圖的三位一體說（一個馭者和兩匹馬）相近似，並直接了當地評價弗洛伊德的心理結構是神話結構⑩。

弗洛伊德還從亞里斯多德那裏吸取了許多論述夢的思想。亞里斯多德在《論夢》中曾寫道：「無論如何，有學識的醫師說，我們應密切注意夢，……最擅長解釋夢的人是能夠看出相似性的人，……就像水中的圖像，夢可以受到同樣的歪曲⑪。」弗洛伊德關於夢的象徵、歪曲等觀點可以在亞里斯多德這裏找到淵源。

如果說古希臘是弗洛伊德思想的淵源，如黑格爾所說：「一提到希臘這個名字，在有教養的歐洲人心中，尤其在我們德國人心中，就自然會引起家園之感。」（《哲學史講演錄》卷一），那麼，德國近代思想則是弗洛伊德思想的直接來源。

非理性的思想首先在德國近代大思想家萊布尼茨（G. W. Leibnitz, 1646～1716）那裏有直接的表述。

萊布尼茨的「單子論」，把單子看作和靈魂一樣的精神實體，因此也肯定每一個單子都有「知覺」和「欲望」。這種「知覺」的清楚或晦暗的程度不同，就造成了單子之間質的千差萬別。而造成單子的這些變化發展，即一個知覺變化或過渡到另一個知覺的內在原則的活動，就是「欲望」。單子的知覺也有不同的程度，如通常認為無意識的那種無機物以至植物，其單子就只具有最不清楚的一些「微知覺」。萊布尼茨認識到在意識之外還具有「微知覺」的無意識的觀點是近代心理學的一個大進步。它對弗洛伊德的思想具有較大的影響，弗洛伊德關於無意識的思想從中

---

⑩　參見《國外心理學的發展與現狀》，頁 120。

⑪　*Historical Introduction to Modern Psychology*, New York, 1972, p. 271.

找到了直接的理論來源，甚至有些表述和用詞上也直接繼承了萊布尼茨。

　　從心理學上看，從萊布尼茨到弗洛伊德有一個橋樑，這就是德國著名的心理學家赫爾巴特(John Fridich Herbart, 1776～1841)。赫爾巴特認爲，各種觀念（vorstellung）在性質上是不變的，但是卻有強度或勢力（kraft）上的變異。觀念都是活動的，「觀念的每一運動都限於兩個定點之間，卽其完全受制止的狀態和完全自由的狀態」；而「無論何種觀念都自然而然地，不斷地努力以求復得其完全自由的狀態（卽壓力的消滅）⑫」。但是觀念決不因抑制而完全消失。觀念受到對抗時，只是作必要的「退讓」，減弱其強度或清晰性，由一種現實的狀態，退爲一種趨避的狀態。因此受壓抑的觀念仍可存在，但是是作爲一種趨勢而存在的。由此，赫爾巴特演繹出一個意識閾的概念。他**說：**「一個概念若要由一個完全被抑制的狀態進入一個現實觀念的狀態，便須跨過一道界線，這些界線便是意識閾⑬。」那些強有力的觀念存在於閾限之上，成爲意識的；而本質微弱或因受抑制而變爲微弱的觀念，則可能被貶入閾限之下，所以爲無意識的。

　　赫爾巴特關於無意識與意識等差的觀念，關於心理活動衝突、排斥和復合的觀念，對弗洛伊德的思想都有明顯的影響。對此，波蘭心理學家勒‧卡爾賓斯卡早就指出過。因此，美國心理學家 E. G. 波林（E. G. Boring）說：「赫爾巴特可視爲從萊布

⑫　*A History of Experimental Psychology*, New York, 1950, p. 255.

⑬　同上書，p. 256.

尼茨到弗洛伊德發展路線上的一個動力心理學家❶。」

　　對弗洛伊德心理學影響最大的恐怕莫過於德國現代實驗心理學的先驅，德國心理物理學的創始人費希納（G. T. Fechner, 1801～1887）。弗洛伊德在《自傳》中說：「我一直樂於接受費希納的思想，在許多重要觀點上信奉這位思想家❶。」費希納對弗洛伊德的影響，他在《自傳》、《夢的解釋》、《詼諧及其與無意識的關係》和《超越快樂原則》中均直言不諱地講到過。在《夢的解釋》中，弗洛伊德說：「在本學科文獻中發現的所有與夢理論有關的資料中，我們強調有一點是特別值得提及的。著名實驗心理學家費希納在論述夢的性質時做了一個推測：**夢上演在清醒概念之外的地方**。只有這一假定能使我們理解夢生活的特殊性質❶。」在《超越快樂原則》一書中，弗洛伊德寫道：「我們不能對這樣一個事實視而不見，那就是一個具有深刻洞察力的研究者費希納關於愉快和不愉快問題所持的觀點在一切主要方面均與精神分析研究迫使我們相信的觀點一致❶。」「其實，常性原則（das Konstanzprinzip）是從那些迫使我們採納唯樂原則的事實中推論出來的。況且，一種更詳細的討論還將表明，我們認為，由心理器官產生的這種傾向也可作為費希納的『尋求穩定性傾向』原則（das Prinzip der Tendenz zur Stabilität）的一個特例。他已將愉快的情感和不愉快的情感同這個原則聯繫起來了❶」

❶ *A History of Experimental Psychology*, p. 255.
❶ *An Autobiographical Study*, p. 109.
❶ *Studienausgabe*, Band Ⅱ, s. 512.
❶ *Studienausgabe*, Band Ⅲ, s. 218.
❶ 同上書, s. 219.

　　被弗洛伊德提到，與他的精神分析有相通之處的還有德國哲學家叔本華（A. S. Schopenhauer, 1788～1860）。弗洛伊德在《自傳》中說:「精神分析與叔本華哲學思想在很大程度上的偶合 —— 他不僅宣稱情緒的支配作用和性欲的極端重要性，甚至也意識到了壓抑的機制 —— 不應該歸結爲是由於我熟悉他的學說，讀叔本華的著作在我一生中已經是很晚的事情了⑲。」在〈心理分析的困難之一〉一文中，弗洛伊德寫道:「大概很少有人意識到了承認無意識的思維活動過程對科學和生活的重大意義。我們得趕快補充一句，並不是心理分析學說邁出了這第一步。在它之前，很多著名哲學家就這樣做了，我們可以舉出這些名人的名字來。首先，偉大的思想家叔本華（1788～1860）提出了無意識的意志，相當於心理分析學所說的頭腦裏的本能。正是這位思想家以令人難以忘懷的犀利的話語告誡人類，雖然他們的性欲望仍被貶低，了解性欲望卻十分重要⑳。」

　　弗洛伊德在《自傳》中還提到尼采（F. W. Nietzsche, 1844～1900）。他說，哲學家尼采的「一些猜測和直覺，常常驚人地與精神分析的艱苦研究的成果相一致㉑」。

　　由此可見，弗洛伊德的非理性主義思想並非憑空的臆造，空穴來風，而是具有極深的思想淵源，它是思想發展史的必然結果，是時代的必然產物。

---

⑲　*An Autobiographical Study*, p. 110.
⑳　*Standard Edition*, vol. 17, p. 143.
㉑　*An Autobiographical Study*, p. 110.

第三節 弗洛伊德與他的時代

弗洛伊德所處的時代正是世紀之交，我們知道，十九世紀末至二十世紀初是資本主義進入帝國主義的時代。弗洛伊德主要生活和工作在奧匈帝國的首都維也納，它既是歐洲最著名的文化中心之一，又是歐洲資本主義帝國主義的重要櫥窗之一。

從經濟上看，當時的奧匈帝國有比較大的發展。農業上，國家出面採取行動，經過多次試驗以後，1883年通過了合併法，以利於農業土地的歸併，消除了耕地中的混亂狀況，農民省時又省力，有目的地使用機器就有了可能。此外還進行了農業技術的改良，穀物輪種制繼續推行，購置了機器，經營轉到最有前途的生產上，經濟狀況得到了改善，旅遊業也興旺起來。

但是農民並不安於農村的土地，到城市去找工作，就其本身來說，是奧地利和歐洲歷史上幾乎每個世紀都有的一種現象，在高度工業化的時代，範圍自然更有所擴大。與從前的人口流動不同，統計數字表明，農村區鎮的數目減少了，區鎮裏的人口數目降低了。脫離農村的現象對山區農民的影響極為明顯。沒有希望繼承財產的農家子弟，還有僕役和使女都渴望到城市裏去，那裏找工作不受季節的限制，自由比較多，娛樂比較廉價，而且經常需要勞動力。但是並不是每個人都能找到比較滿意的工作，更多的人則是懷抱希望地徬徨、苦悶。

工業上，令人眼花撩亂的發展備受世界矚目。生產和資本大量地集中，大企業增加 50％以上，壟斷組織卡特爾就有 200 多個，銀行資本集中也很顯著，深入了工業部門的各個角落。整個

國家的大工業儘管受到過種種挫折和危機，但總的來說呈現出一派令人印象深刻的興旺發達景象。

但是，大工業勝利帶來的結果是，大資本幾乎無處不獲勝，而倒霉的卻是淪入貧困的中小企業，這些企業求生存的鬥爭日益尖銳化，他們每時每刻都在擔心自己的企業會發生倒閉。小商人的地位比手工業者的地位更加可慮，許多維也納和外省城市的「小雜貨商」對於局勢已不能應付裕如。弗洛伊德的家庭就是其中之一。

尤其是1871～1873年，德國和奧地利經濟虛假繁榮之期，那時濫設基礎不穩忽起忽落的公司之風甚熾，其特點在於，不僅僅是一些暴發戶的不學無術和毫無風格，再加上以其發來的橫財來顯示豪華氣派的做法，他們過著驕奢淫逸的生活。

從政治上來講，奧匈帝國民族壓迫和階級壓迫互相交織，廣大人民遭受封建的、資本主義的和民族的三重壓迫，哈布斯堡王朝對民族實行高壓政策，奧匈帝國簡直是一個民族監獄。資產階級和勞動人民大眾同封建專制勢力之間的矛盾，以及被壓迫民族反哈布斯堡王朝的鬥爭進一步激化。

1882年時，塔弗內閣（1879～1893）才對選舉權的民主化略有貢獻，那時稅賦限制（即選民的最低限度納稅能力）從十盾降至五盾，於是一部分農民和小資產階級就得到了選舉權。1893年7月，社會民主黨舉行爭取選舉權的大會，塔弗在帝國代表會議上提出一個議案，這提案雖然沒有帶來普遍、平等和直選的選舉權，但是在城鄉選區內實行的選舉團選舉權的範圍內，選舉權擴及一切國家公民。為了反對這個提案，執行派與封建派及自由反對派結合了起來，選舉案沒有通過，政府也就跟著垮臺。塔弗政

府推行的一種零星的策略性讓步政策，被人惡意地稱之爲「依舊笨拙地蠻幹」。後來發生的就是二十多年的奧地利政治危機，這些危機後來匯合於世界的大浩劫之中。

在這種民族鬥爭和階級鬥爭日益尖銳，長年動亂的情況下，人們精神沮喪，惶惶不可終日，致使神經症和精神病的發病率日益增高。作爲治療神經症的一種理論、方法和技術的弗洛伊德精神分析，正是適應這一迫切的社會需要而產生的。

其次，精神分析是弗洛伊德企圖解決猶太人家長制和維多利亞式性道德壓抑而造成的社會病態現象迫切需要的產物。

當時的奧地利，特別是維也納，在文化上仍然是維多利亞女王時代陳腐僞善的道德和華而不實的作風占統治地位。本來，資本主義極力宣揚自由、民主、平等、博愛，反對禁欲主義，要求婚姻自由。但是，由於維多利亞文風的浸淫，在男女兩性關係上仍然極度保守，完全否認婦女在性方面也有和男人一樣的性需求和權利。這樣，在人們的精神生活中，除了高度的專制、嚴厲的天主教統治的束縛外，還有封建殘餘影響的禁錮，主要表現在維多利亞時代的遺風和猶太家長制的統治。在歷史上，猶太人曾三次被逐出維也納，十九世紀末，隨著工商業的發展，猶太人又返回維也納，尤其是弗蘭茨·約瑟夫時代，猶太人有了絕對的增長；第一次世界大戰時，猶太人的比重約爲百分之九，而戰爭期間，由於難民而暫時又繼續增長。在維也納的經濟和文化生活中，猶太人，尤其是作爲醫生、商人、律師、作家、新聞工作者，起了相當重要的作用。但是在家長式統治的猶太人社會裏，宗教氣氛非常濃厚，社會禁忌十分嚴格，特別是兩性關係的禁忌更甚，性本能受到嚴重壓抑，造成人們精神上的巨大創傷和充滿矛盾的心

理結構，以致猶太人家庭中精神症和精神病的發病率日益增多起來。弗洛伊德精神分析也正是爲了解決這一迫切的社會問題而產生的。正如美國心理學家尼爾所說，弗洛伊德的病人中，「許多是在當時猶太人家長制的典型家庭裏長大成人的，他們生活在奧地利帝國的高度專制和嚴厲的天主教徒社會裏。在這種維多利亞式的嚴峻道德範圍內，許多人患著某種形式的性困擾的疾病，因爲性生活是社會戒律的主要領域之一，因此也是個人內部衝突的主要方面。這種維多利亞式中間的奧地利——猶太文化不僅形成了弗洛伊德病人的人格，而且也形成了弗洛伊德本人」。

第三，戰爭對弗洛伊德也具有極大的影響。弗洛伊德目睹了意奧戰爭、普法戰爭、巴黎公社革命、美西戰爭、日俄戰爭和第一次世界大戰。他的一生就是在戰爭頻繁、充滿血腥、恐怖的環境中度過的。

意奧戰爭發生於1895年4月，奧地利與意大利和法國作戰。當時的兵役令規定，適齡男子都要服兵役，這樣，弗洛伊德的兩個哥哥和父親就得入伍。由於猶太人在軍中所受的歧視，弗洛伊德的父親決定逃避兵役，從奧匈帝國的摩拉迪亞逃到德意志的薩克森。這次遷居給年幼的弗洛伊德留下了痛苦和恐怖的印象。

普奧戰爭爆發於1866年。當時的德國鐵血宰相俾斯麥（Ott v. Bismarck, 1815～1898），不斷地向周邊鄰國發動戰爭。1866年，普魯士與奧地利在薩爾瓦多戰役中一決勝負，普魯士取得了巨大的勝利。四年後，俾斯麥又與法國交戰，這就是著名的普法戰爭，普魯士在色當戰敗法國，俘獲拿破崙三世，並從法國割地和獲得賠款。這一戰役死傷無數，十萬法軍投降。

這幾場戰爭是弗洛伊德在少年時代親眼看見的，對他的心靈

有極大的震撼。當時弗洛伊德還想成爲將軍，以求通過捷徑出人頭地。但是當他23歲參軍一年之後，他的興趣很快從行動變成理論的了。

弗洛伊德成年時經歷了 1898 年爆發的美西戰爭， 1904 年至1905年的日俄戰爭，特別是1914年至1918年的第一次世界大戰。這場大戰造成了極大的人力、 物力和財力的損失， 更爲嚴重的是， 對人們的精神造成了極大的傷害。 美國著名歷史學家愛德華‧麥克諾爾‧伯恩斯 (Edward Mcnall Burns) 和菲利普‧李‧拉爾夫 (Philip Lee Ralph) 在他們所著的《世界文明史》(*World Civilizations, their history and their culture*) 一書中對這場大戰評論說:

> 1914年爆發的這場戰爭是歷史上最不尋常的戰爭之一。雖然它並不是真正的「第一次世界大戰」—— 因為七年戰爭和拿破崙戰爭也是世界性規模的衝突 —— 但是這次戰爭的影響遠遠超過了這兩次戰爭。它很快地變成一場「人民戰爭」， 公民和士兵們一起站在戰壕裏併肩作戰，下定決心消滅敵人。其後果是導致革命像流行病似的蔓延開來，和為以後新的、更為狠毒的衝突撒下了種子。它就這樣地為一個暴力時代樹立了榜樣，並在二十世紀的大部分時間不斷地持續下去。更為不尋常的是，第一次世界大戰標誌著一個長時期的和平時代的結束。㉒

殘酷的戰爭本來就使人們心靈受到極大的傷害，更何況奧地

㉒ *World Civilizations*, New York, 1974, p. 1017.

利作為戰敗國，人們的心情更是沮喪。其直接後果便是數以萬計的人受到巨大的精神創傷，從而導致精神病發病率的猛增。

　　這樣殘酷的屠殺和瘋狂的破壞給弗洛伊德極大的震動，他下決心尋求這種社會病毒的根本原因。在早期的理論中，弗洛伊德把本能分為自我本能和性本能兩類。這場戰爭改變了弗洛伊德的觀點，他認為，人的本性中有某種侵略本能或自我毀滅的本能，也就是死的本能。因此，他將前期理論改為具有兩極性的生的本能和死的本能學說。

　　第四，弗洛伊德正好處在「科學的全盛時期❷」，深受科學研究之風的薰陶和影響。同以往所有的時期相比，1830年至1914年這段時期標誌著科學發展的頂峰。這段時期科學上取得的成就，不但在數量上要比以往多，而且這些成就對隱藏在物質內部的奧秘作了更為深入的探索。不但原有的各個學科都獲得了長足的發展，而且在原有學科的名單上又增加了十多項新的科目。這個時期科學上異乎尋常的發展是由多方面的因素造成的。在某種程度上說，那是由於第一次產業革命的刺激，由於日益高漲的生活水平，同時也由於追求舒適愉快的生活欲望。所以，這個時期發展最快的是生物學和醫學。生物學的顯著成就是發展了器官進化學說的新解釋。法國博物學家讓·拉馬克（1774～1829）在1809年發表了著名的關於器官獲得性狀的遺傳的拉馬克學說的基本原理。1859年達爾文的生物進化論又將進化理論推向了科學高峰。隨後，德國的魏斯曼（1834～1914）、荷蘭的德佛里斯（1848～1935）、奧地利的孟德爾（1822～1884）又將達爾文的學說加

---

❷　*World Civilizations*, p. 960.

以發揮和完善。

繼器官進化學說的闡述和論證之後，生物學方面最重要的成果大概就是細胞學說的發展了。1830年前後，德國生物學家特奧多爾・旺施（1810～1882）指出，不僅植物，而且動物也是由細胞組成的。他還指出，所有生物，除了最簡單的以外，都是通過這些最微小的組織單位的分裂和增殖過程生長並成熟起來的。幾年以後，又有這樣的發現：所有的細胞基本上都是由同樣的混合體組成的，胡戈・馮・穆赫爾（1805～1872）稱之爲細胞質。這一時期，生物學的另一項重要成就是胚胎學的發展。在德國受教育的俄國生物學家卡爾・恩斯特・馮・貝爾（1792～1876）是現代胚胎科學之父。在1830年前後，他提出了胚胎學上著名的「貝爾法則」。這一法則之後又被恩斯特・海克爾（1834～1919）加以發展。法則提出各個胚胎在發育過程中重演或再造各自所屬的生命史的多個重要階段。

大約在1865年，路易・巴斯德（1822～1895）對生物自然發生理論進行了劃時代的批駁，並從此奠定了微生物科學的基礎。巴斯德成功地使科學界信服：一切現有的生命形式，不管它如何微小，都是由生物再造的。這就是他著名的「生源論」。

然而，在這一時期，醫學的進步比生物學的成就更引人注目。1796年，詹納發現了天花疫苗。更爲偉大的是，1842年，美國佐治亞的外科醫生克勞福德・W・朗開始用乙醚做麻醉手術，其後，波士頓的牙醫威廉・T・C・莫頓正式將其製成麻醉劑，從而成爲現代醫學發展的里程碑。它不僅使病人減輕了痛苦，而且使大夫從容不迫，從而帶來了更多手術的成功。1847年，匈牙利醫師伊格納茲・塞麥爾維斯在手術中開始使用消毒劑；1865年

左右，英國人約瑟夫・利斯特將之推廣到外科手術的整個領域。

十九世紀下半葉，醫學進步最重大的事件無疑就是病源微生物學說。這個學說的創始人就是路易・巴斯德和羅伯特・科赫。他們通過一系列的科學實驗證明並使人們相信，微生物是疾病的原因而不是疾病的結果，從而使人們在治療上不致於頭痛醫頭，腳痛醫腳，而是採取治本的方法發掘病源，從而征服它。微生物學說被人們所接受後，醫學上的成就就以突飛猛進的速度發展。1885年，巴斯德發明了治療狂犬病患者的醫術；1882～1883年，科赫發現了肺結核和亞洲霍亂弧菌。1892年埃爾・馮・貝爾製作了白喉抗菌素。1905年，梅毒病菌被分離出來，1910年，保羅・埃利爾希發明了「六○六」（砷凡納明）新藥，對梅毒具有特殊療效。其後，奧地利病理學家尤利烏斯・瓦格納・萊格（1857～1940）發現，瘧疾或其他因素引起的高燒在推遲諸如腦梅毒和麻痺性癡呆等病症向後期發展方向，具有顯著的效果。

在自然科學方面，可以很有把握地說，自從哥白尼時代以來，弗洛伊德所處的這個時代，自然科學中出現的劇烈變革的次數之多超過了以往任何時期。的確，在這一時期內，有那麼多的自古以來就形成的科學概念受到嚴峻的挑戰，甚至於被推翻，以致人類發生了這樣的懷疑：以往是否有過這樣的時期？

1810年，英國中學教師約翰・道爾頓重新發現了物質的原子學說。1847年，赫爾姆霍茲系統地提出了力的守恒原理，1851年又提出能量守恒原理。其後，開爾文勳爵又對之加以系統解釋。這些發現在影響天文學家和某些哲學家作出推斷方面如此富有成果，尚屬少見。

光、電、能的一些舊學說在某種程度上進行了廣泛的修改。

1865年，克拉克·麥克斯韋爾（1831～1879）表明，光的運動看上去與電磁波完全相同。1895 年， 威廉·馮·倫琴發現了 X射線，1896年發現了鈾，1898年，居里夫人又發現了鐳。1903年，拉瑟福德和索廸一起提出了原子自然蛻變理論。這些理論證明，光、電、X 射線以及其它形式的能量基本上是同一的。

從這一結論出發，相對地說，物質概念作了根本性的修改，1892年，費倫茨提出，原子不是不可分的，它本身是由更小的帶電單位構成的。1910年，拉瑟福德和玻爾又提出了原子結構的行星模型圖，證實了費倫茨的觀點。

社會科學在這一時期也有相當大的發展，很多學科都分門別類地獨立出來。在這些學科中，首先應提及的是社會學。社會學是由奧古斯特·孔德（1798～1857）創立的， 赫伯特 · 斯賓塞（1820～1903）將其發揚光大。接著是人類學的創立，這門科學主要討論人體的進化，現有人類體型的研究，以及對史前文化和原始社會制度和習俗的調查。 1870 年前後， 德國的威廉·馮特（1832～1920）創立了心理學，使之從哲學中獨立出來。到了十九世紀九〇年代，俄國的巴甫洛夫（1849～1936）使心理學獲得了重大的進展 。 巴甫洛夫發現， 條件反射是人類行爲中的重要因素，從而鼓勵心理學家把心理實驗作爲一把了解人類思維的鑰匙。

由此可見，弗洛伊德所處的時代是個科學昌明的時代，是個破舊立新的時代。在這個時代的薰陶下，弗洛伊德熱衷於科學，勇於向舊的傳統挑戰，並最終提出了他的驚世駭俗的理論。

第四節 弗洛伊德與他的父母

家庭是決定一個人成長的關鍵因素，父母對孩子的影響不僅是遺傳方面的，更重要的是教化方面的。精神分析學說非常重視孩子與父母之間的關係。現在讓我們看看弗洛伊德與他父母之間的關係如何，對於他日後成爲一個偉大的思想家，他們起了什麼樣的作用。

弗洛伊德非常強調兒子與母親之間的關係，但是他本人向我們提供的他自己與母親之間的關係的材料卻非常少。在《夢的解釋》一書中，他分析了自己的三十多節夢的片斷，其中涉及他母親的夢卻只有兩節。弗洛伊德是個多夢的人，根據他與母親的關係，我們猜想，他必定做了許多關於母親的夢，可是他卻秘而不宣。從《夢的解釋》中對夢的分析，我們來看看他與母親的關係：

> 我走進廚房想找點布丁。有三個女人站在那裏，其中一個是女主人，她正用手揉著東西，彷彿是在做蘋果布丁，她回答說我得等會兒直到她做完（這句話在夢中不太清楚）。我漸漸不耐煩了，並挑釁似地走開了。我想穿上大衣，但第一件穿上去太長了，我脫掉它並驚奇地發現它鑲有毛皮。第二件大衣上繡有土耳其式的圖案，一個長臉帶短鬍子的陌生人走過來不讓我穿它，並說這是他的。我告訴他這件大衣上邊繡著土耳其式的花紋。他說：「土耳其（圖案、布條……）與你何干？」但不久我們就變得相當友好

了。㉔

弗洛伊德本人對這個夢有自己的分析，不過我們不能聽信他自己的一面之辭。根據另一位精神分析大師弗洛姆的分析，這個夢體現了弗洛伊德母子之間的關係。弗洛姆認爲，希望母親給東西吃的願望（夢中的三個女人可能都代表母親），就是希望養育、照料。這個夢的獨特因素就是做夢人的不耐煩，他受不得一點兒委曲，哪怕是自己的小小願望被稍稍延擱一下也不行，他要穿上一件鑲有毛皮的外套賭氣地走開——而這件外套還是屬於別人的。弗洛姆分析說：「我們在這個夢中看到一個受母親寵愛的孩子的典型反應；他硬要母親給他吃的（『給吃的』可以象徵地理解爲『照料、愛、保護、讚許』等等），沒有立刻給他吃的，他就不耐煩、暴躁起來，因爲他認爲他有權得到立卽的和完全的注意。他生氣地走了，去侵占高大男人——父親的地位（陌生人的長外套所象徵）㉕。」由這個夢我們可以看到，弗洛伊德的母親對他非常寵愛。

弗洛伊德的另一個夢表現了他對母親的深深依戀：

> 我心愛的母親帶著特別的平靜、安睡的面容被兩個（或三個）長著鳥嘴的人擡進房間被放在床上。㉖

弗洛伊德在描述這節夢時說到：「從我個人來說，幾十年來未做過眞正的焦慮夢，但是我能想起七、八歲時做過的一個夢，只

㉔ *Studienausgabe*, Band Ⅱ, s.s. 214-215.

㉕ 《弗洛伊德的使命》，頁 13。

㉖ *Studienausgabe*, Band Ⅱ, s.s. 554-555.

是在三十年後才對它加以解釋。」做這個夢時，他「哭著喊著醒來，並打斷了雙親的睡眠」。弗洛伊德對夢見他母親之死如此害怕，以致在三十年後回憶起來仍心有餘悸，認爲這是他平生最爲驚悸的夢，由此可見，他對他母親有著深深的愛和深深的依戀。

弗洛伊德母子之間的相互依戀，在實際生活中我們也可以看到。在前面敍述弗洛伊德的生平時我們就可以看到，弗洛伊德由於討厭鋼琴的「噪音」，不顧弟妹們的反對，堅決要求搬走鋼琴，而他的母親竟然同意了，以致阻止了他們家庭的音樂教育。弗洛伊德對他的母親也深深地依戀。爲了事業，他幾乎不浪費任何時間，甚至很少時間陪伴他的妻子，「但是，他每星期日早晨都去看他的母親，並請母親去他那裏用晚餐，一直至老都是如此⊘」。

母親對兒子的寵愛和兒子對母親的依戀，至少給弗洛伊德兩方面的影響，其一如他自己所說：「一個無可置疑地深受母親寵愛的人會終身保持有利者的感覺，保持經常導致眞正成功的成功信念⊗。」弗洛伊德的事業幾經挫折，但是始終具有堅定的自信心，這與他的母親不無關係。瓊斯也曾談到過這樣的意見：「這種自信心是弗洛伊德的突出性格特徵之一，它幾乎沒有受到任何損害，這是因爲弗洛伊德無疑正確地看到它以母親之愛作保障⊗。」其二是對他學術的影響。弗洛伊德認爲，由於嬰兒時代和童年早期環境狀況，每個孩子都渴望與自己異性的父親或母親身上滿足性欲，而怨恨與他同性的父親或母親，弗洛伊德稱之爲「俄狄普斯情結」。弗洛伊德把對母親的依戀用一種文飾作用解釋爲是由於兒童受他最熟悉的女人的性的吸引。弗洛伊德的這種戀母恨父

⊘　《弗洛伊德的使命》，頁 15。

⊗⊗　*The Life and Work of Sigmund Freud*, vol. 1, p. 5.

和戀父恨母的觀點無疑受到童年時期父母對他的態度的影響。在下面我們還將證實這一點。

弗洛伊德和父親的關係恰好與他和母親的關係相反。父親雖然不無緣無故地斥責他，但是並不像母親那樣溺愛和偏袒他。卽便是如此，也招致了他對父親的不滿以至於怨恨。據瓊斯在他的《西格蒙德‧弗洛伊德的生活和事業》（卷一，頁7）記載，弗洛伊德兩歲時仍在尿床，他的母親不以爲然，而他的父親訓斥了他。這個兩歲的孩子當時反唇相譏說：「別擔心，爸爸，我將來到紐提采因（Neutitschein）（弗洛伊德家所在地區的主要市鎮）給你買一條新的漂亮的紅床褥❸。」這裏我們可以看到弗洛伊德的性格特徵：非常自信、難以接受批評、反抗父權，以致要取而代之（參看前面關於鑲皮毛的土耳其外衣的夢）。在《夢的解釋》裏，弗洛伊德還講述了一件難以忘懷的事情：

> 在我七、八歲時，出現了我仍清楚記得的另一件家庭事件。一天傍晚，在上床前，我不聽話地硬要同父母一起睡在他們的臥室中。父親責罵了我，並說了這樣的一句話：「這樣的男孩將來決沒有什麼出息。」這一定是對我的雄心的可怕的打擊，因為這一幕情景一而再、再而三地出現在我的夢中，而且總是與我的許多成績和成功聯繫在一起，好像我打算說：「你看，我還是有出息的！」❸

---

❸ 關於這一點的敍述還可以參見 *Studienausgabe*, Band Ⅱ, s. 225.

❸ *Studienausgabe*, Band Ⅱ, s. 225.

　　大人在氣頭上說的這麼一句話,竟使弗洛伊德終生耿耿於懷。不僅如此，弗洛伊德還施行心理報復，極度地看不起他的父親。在第一章我們已經看到他在《自傳》中對父親的貶斥（「從而糾正了我父親高尚而毫無遠見的想法」），在這裏我們再引一段他在《夢的解釋》裏對他父親的不滿和看不起:

　　在我十歲或十二歲時，我的父親開始帶我一起散步並在談話中表達出他對世事的觀點。例如他曾告訴過我下面這件事以便讓我明白我們的童年比他更為幸福。「年輕時有一個周末我穿著整齊並戴著一頂新皮帽在你出生的村莊的小道上散步。迎面來了一個基督徒，他把我的帽子扔到泥裏並喊道:『猶太人，從道上滾開!』『那你怎麼辦了?』——『我走到路邊，拾起帽子。』他平靜地回答。」這對於用手牽著我這個小男孩的高大、強壯的男人來說似乎並不是光彩的一頁。我把這個令我不快的情景與感覺上更為融洽的另一情景相對照: 漢尼拔的父親漢密爾卡‧巴卡斯（Hamilkar Barkas）讓其未成年的兒子在祖壇前發誓向羅馬復仇。從那時起，漢尼拔便在我的幻想中佔據著一個位置。❸❷

　　如果說弗洛伊德對其母親是依戀，那麼，對其父親則是反叛，並總想取而代之。這一影響也是雙重的: 一方面形成了弗洛伊德的反叛性格，使他不和媚同俗。一般都認為弗洛伊德是個反

---

❸❷ *Studienausgabe*, Band Ⅱ, s. 208.

叛者，他公然反抗輿論和醫學權威，沒有這種反抗精神，他決不可能在甚至朋友因害怕受連累而與他決裂的情況下堅持公開宣傳關於無意識、嬰兒期的性欲等觀點。但是正如弗洛姆所說，他也只是個反叛者，而不是個革命者。也就是說，他反叛權威的目的是爲了使自己成爲權威，而一旦人們開始反叛他的權威時，他就受不了，他就會固執己見，儘管他的學說有許多缺陷，但是他容不得別人的批評。另一方面，這一反抗權威並取代權威的思想反映在他的學說上。我們前面提到「俄狄普斯情結」，俄狄普斯殺父娶母，弗洛伊德對父親的態度可以說是這一思想的根源之一。此外，弗洛伊德在論述人類歷史早期結構的著作《圖騰與崇拜》中，也讓妒嫉的兒子殺死了原初的父親，把他戀母恨父意識擴大到社會學。

第三章 過失心理學

第一節 過失是有意義的

在日常生活中，我們常常經歷或看到這樣的事情，想說一句話，卻用錯了詞；寫文章時，用錯了字；讀書念了別字；聽覺本來沒有問題，可是聽錯了人家說的話；出門忘了帶鑰匙；就在嘴邊上的名字卻叫不出來；一件物品就在手邊，卻怎麼也找不到。所有這些事情都沒有重要的意義，我們或渾然無覺，或一笑了之，頂多不過是煩惱一陣。這些事情「多半是暫時的、不重要的，而在生活上沒有重大意義的動作❶」，它們引不起多大的注意，更不用說對它們發生多大興趣了。

但是弗洛伊德認為，這些小小的動作卻具有極深的心理意義，他把這些動作統稱為「過失」(die Fehlleistungen)，並將它們分為三類進行研究：第一類，舌誤 (Versprechen)，筆誤 (Verschreiben)，讀誤 (Verlesen)；第二類，遺忘 (Verg-essen)；第三類，誤置 (Verlegen)。

---

❶ *Studienausgabe*, Band I, s. 51.

在弗洛伊德之前的心理學家對這些過失也有些研究，他們主要是從身體機能方面來挖掘過失的原因。他們認爲，導致這些過失的原因是：(1)疲倦或不舒服，機能的失調引起注意力不集中；(2)興奮，沉浸在內心狀態而忘乎所以；(3)注意集中在其他的事情上，以致心不在焉。弗洛伊德將這種理論稱爲「分心說」(die Theorie der Aufmerksamkeitensentziehung)。這種「分心說」的解釋都是我們日常容易接受的，或者說願意接受的。

但是，弗洛伊德認爲，這些理由是不充分的。一個過失偶然地、暫時地出現一次，你可以說它是分心的結果。但是，如果一個過失反覆地出現，那又作何解釋呢？比如，一個人暫時忘記了某人的姓名，非常懊惱，他情不自禁地努力回憶，把全部的注意力都集中在搜尋這一名字上面，可就是想不起來。可見，這種過失並不是分心的結果。又如，一個人第一次忘記了約會，第二次，他特別努力記住要去約會，可又發現記錯了日期和鐘點，可見，這不是用生理機能的不適如疲倦或興奮所解釋得了的。

由此可見，這些過失的特點，不是這種從生理機能方面挖掘原因的「分心說」所解釋得了的。這種「分心說」不一定是錯誤的，但至少是不充分的。

除了這種衆所周知的「分心說」之外，也有人從其他的角度研究過失，比如語言學家默林格 (Meringer) 和精神病學家邁耶 (Mayer)，他們在 1895 年曾設法從語言學的角度來研究舌誤的問題。他們將舌誤分爲 5 種：(1)倒置 (Vertauschungen)，包括字及音節、字母的倒置，比如，把「黃狗的主人」說成「主人的黃狗」。(2)預現 (Vorklänge)，例如，將 Es war mir auf der Brust so schwer（我感到氣悶），說成了 Es war mir auf Schwest, 將 Brust 和 schwer 合在一起說了，並且將 schwer 的詞頭 schw 放在了 Brust 的詞尾 st 的前面，卽，使後面的詞預先出現在前面，而導致了舌誤。舉一個顯而易見、明白易懂的例子就是：一個旅館的茶房，敲著客人的房門，客人問是誰敲門，茶房一慌，說：「小人，是客官送茶來了。」他本想說：「客官，是小人送茶來了。」可是由於慌張，竟將後面的「小人」放到了「客官」的前面。(3)語言持續（Nachklänge），卽前面說出的音節干涉了後面要說出的字。如：Ich fordere Sie *auf, auf* das Wohl unseres Ches anzustoβen〔諸位，請大家乾杯（anzustoβen）以祝我們領袖的健康〕，可是，由於受到前面兩個 auf 的影響，卻將「乾杯」（anzustoβen）說成了「打嗝」（aufzustoβen），這句話變成：Ich fordere Sie auf, auf das Wohl unseres Ches *auf*zustoβen（諸位，請大家打嗝以祝我們領袖的健康）。(4)混合（生造的詞組）〔Vermengungen (Kontaminationen)〕，將兩個毫不相干的字合在一起，組成一個生造的詞組。比如，一個男子想送一個女子回家，於是對她說：Wenn Sie gestatten, mein Fräulein, möchte Ich Sie gerne *begleit-digen*（小姐，如果您允許的話，可否讓我送您一程？）可是這位男子不知怎麼鬼迷心竅，竟將 begleit-digen 混合在一起，說成了 beleidigen（侮辱），說成了：小姐，如果您允許的話，可否讓我**侮辱**您一程？(5)替代（Ersttzungen），卽將一個詞用另一個詞加以替換。如 Ich gebe die Präparate in den *Brütkasten*（我把標本放在保溫箱中），把保溫箱 Brütkasten 說成了 Briefkasten（郵筒），無意中用

Brief 替換了 Brüt。

默林格和邁耶認爲，由於單字的音值不同，較高的音值影響較低的音值，以致導致了舌誤。由上面他們所列舉的類型看來，他們主要研究的是不常見的「預現」和「語音持續」，如果僅就這兩類而言，他們的結論有些說服力，但是，我們最常見而又最普通的舌誤卻不是這兩類，更多的則是把要說的話說反了，這說反了的詞可不是由於音的類同而混合的結果。也有人認爲，字的類同導致了心理的聯想，說話時，把兩個類同的字搞混了。但是，弗洛伊德認爲，誠然，「文字間的類同和音值必須注意，字的聯想也必須加以重視，但是，這還不夠，要想完滿地研究舌誤，就必須將前面所說過或所想過的語句一併研究❷」，也就是說，必須在語境中研究舌誤。

而且，從上面的「分心說」和「語言說」看來，他們的研究有一個極大的重要誤區，那就是，他們只是千方百計地研究引起舌誤的普通條件，卻忽視了舌誤的結果。弗洛伊德認爲，舌誤的結果才是最需要研究的東西，也是最值得研究的東西：

> 舌誤的結果一經研究，便會發現，有些舌誤本身都有意義。這就是說，舌誤的結果本身可被看作是一種有目的的心理過程，是一種有內容、有意義的表示。以前我們只談錯誤或過失，現在看來，似乎這種過失也是一種正當的動作，只是它突然闖來，代替了那些更爲人們所期待的動作而已。❸

---

❷ *Studienausgabe,* Band I, s. 58.

❸ 同上書，s. 58.

事實上，過失之具有意義早爲人們所注意到，這就是作家常利用舌誤及其它過失作爲藝術表現的工具。最典型的莫過於席勒和莎士比亞。

席勒在其名劇《華倫斯坦》（*Wallenstein*）（皮科諾米尼，第一幕，第五場）中就有這樣的一個例子。在前一幕中，少年皮科洛米尼（Piccolomini）送華倫斯坦美麗的女兒回營寨裏，所以熱心擁護華倫斯坦公爵而力主和平。他退出後，他的父親奧克塔維奧（Octavio）和朝臣奎斯登貝格（Qestenberg）不禁大驚，在第五場中有這樣的一段對話：

> 奎斯登貝格：啊，難道就這樣嗎？朋友，我們就讓他受騙嗎？我們就讓他離開我們，不叫他回來，不在此時此地打開他的眼睛嗎？
>
> 奧克塔維奧：（由沉思中振作起來）他已經打開我的眼睛了，我都看清楚了。
>
> 奎斯登貝格：看見什麼呢？
>
> 奧斯塔維奧：這該死的旅行！
>
> 奎斯登貝格：爲什麼呢？你究竟何所指呢？
>
> 奧斯塔維奧：朋友，來吧！我得立即順著這不幸的預兆，用我自己的眼睛來看一個究竟 —— 跟我來吧！
>
> 奎斯登貝格：什麼？到哪裏去呢？
>
> 奧斯塔維奧：（匆忙地說）到她那裏去。到她本人那裏去。
>
> 奎斯登貝格：到……
>
> 奧斯塔維奧：（更正了自己的話）到公爵那裏去。來，跟我去吧。

在這段對白中，席勒就用了一個舌誤；奧斯塔維奧本想說：「到公爵那裏去」，可是他說錯了，說成到「她」，「她本人」那裏去，這個「她」按劇情看指的是公爵的女兒，由此可見，他對公爵女兒之戀愛在舌誤中不自覺地吐露出來。

精神分析學家蘭克（Franz Rank）舉了莎士比亞《威尼斯商人》劇中的一個例子，也可以說明舌誤在藝術中的作用。在此，我們可以讀一讀蘭克的短評：

「莎士比亞的名著《威尼斯商人》（第三幕，第二場）中的舌誤就其所表示的詩的情感及其技術的靈巧而言，都是最好的。這個舌誤和弗洛伊德在他的《日常生活的精神病理學》中所引《華倫斯坦》劇中的舌誤異曲同工，也足見詩人深知這種過失的結構和意義，而且，假定一般觀眾都能領會。珀霞（Parzia，劇中人物）因受父親願望的束縛，選擇丈夫純靠機會。她靠著運氣逃避了所有那些他不喜歡的求婚者。巴薩尼奧（Bassanio，劇中人物）是所她傾心的，他也來求婚了，她怕他也選錯了箱子。她想告訴他，縱使選錯了，仍可博得她的愛情，但因為父親的誓約而不能說。莎士比亞使她在這個內心的衝突裏，對巴薩尼奧作下面的談話：

> 我請你稍等一下，等過了一天或兩天再行冒險吧！因為選錯了，我便失去了你的友伴；所以，我請你等一下吧！我覺得似乎不願失去你（但這可不是愛情）。……我或許可以告訴你如何選擇才對，但是我受誓約的束縛而不能這樣，因此，你或許會選不到我，但是一想到你或許會選錯，我便想打破誓約。別注視著我吧，你的眼睛征服著我了，將

> 我分為兩半；一半是你的，另一半也是你的——但是我應
> 該說是我自己的，既是我的，那當然便是你的，所以一切
> 都屬於你了。

她想告訴他，在他選擇箱子之前，她已屬於他，對他非常傾
愛，可是，這一層按理是不應說出的，詩人因此便利用舌誤去表
示珀霞的感情，既可使巴薩尼奧稍微安心，又可使觀衆耐心等待
選擇箱子的結果❹。」

尤其是歌德評論著名的滑稽諷刺家利希頓伯格（ Lichten-
berg, 1742~1799) 的一席話，對過失的意義可謂一語破的。歌
德說:「他若說笑話，笑話的背後就暗藏一個問題。有時，他還
在笑話中隱示問題解決的方法, 有一次，他諷刺一個人時說:『他
將 angenommon (假如，假定) 讀為Agamemnon (古希臘英
雄阿加門農)，因爲他讀荷馬讀得太熟了。』」

弗洛伊德所說的「心理過程的意義」(Sinn eines psychis-
chen Vorganges)，與我們日常所理解的「意義」不同。他說:

> 由我看來，意義（Sinn）就是它藉以表示的「意向」
> (Absicht, intention)，或是在心理程序中所占據的地
> 位。就我們所觀察的大多數實例而言，「意義」一詞都可
> 用「意向」向「傾向」(Tendenz) 等詞所代替。❺

由此可見，弗洛伊德所說的「意義」，指的是人們心中深藏

---

❹　*Studienausgabe*, Band I, s.s. 61-62.
❺　同上書，s. 63.

的無意識。

弗洛伊德首先以常見的舌誤來揭示過失的意義。

舌誤的意義有的是一目了然的。比如，一位議長不願開會，可是又不得不開， 於是在他致開幕詞時說：「諸位賢達先生們！我有幸介紹某某及某某先生來參加我們的會議，我就此宣布： 會議閉幕！」惹起滿堂哄笑，他才意識到說溜了嘴，急忙更正。他不想開會的無意識思想偷偷從舌誤中溜出來，而自己卻不知。又比如， 一位自信的教授在講授一種新興的理論時說：「懂得這個理論的人， 在本城幾百萬人中， 也僅一指可數（ an einem Finger）……, 不，不，我是說屈指可數（an den Fingern einer Hand abzählen）。」其實這句話表達了他的自信與自負的意向：懂得這個理論的僅只他一人而已。

弗洛伊德認爲，構成這種一目了然的舌誤的方式，大致說來有三種： 第一種是所要說的反面，例如前面那位議長，把「宣布開會」說成「宣布散會」， 所說的話是要說的話的反面。第二種是凝縮方式。如那位自信的教授，把 an den Fingern einer Hand 凝縮爲 an einem Finger。第三種是矛盾方式。例如，一位教授在問及對前任教授的看法時， 他本想說 「我不願（geneigt）估量前任教授的優點」，但是由於他心中自愧不如前任教授，因此不自覺地說成了「我不配（ geaignet ）估量前任教授的優點」。「不配」並不是「不願」的反面，但是，這句話的意義已和說話者所應取的態度大相矛盾了。

但是，並不是所有的舌誤都是一目了然的，有許多舌誤都是不易了解的。比如，錯讀專有名詞，或亂發些無意義的語音等，看起來使人莫名其妙。而且一般人也是據此而否認過失是有意義

的。但是，弗洛伊德認爲，這些看似莫名其妙的舌誤或過失，如果稍加仔細研究，我們可以發現是不難領會其所以然的；事實上，「這些難於了解的例子和前面比較容易懂得的例子之間的確沒有多大的差別❻」。而且正是這種不易了解的舌誤，更能揭示出過失的意義。

弗洛伊德舉了默林格和邁耶舉的一個例子來加以說明。有人問馬的主人，馬怎麼樣了，主人答曰：「Ja, das *draut*……Das dauert vielleicht noch einem Monat。」聽者莫名其妙，問他在說什麼，主人自覺失言，忙說，他認爲馬太慘了 (traurige)。主人本想說，Ja, Das dauert vielleicht noch einem Monat（啊，或許能過一個月吧）。可是，無意識中，他認爲馬太慘了，在不自覺中流露出來，這樣無意識中的「慘」(traurige) 與意識中的「過」(dauert) 攪混在一起，形成了一個莫名其妙的詞「draut」。默林格和邁耶認爲，這是由於 traurige 和 dauert 發音近似而導致混合的結果。但是弗洛伊德認爲，這不是發音的混合，而是由於意向的衝突而導致的混合。馬的主人沉浸在悲哀之中，他回答人的意識與悲哀的無意識，在這一回答中發生衝撞，而導致意向的混合。

在前面講過的「護送」一例，也是一個不易了解的例子。那位男士本想「護送」女士一程，他心裏說，我是不會侮辱你的。意識中的「護送」與無意識中的「不侮辱」在他說話之時同時起作用，結果，心中一慌，把「護送」說成了「侮辱」。

因此，弗洛伊德說，興奮、疲勞、注意力不集中、分心、語

---

❻ *Studienausgabe*, Band I, s. 64.

詞問題等等都不是舌誤的真正原因，「它們只是幾個名詞而已；換句話說，它們是帘子，我們必須看一看帘子後面才對。我們的問題是：與奮和分心究竟是因什麼事而引起的❼？」

弗洛伊德總結說：從上面的兩個例子看，構成這種不易了解的舌誤有兩種方式：第一種，如馬的主人說錯了話，是第二個意向歪曲或更改了第一個意向，因而造成了一個有意的或無意的混合的字形。第二種，如那位護送女士的男子，則是一個意向排斥了其它意向，說話者完全把自己要說的話說反了。

由此，弗洛伊德進一步分析過失的機制。

第二節 過失的機制

從前面的分析，我們看到，過失不是無中生有的事件，而是重要的心理活動；它們是兩種不同意向同時 —— 或互相干涉 —— 的結果；它們是有意義的。

但是，過失中的兩種互相競爭的意向，有一種常常是明顯的，另一種則不一定是明顯的，我們又是如何得知後一種的意義的呢？換言之，干涉其它意向的究竟是哪種目的或傾向呢？而干涉的傾向和被干涉的傾向之間究竟有什麼關係？

被干涉的傾向是容易認識的，犯過失的人知道它，也承認它。比如，那位「打嗝」祝領袖健康的人，其被干涉的意向為「乾杯」。比較難以認識的是干涉的意向，他為什麼把「乾杯」說成「打嗝」，是什麼意向干涉了他的前一意向呢？這就難於理

---

❼ *Studienausgabe*, Band I, s. 68.

解。弗洛伊德認爲，干涉的意向之所以難以認識，其主要的原因在於，過失者不願承認它，或者說，沒有勇氣承認它，他們總是用偶然的失誤，毫無任何其它動機的不在意等爲藉口，竭力加以否認、駁斥、抵賴。只要過失者勇於承認，一般說來，干涉的意向也是好認的。比如，議長把「開會」說成「閉會」，是因爲他心目中想要閉會，因而說了出來，這是極明白的。有些干涉的傾向是一種變換面目的傾向，而沒有將自己充分暴露出來，但是只要我們對過失者在犯過失之後，再追問一下，就會將干涉的傾向說出來。當馬的主人說錯了話之後，我們反問他是什麼意思，他就說出了本想說的是「它可慘啦！」其干涉的傾向正像被干涉的傾向一樣明瞭。

　　但是，如果過失者不想解釋過失的意義，或者說不願揭示過失的干擾傾向，我們又如何來追尋呢？弗洛伊德主張採取兩種基本原則：第一，可以根據那些非過失所產生的類似現象來推理，如我們在日常生活中故意說錯字而取笑人，從這一動機之中，我們可以推知過失者的過失背後的動機。第二，可以根據引起過失的心理背景和過失者的性格以及未犯過失以前的情感來推論，過失可能就是這些情感的反應。我們可以根據第一條原則推出的意義用第二條原則來加以驗證。總之，兩者相輔相成，相得益彰。當然，這也並不是十分準確的，有時候還須等研究過失的意義的進一步表現之後，才能加以證實，有的甚至難以證實，證實不了。因此，弗洛伊德說：「可是我要再聲明一下，我們決不主張——爲我們的目的起見，也不必主張——每一過失都各有其意義，雖說我們相信這也是可能的。我們只須證實各種過失比較普遍地有這種意義便夠了……。總之，我們的理論只可能解釋日常

生活中的一部分過失❽。」

上面講到，過失是兩種意向之間的相互牽制的結果，其一可稱爲被牽制的意向 (die gestörte Intention)，另一則可稱爲牽制的意向 (die störende Intention)。那麼，現在就應該考察兩個問題：

第一，牽制的意向和被牽制的意向之間究竟有什麼關係？

第二，那些起來牽制他種意向的是些什麼意向？

在此，還是以舌誤爲例進行考察。

關於第一，弗洛伊德認爲，牽制意向首先是被牽制意向的反面、更正或補充。其次，在一些較模糊的例子裏，它們看起來沒有關係，但是，它們之間事實上有一種語境之間的聯想的關係。

比如，那位議長把開會宣布爲散會，這便是反面；一位報紙的編輯受委託爲本報作申辯，將「本報向來不自私」誤寫成「本報向來自私」，這是更正。因爲他是在想：「我不得不寫這篇文章，至於內幕如何，我是知道的。」他這一無意識思想流露於筆頭，於是不自覺地將標題作了更正。那位自信的教授，在課堂上將「屈指可數」誤成「屈一指可數」，這是補充。因爲他的內心在想：「懂得這個問題的人屈指可數，然而，事實上只有我一個人才真正懂得，那麼很好：就算是屈一指可數吧！」所有這些，其錯誤都是兩種相反的衝動互相衝突的結果，其過失都起源於被牽制的意向的內容或和這種意向有直接的關係。

但是，那些較爲模糊的例子裏，看不到牽制的傾向和被牽制的傾向之間有什麼關係，那就只有從觀察入手，通過語境來考察

---

❽ *Studienausgabe*, Band I, s. 80.

這個人的思路，就會發現它們之間有一種聯想的關係。弗洛伊德舉了一個他親身經歷的例子來加以說明。有一次，他和兩位女士散步，討論旅遊的弊益，一位女士說：「整天在太陽底下走路，直到外衣……和別的東西爲汗濕透，的確不是一件愉快的事。」在這句話裏，她已在某一點上有些遲疑。接著她又說：「然而假若 nach Hose, 換一換……。」Hose 是「褲子」，她本想說：「然而假若 nach Hause（回家）換一換」，卻把「家」（Hause）舌誤爲「褲子」（Hose）。爲什麼她莫名其妙地將 Hause 說成了Hose呢？從內容上看不出它們之間有什麼關係，從語境上看，她前面的遲疑已經給了我們提示，在前面一句中，她本想說：「直到外衣、褲子、襯衣都被汗濕透了，」可是，由於她不好意思在一個男子面前講內衣的問題，就縮住了話頭沒有說，但是這些意思卻轉入了她的無意識，所以在接著的話語裏，這一無意識冒出來成爲牽制的意向干擾了後面的話頭，將 Hause說成了 Hose。

關於第二，弗洛伊德將他分析過的例子分爲三組進行研究。

第一組是說話者知道它的牽制的意向，並且在犯過失之前也感到這種傾向。比如那位想陪送女士一程的男子，他的內心本是在想「我不會侮辱你的」，可是由於害羞，情急之下將這一意向改頭換面地說了出來，變成了相反的意思。

第二組是說話者承認自己有那個牽制的意向，但不知道這個意向在講話之前會有相當的活動，因此，他雖然接受我們的解釋，但又不免稍稍有些驚異，比如，那位將 Hause說成 Hose的女士，她可能說這一舌誤是偶然的、無意義的，可是一經分析，她又不得不點頭稱是。

第三組是說話者對於牽制意向大加駁斥，他不僅力圖辯解他

沒有這一意向，而且說對這一意向一無所知。前面講的那位提議
「打嗝祝領袖健康」的人就是這樣，他竭力否認他有輕視領袖之
意。

這三組對待舌誤的牽制意向的態度說明了什麼呢？或者，質
而言之，這三組舌誤的三種機制的共同成分是什麼呢？弗洛伊德
總結說：

> 無論是哪一組，其牽制的傾向都被壓制（Zurückdrang-
> en）下去。說話者決意不將觀念發表而為語言，因此，他
> 便說錯了話；換句話說，那不許發表的意向乃起而反抗說
> 話者的意志，或者改變他所允許的意向的表示，或者與它
> 混合起來，或者取而代之，而使之得到發表。這就是舌誤
> 的機制。❾

總而言之：

> 對於說話的原來的意向的壓制，乃是舌誤所不可缺的條
> 件。❿

壓制成功，就不會發生過失，壓制失敗，被壓制的傾向就得
到充分的表現，但是，過失的大多數都是一種意向與另一種意向
的衝突不會分上下，各有一部分成功，這樣，被阻制的傾向就以
改頭換面的形式表現出來。因此，弗洛伊德說，我們研究過失的

---

❾ *Studienausgabe*, Band I, s.s. 84-85.
❿ 同上書，s. 85.

目的:

> 不僅要描寫心理現象並加以分類，而且要把這些現象看作
> 是心力爭衡的結果，是向著某一目標進行的意向的表示，
> 這些意向有的互相結合，有的互相對抗。我們要對心理現
> 象作一種動力的解釋 (dynamische Auffassung)。⓫

第三節　對三種過失的分析

從前面弗洛伊德對過失的研究，我們可以看到，過失是有意
義有目的的心理現象，它們是兩種不同意向相互牽制的結果，而
且，這些意向中，若有一個想要藉牽制另一個而得到表現，其本
身便不得不先受一些阻力禁止它的活動，因此，大多數過失都是
通過調和的辦法，以致改頭換面的形式出現的意向。對這一研究
成果，弗洛伊德非常得意，他自信地說：「這便是我們的精神分析
的第一個結果了。以前的心理學不知道有這種互相牽制的情形，
更不知道這種牽制能產生這些過失。我們已經將心理現象的範圍
大加擴充，而使心理學有前所未經承認的現象了⓬。」

從前的心理學至多認為「過失是心理的行動」，如「分心說」，
弗洛伊德認為「過失是有意義的」，對於過失而言，這兩句話，
哪一個最準確，哪一句更體現了過失的內涵呢？弗洛伊德說：

⓫ *Studienausgabe*, Band I, s. 80.

⓬ 同上。

讓我們先討論一下「過失是心理的行動」這一句話。「過失是心理的行動」是否比「過失是有意義的」有更豐富的內涵呢？我認為不然。相反，前一句話反比後一句話更加模糊而更易引起誤會。凡是在心理生活中可以觀察的一切，都可認為是心理現象。但也要看它是否為這樣一種特殊的心理現象，它直接起源於身體的器官，或物質的變化，因而不屬於心理學研究的範圍；或者是另一種現象，它直接起源於他種心理過程，而在這些過程背後在某一點上發生一系列的機體的變動。我們之所謂心理過程，便指那後一種。所以我們不如說：過失是有意義的，反較為方便；所謂意義就是指重要性、意向、傾向，及一系列心理過程中之一種。⓭

因此，凡是有意義的我們便稱之為過失，沒有意義的，我們就不能稱之為過失。有些現象，雖和過失有很密切的關係，但不宜稱為過失。比如戲動衣服或身體的某些部分，或隨手拿起伸手可及的某種物品等這些偶發的或顯然沒有目的的動作。這些動作看起來沒有意義，也沒有用處，而且顯然是多餘的。它們一方面和過失不同，因為沒有反抗或牽制的第二個意向；另一方面又和我們所視為表示情緒的姿態和運動沒有什麼區別。弗洛伊德稱之為「偶然的」及症候性的動作 (Zufull-und Symptomhandlun-gen)。

那麼如何判定什麼是過失呢？弗洛伊德提出了三個標準：

⓭ *Studienausgabe*, s.s. 80-81.

一個過失的心理歷程，若欲隸屬於此類現象而加以如彼的
解釋，必須合乎下列條件：

一、它不可超越某一程度，亦即必須「在正常範圍內」，
　　這個範圍可以經由我們的觀察估計來確立。

二、它必須的確是瞬間的、一時的障礙。對於同樣的動
　　作，我們自信以前做得很好，簡直輕而易舉；一旦被
　　指正我們能馬上發覺對方的正確和自己心智活動的錯
　　誤。

三、如果我們發現一項過失行為，我們應不能自己發覺它
　　有任何動機存在，即堅持著用「不注意」或「意外」
　　來解釋。⓮

由此，弗洛伊德將過失分為三類：

一、舌誤，及筆誤、讀誤；

二、遺忘，包括專名遺忘、外文字的遺忘、名詞與字序的遺
忘、印象及決心的遺忘；

三、誤放、誤取及失落物件等。

一、舌誤，及筆誤、讀誤

(1)舌誤

關於舌誤，前面講了很多了，但是弗洛伊德補充說，舌誤有
時是有傳染性的，比如某人在某一個字上受了干擾，把長音發成
了短音，那麼，無論其動機如何，結果必將把後面一個字的短音

⓮　《日常生活的心理分析》，志文出版社印行，頁 186。

發成長音，造成一個新錯來補償前面所犯的錯誤，第二個補充性的錯誤是要引起人們的注意第一個錯誤，以表明他意識到自己已犯了個錯誤。

舌誤像夢一樣也有凝縮的機制。我們知道，由夢的隱意達到夢的顯意時，凝縮作用是個非常重要的力量：兩種潛意識素材之間在對象上或文字表達上的任何相似之處，都足以造成另一個介乎其間的合成或妥協的東西，在內涵上他兼有二者，因此，給人以矛盾之感。同樣在舌誤中，替代或混淆作用的形成，就具有這種凝縮的作用。比如那位馬的主人，將「慘」和「度過」凝縮而爲一個莫名其妙的詞 "draut"。此外，還有人將長句凝縮，或把後面的意思放在前面來了，這個舌誤說明他對長句不耐煩，這看起來是由於語音的影響，或由於聯想的關係而造成的，但弗洛伊德認爲，要點不在於注意力的分散，也不在於聯想的傾向，而在於牽制原來意向的他種意向的存在，至於這種牽制的意向是什麼，則有待於分析。

一般說來，舌誤給人帶來尷尬，予人難堪，但是偶然地，由於語句結構的巧妙安排，言語謬誤也可能帶給人重大的啓示，或造成十足的喜劇效果。比如下面這個例子：一個吝嗇的富翁邀請了一羣朋友開舞會，直到晚上十一點半，舞會還很順遂。其後有一段休息的時間，大家以爲晚宴要開始了。令賓客們大爲失望的是，並沒有什麼晚宴，主人只用三明治和檸檬汁來款待他們。那時美國的選舉正將來臨，話題多半以候選人爲中心；討論愈來愈激烈，有一位客人是羅斯福的熱心支持者，大聲地向主人說：「羅斯福的好處太多了，說也說不完。但是有一件事不能不提——他是一個絕對可靠的人，**鐵面無餐**。」他本想說的是「鐵面

無私」。在場的賓客都撫掌大笑，而主人和那位客人則尷尬得不得了，他們都心中有數。

總而言之，弗洛伊德說：

> 一個人之所以說錯話，乃是因為他的內心正在和某些褻瀆的含義或文字掙扎。一般人很喜歡耍這一類的花招，故意扭曲或變化一字一詞，把緊要的地方省略掉了，只說出那些看來乾淨的部分，這種常見的文字遊戲，很可能趁我們不注意的時候，違背我的意願，爬上心頭，不期而然地出現，這是一點也不為奇的。❻

(2)筆誤

關於筆誤，其機制與舌誤相同，字的寫錯，尤其是把後面的字提前寫了，顯示出寫字者不喜歡寫字或缺乏耐心；而更顯著的筆誤便可以顯示出牽制的意向來。弗洛伊德舉了一個當時的殺人犯H的例子。H冒充細菌專家，從科學院中取出危險的細菌來殺人，有一次他寫信抱怨科學院寄來的細菌沒有效力，但信中把字寫錯了，他本想寫：「我在實驗老鼠和豚鼠時」(bei meinen Versuch an Mäusen oder Meerschweinch)，誤寫成「我在實驗人類時」(bei meinen Versuchen an Mensch)，人們當時只把這當作一件小小的筆誤，弗洛伊德說，如果當時注意到這筆誤背後的牽制傾向，那就可以免除他的犯罪了，可惜人們沒有注意到。與此相反，焚燒弗洛伊德著作的納粹黨徒，卻對弗

---

❻ 《日常生活的心理分析》，志文出版社印行，頁 23。

洛伊德的學說堅信不疑。《紐約時報》駐柏林記者當時發過這樣的一篇報導：一位校稿員因爲把某文的公式化結尾「向希特勒致敬」(Heil Hitler) 排成了「向希特勒治病」(Heilt Hitler)，被抓進了牢裏。他當時辯解道，這只是一個偶然的過失，但是沒有人理他。弗洛伊德說：「納粹早已焚毀弗洛伊德的作品，但是他們似乎仍了解弗洛伊德的學說。這個錯誤明白表示了校稿人員對希特勒的人格的看法。他的錯誤，潛意識地表達了他希望上帝能醫好希特勒的瘋狂❶。」

值得注意的是，道德意味很濃的抽象文句，常經由排版的錯誤而出現色情方面的含義。

最著名的要數「邪惡《聖經》」(*Wicked Bibble*)，這本《聖經》是1631年英國國王欽定的《聖經》，但是其中「十誡」中的第七誡「不可奸淫」少了一個「不」，變成了「可奸淫」。據說，印刷者因此而被罰款 2,000 英鎊。

德國也有一本《聖經》，可稱之爲「呆子《聖經》」，這本《聖經》是在德國黑塞(Hesse)地方著名的俄芬布特爾 (Wolfenbuttel) 圖書館裏找到的。〈創世紀〉一章講到上帝告訴夏娃，亞當是他的主人，本應譯作 "und er soll dein Herr sein"，可是這本書上卻寫著 "und er soll dein Narr sein"，將「主人」變成了「呆子」(Narr)，後來人們認爲，印刷者的太太是個有名的潑婦，不希望他的先生管她，因此在排印《聖經》時，她做了手腳，把 Herr 換成了 Narr。

弗洛伊德認爲，一般說來，我們在寫的時候比在說的時候要

---

❶　《日常生活的心理分析》，頁 95。

容易出錯些。對此，他引用馮特的話說：

> 平常說話的時候，意志的壓抑力量經常作用，使發音時的
> 思路趨於和諧。如果思路的流動受阻於表達上的緩慢，比
> 如在書寫的時候，前後現象就很容易發生了。⑰

(3)讀誤

關於讀誤，弗洛伊德認為其心理機制與舌誤和筆誤不同。因
為，讀誤的材料不是心理的產物，不同於要寫的東西。讀誤的心
理機制，引起其過失的牽制傾向不在所讀的材料中，而在於心理
情景、過失者的性格以及未犯錯誤時的情感。

> 在誤讀時，兩個相衝突的傾向有一個被感覺性的刺激所代
> 替，所以或許較久堅持性。一個人所讀的材料不是他心理
> 的產物，是不同於他要寫的東西的。所以就大多數例子而
> 言，讀誤都是以彼字代替此字；至於此字和彼字之間則不
> 必有任何關係，只須字形相同就足夠了。⑱

比如，某人在一個陌生的城市遊覽，尿急了，突然發現一個
房子的二層樓上掛著一個牌子，上書 Klosetthaus（廁所），
正當他疑惑為什麼廁所的牌子掛得這麼高時，才發覺這個字是
Koresetthaus（賣婦女緊身衣的商店）。

又如，一個望子心切的女人，總是把 Stock（存貨）念成

---

⑰　《日常生活的心理分析》，頁 98。
⑱　*Studienausgabe*, Band I, s. 89.

Stork（鸛鳥）。因爲在西方有個諺語說：「鸛鳥送子」。

弗洛伊德舉了一個他自己親身經歷的例子。一天他收到一封信，信上說可憐的H·威廉太太（poor Mrs. Wm. H.）病危，他太太不相信，弗洛伊德再看信，原來是可憐的M·威廉太太（poor W. M.），他太太還是不相信，這次他看清楚了，原來是可憐的M·威廉醫生（poor Dr. W. M.）。之所以一錯再錯，弗洛伊德說是因爲他對一直臥病在床的H·威廉太太非常關心，所以發生了接連的讀誤。

一般說來，讀誤的可能性比起舌誤和筆誤要少，之所以如此，弗洛伊德認爲：

> 我還極願一提的是，關於助成讀誤的種種凤因之觀察，很可能激發我們的好奇心，而這很可能是豐碩研究成果的起點。我們都熟知，大聲朗讀時，人們的注意力常會從書本游離，飄進自己的思潮裏。這時如果你忽然打斷他，問他現在正在讀什麼，他會瞪然不知所對。換句話說，他的朗讀是自動的、機械式的，但是卻還是很少讀錯。我不相信在這種情況下錯誤會增加。我們反倒更相信，當我們機械式地做一件事，一點也沒有意識參與其間的時候，發生的錯誤最少。由此可見，不管在舌誤、筆誤或讀誤裏，注意力的變化並不是像馮特所想像的那樣（注意力的減少或消失）。上面我們分析過的例子裏，沒有一個曾有注意力減少的跡象。我們所發現的卻是另外一回事：強侵進來的他種思想，干擾了注意力。⑲

---

⑲ 《日常生活的心理分析》，頁 98-99。

二、遺忘

(1)專名的遺忘

關於遺忘，一般的心理學家認為，遺忘具有選擇性，卽名字比起一般的記憶內容來更容易遺忘。但是，弗洛伊德認為，「遺忘選擇性」之說是不充分的。因為，在我們「遺忘」的同時，還有假的「憶起」。換句話說，當我們竭力地去想起所遺忘的名字時，卻想起了別的名字—— 代用名字 ——我們明知道這個代用名字不是我們想要憶起的名字，可是，它卻仍要以極大的力量強行冒出來，也就是說，要再造那被遺忘名字的機轉，卻被另一機轉所取代，因而弄出個牛頭不對馬嘴的代用品出來。

為什麼正主兒尋不著而歪主兒卻偏偏找上門來呢？弗洛伊德認為，這並不是我們心理機能的反覆無常，而是我們的心理機能遵循著一條合理合法的途徑而得的結果。也就是說，這個強行冒出來的代用品與那被遺忘的名字有著必然的聯繫。弗洛伊德舉了他自己親身經歷的一個例子。

一次，弗洛伊德費盡力氣想記起歐威特（Orvieto）屋頂那幅堂皇的壁畫「最後的審判」的作者，卻怎麼也想不起來，但是在這憶起之中，卻有兩個另外的名字極力冒了出來，這就是波查菲歐（Boltraffio）和波提切利（Botticelli），最後有人告訴他，眞正的作者是辛哲雷里（Signorelli），他恍然大悟。為什麼 Signorelli 會與 Botticelli 和 Boltraffio 聯繫在一起呢？弗洛伊德認眞地探索了這條途徑。

弗洛伊德說，他的這次遺忘，主要是因為「新的話題為先前的話題所阻」（eine Störung des neu auftauschenden

Themas durch das Vorhergehende)。當時弗洛伊德正談到波西尼亞 (Bosinia) 和黑山 (Herzegovina) 兩地土耳其人的風俗。這兩個地方對醫生完全信任，如果醫生告訴家屬，病人無望了，家屬就會說: *"Herr*, Was ist da zu sagen? Ich wei*β*, wenn er zu retten wäre, hättest du ihn gerettet!" （先生，還有什麼可說的呢？ 我知道，要是他有救的話，你是會救他的﹗ ）在這裏，Bosinia、Herzegovina、Herr 這三個字與 Botticelli、Boltraffio 和 Signorelli 之間有些相同的因素。

從土耳其，弗洛伊德還想到性的問題，土耳其人對性的愉悅極為注重，有一次，一個人對弗洛伊德說:「先生 (Herr)，那個東西停止了，生命便不再美麗了。」想到性，弗洛伊德又記起他在一個名叫 Trafoi 的地方聽說過有一個他盡力治療的人因性生活不調順而死亡的消息，這樣由性而聯想到死亡，同時 Trafoi 與 Boltraffio 之間又具有相同的因素。弗洛伊德本想把這件不愉快的事情忘掉，而事實上這件事情沒有忘掉，而是被壓抑成無意識而深藏在心底，而這時卻冒出來與他搗亂。弗洛伊德把被遺忘的名字與被壓抑的主題之間的聯繫用下頁的圖來進行圖示[20]。

把專名的遺忘與錯誤的憶起之間的關聯作一總結就可以發現: (1)有某一遺忘名字的傾向； (2)不久前發生過抑制作用； (3)被遺忘的名字與被壓抑的要素之間，具有某種外在的可能聯繫。總而言之，與舌誤一樣，專名的遺忘是由於一種意向牽制了另一種意向，致使引起了錯誤的憶起。

---

[20] *Zur Psychopathologie des Alltagslebens*, s. 11.

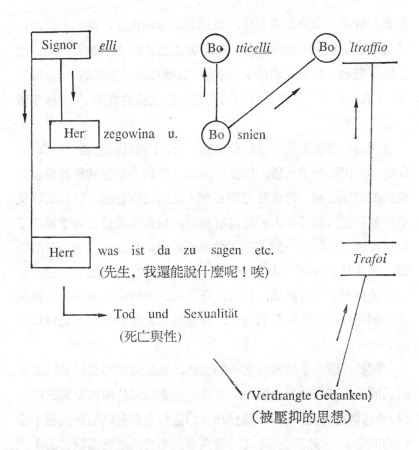

(2)決心的遺忘，以及外國人名及外國字的遺忘

關於決心的遺忘，弗洛伊德認爲，可能是由於一種相反的情感，阻止了行爲的執行。這種情況在日常生活中是很多的。例如，女主人看到客來，便說道：「你今天來了嗎？我卻忘記了今天的約會。」這個女主人顯然是不喜歡這個客人的到來，因而在潛意識中不希望他來，以致忘記了他的約會。又如，一個施恩者忘了求恩者的請求，求恩者一定會心懷怨恨，不管施恩者如何道

歉都不管用。在求恩者看來，施恩者太忽視他了，他允其所請，卻並無踐約之意。由此可見，在日常生活中，人們也認識到，遺忘的這種過失是有意義的， 這種行爲雖然是無意識的 。 由此可見，「將決心加以牽制的意向通常是一種反抗的意向， 一種不情願的情感❹」。

弗洛伊德將這種不情願的情感， 即「相反的意願」（ der Gegenwille)分爲兩種，即直接的相反意願和間接的相反意願。直接的相反意願，是指雙方的當事人之間沒有好感，間接的相反意願是指雙方的當事人可能沒有衝突，只是由於第三者才導致了相反意願。比如，一個人忘了約會，可能是由於不願去約會的地點，而不是由於不願見約會的人。施恩者對求恩者沒有反感，可是由於他對引薦者反感，以致恨烏及屋。弗洛伊德認爲，這種間接的相反意願不純粹是病態的， 在健康和常態的範圍內也可以遇到。

關於外國人名以及外文字的遺忘，也是同樣和這些名詞直接的或間接的不相融洽的傾向，弗洛伊德把牽制的傾向分爲三種：(1)嫌惡這些名詞，而不願記起； (2)這些名詞可以引起某種不愉快的回憶， 而逃避記憶； (3)這些名詞屬於某些更爲親密的聯想系列，不好意思記起。比如一個人的名字與自己的戀人或父母同名，人們不想將之引入自己的親密的聯想系列，因而這一聯想就引起了阻抑。

對於印象和經驗的遺忘，弗洛伊德認爲更明顯地體現了一種避免不愉快的傾向。他舉達爾文爲例，達爾文把凡是和他的學說

---

❹ *Studienausgabe*, Band I, s. 91.

相衝突的事實，都愼重地記載，爲的是怕遺忘了這些事實。弗洛伊德也注意到他的這一原則與我們日常的原則不同，因爲，我們日常的原則是，痛苦有助於記憶。他認爲這與他的原則並不相矛盾，這正是說明痛苦這一牽制的傾向太強，超過了要遺忘它的傾向，衝突戰勝了反衝突的結果。

三、誤放、誤取及失落物件

(1)誤放（包括失落物件）

弗洛伊德認爲，這種過失表現出來的傾向，討論起來最有意思。他認爲，失物的人都有一種失物的願望，換句話說，在他的潛意識裏就想失去這一物件。至於這個過失的理由或目的，弗洛伊德認爲還是爲了逃避不快：

> 一個人失物，也許是由於此物已損壞，也許是他想藉此換一個好的，也許是他對於此物不很喜歡，也許是他對於贈送此物之人有了不快之感，也許是他不願意回憶取得此物時的情景。失落物件，或損壞物件，都可用以表示相同的傾向。
>
> 有時，一個物件雖沒有失去價值，但也可被失落，似乎由於有一種犧牲了它就可以逃避其它更可怕的衝動。據分析的結果，這種消災解難的方法仍很通行，所以，我們的損失也屢出於自願的犧牲。失物也可以洩憤或自懲。總之，失物背後有較深的動機，是不勝枚舉的。㉒

㉒ *Studienausgabe*, Band I, s.s. 95-96.

(2)誤取

關於誤取或動作錯誤，弗洛伊德認爲，也常常用來滿足一種應當禁止的願望，其意向藉口偶然的機會。他說，他有一個病人，在治療時，他不允許這個病人與他妻子通電話，病人有一次給弗洛伊德的電話，可是撥錯了號碼，無意中又撥了妻子的號碼，可見這種動作的錯誤不是偶然的，而是潛意識裏的牽制意向衝突的結果。

關於過失的研究，弗洛伊德認爲具有極重要的意義。他曾專門寫有《日常生活的精神病理學》(*Zur Psychopathologie des Alltagslebens.*)一書加以論述。其後，又在《精神分析引論》中把它作爲精神分析的入門理論。對過失的研究，弗洛伊德曾作了相當高的評價：

> 我們應用精神分析法習得過失和偶發行爲的機轉，發現它們在根本上與夢之形成的機轉相一致。那一方面的論述我已在《夢的解釋》書中〈夢的工作〉一章裏詳細說明過。兩者都有「濃縮現象」及「妥協形成」混淆；潛意識思想，用種種古怪的方式，藉膚淺的聯想，依附且改變他種思想，而有了夢與日常生活的種種過失。不辨眞相幻相，任意處置儲存的材料，造成了日常生活裏常見的那些錯誤，也造成了夢境的不和諧、荒謬和誤見，使得夢意幾難辨認；二者皆然，黑白不分、是非顛倒的情況所以會發生，都是由兩個或兩個以上各具意義的行爲奇特地干擾而形成的。由於它們的結合，得到了如下的結論：在人心深處，有一股隱流存在，從前我們追究夢中隱藏的意義時，觸及它驚

人的勢力，如今我們已擁有眾多證據，發現它不是只有在睡夢之間才大肆活動的，它在人們清醒狀態下，也不時出現在過失行為裏，這種結合也更使我們相信，這些看來奇特反常的心理歷程，恐怕並不是精神活力敗壞或官能病態的結果。

除了過失行為和夢之外，要正確了解這個奇特的精神勢力，還需從心理症方面下功夫，特別是歇斯底里症與強迫心理症，它們的機轉根本上與前述運作方式完全相同。今後的研究，便是要從這一點開始。❷❸

　　過失是揭露潛意識的出發點，是神經病研究的基礎，總而言之，是弗洛伊德理論的入門處。

---

❷❸　《日常生活的心理分析》，志文出版社印行，頁 22。

第四章 夢的解釋

第一節 釋夢的歷史

夢是自古已有，對夢的解釋也是自古有之。原始人對夢的看法直接影響到他們的世界觀，也可以說是他們的世界觀的一個重要的形成因素。古希臘羅馬人對夢的看法以原始的夢的看法爲基礎。他們認爲，夢與他們信奉的超自然物有關，夢從上帝和魔鬼處給人們帶來神靈的啓示。在他們看來，夢對夢者具有一種特殊的目的。至少，夢會給夢者預示未來。因此，在關於夢的評價上便有了兩個不同的方面，這就是眞正的有價值的夢和徒勞欺人的空洞之夢。前者給夢帶來啓示，或預言未來的事件，後者則使夢者誤入歧途或者引導夢者走向毀滅。

古代東方人也認爲，夢是由有神力的人所送來的信息。最著名的例子就是《聖經》中約瑟給法老圓夢。在〈創世紀〉第四十一章，有這麼一段記載：

法老對約瑟說：「我做了一個夢沒有人能解，我聽見人說，你聽了夢就能解。」約瑟回答說：「這不在乎我，神必將平

安的話回答法老。」法老對約瑟說:「我夢見我站在河邊,
有七隻母牛從河裏上來,又肥壯又美好,在蘆荻中吃草,
隨後又有七隻母牛上來,又軟弱又醜陋又乾瘦,在埃及遍
地我沒有見過這樣不好的。這又乾瘦又醜陋的母牛,吃盡
了那先前的七隻肥母牛。吃完了以後,却看不出是吃了,
那醜陋的樣子仍舊和先前一樣。我就醒了,我又夢見一棵
麥子,長了七個穗子,又飽滿又佳美,隨後又長了七個穗
子,枯槁細弱,被東風吹焦了。這些細弱的穗子,吞了那
七個佳美的穗子。我將這夢告訴了術士,却沒有人能給我
解說。」約瑟對法老說:「法老的夢乃是一個,神已將所要
做的事指示法老了。七隻好母牛是七年,七個好穗子也是
七年;這夢乃是一個。那隨後上來的七隻又乾瘦又醜陋的
母牛是七年,那七年虛空被東風吹焦的穗子也是七年,都
是七個荒年。這就是我對法老所說,神已將所要做的事顯
明給法老了。埃及遍地必來七個大豐年;隨後又要來七個
荒年,甚至在埃及地都忘了先前的豐收,全地必被饑荒所
滅,因那以後的饑荒甚大,便不覺得先前的豐收。至於法
老兩回做夢,是因神命定這事,而且必速速成就。」

在這裏,夢被當作是上帝預示給人的啓示。

與這些觀念不同,蘇格拉底對夢的看法獨樹一幟,他認爲,
夢表現爲良心的呼喚,而最重要的是正視這些聲音並遵循它。據
柏拉圖在《斐多篇》(*Phaedo*) 中記載,蘇格拉底死前不久,曾
清楚地表達了這一立場:

塞柏斯（Cebes）說：蘇格拉底，我很高興你提到伊索
（Aesop，即著名的《伊索寓言》的作者）的名字。因為
這使我想到一個為許多人所詢問的問題，同時前天詩人伊
佛努（Evenus）也才問過我的問題；他一定會再問的，
因此假如你希望我能圓滿地回答他的疑問，你最好告訴我
應該如何對他說。他想明白從未寫過一行詩的你，為何在
獄中把《伊索寓言》轉譯成詩篇，並構思頌揚阿波羅的讚
美詩呢？

他回答道：塞柏斯，把真相告訴他吧，我心中從未存過要
與他或他的詩競爭的念頭。要這麼做，就我所知，並不是
一件容易的事。不過要看看，我是否能夠消除對某些夢的
意義的疑慮感覺。在我的一生當中，常常夢見我應該會作
曲或創作詩歌。相同的夢有時以這一形式，有時以另一面
貌出現，但它老是說一些相同的話：「創作並構思音樂」，
夢總是這麼說。因此我想像這只是要勸告並鼓勵我研究哲
學，哲學是我終生所一直追求的，也是最高尚與最優美的
音樂。這段夢驅策我做早就在做的事，就是賽跑者在他已
奔跑時，老是為觀眾所驅策前奔一樣。但我不敢確定，因
為夢中所說的音樂也許是指該學的一般意義。而在接受死
刑的判決之後，由於狂歡節而使我得以減刑，我想在去世
以前，滿足那疑慮，並遵從夢的命令而創作一些詩歌，使
我自己能夠心安理得。因此首先創作頌揚這慶典的主神之
讚詩。並且認為一位詩人，假如他真正是詩人，應當不只
集字成詩，也應該創造故事。由於我自己沒有什麼創作，
因此採取伊索寓言，對它我早已耳熟目詳——它們是我最

早先接觸的 —— 並把它轉寫成詩歌。塞柏斯，把這些話告
訴伊佛努吧，並且鼓舞他，說希望他跟隨我、學習我，假
如他要做一位有智慧的人，而不是不長進的人。今天我大
概要離開人世了，因為雅典人非要我離去不可。❶

　　與蘇格拉底的觀點相反，柏拉圖則認為夢是我們內心非理性
野獸天性的表現。在《理想國》中，柏拉圖有一段話深刻體現了
他的這一思想：

　　……某些不必要的歡樂與嗜好，在我看來乃是不合常規的
　　（unlawful），每個人似乎都擁有這些嗜好，但在某些人
　　中，它們是受法律與理性支配的，而且較合乎正道的欲
　　望，往往超越這些邪惡的欲望 —— 它們不是完全消跡，就
　　是變成稀少、微弱。然而有些人的邪惡嗜好卻是比較強烈
　　而且其多無比。
　　你是指什麼嗜好呢？
　　我是指那些當理性與人性及統治的力量（ruling power）
　　熟睡時，覺醒過來的嗜好；……那時人們會犯下各式各樣
　　的一切愚行與罪惡 —— 甚至亂倫或任何不合自然的結合，
　　或弒父或吃禁止食用的食物等罪惡也不除外 —— 這些罪惡
　　在人有羞恥心及理性的伴同下，是不會去犯的。
　　很有道理，他說。
　　不過當一個人的脈搏正常而健康時，在他尚未熟睡前，他

---

❶ 轉引自《夢的精神分析》，志文出版社印行，頁 111-112。

會使他的理性力量保持清醒，並餵以高尚的思想與觀念，使自己冥思默想，在他既不太多、也不太少地滿足他的嗜好後，就會足夠地使它們熟睡，避免它們與較高的原則——這些較高原則，是只有在他純抽象思考的孤獨中才具有的，並且能够自由地深思熟慮與渴望未知的知識，不論是在過去、現在或未來，卽假若他與任何人發生爭吵，他能够以理性來減輕憤怒的情緒——接觸，而產生的快樂及痛苦後，我是説，當他抑制住兩個非理性原則後，在他入睡前，他就產生了第三個原則，卽理性，然後如你所知，他就更接近真理，而且更不會受幻想與無原則的觀念的迷惑。

我十分同意。

我這麼説，似乎有點離題；不過希望指出的要點是我們大家，甚至在好人裏面，都具有不受法律管轄的野獸天性，它在睡夢時暴露出來。請你在考慮我到底説得對或錯後，告訴我你同意我的話。

是的，我同意。❷

正如弗洛姆所説的那樣，從這裏，我們可以看到，「柏拉圖的夢理論幾乎是弗洛伊德的夢學説的先驅」。柏拉圖與弗洛伊德一樣，把夢當作我們的內心無理性野獸天性的表現。他又指出某一性質而使這種分析限制於某一範圍。他認為，假若睡夢者，在平靜與內心安寧的心情下入睡，他的夢就會較少含非理性成分。

---

❷　轉引自《夢的精神分析》，頁 113-114。

然而，這觀點絕不可與認爲夢是我們的非理性，以及我們的理性無情的表現之二元解釋觀念相混淆。對柏拉圖而言，它們本質上乃是存在於我們內心的野蠻與恐怖無情的表現，這些無情，在已臻至於最高成熟與智慧的人中較少存在❸。

亞里斯多德在兩部著作中提到了夢，並且他把夢看作是一個心理學的問題。亞里斯多德認爲，夢並不是一種超自然的啓示，而是服從著人類精神的法則。當然，這一法則和神具有密切的關係。夢被定義爲睡眠者在睡眠時候的心理活動。亞里斯多德還了解到夢的某些特徵。例如，他知道夢把睡眠時知覺到的輕微感覺轉變爲強烈的感覺（如身體的某個部位只略微地感到有些熱，一個人就夢想到他正穿過大火），他由此推斷，夢可能可以顯示身體的不適的變化的跡象。此外，希波克拉底也曾研究過夢與疾病之間的關係。

與夢的各種評價不同的是關於夢的解釋的問題。由於大多數夢的模糊性和間斷性，人們總是想用明白易懂的語言，尤其是與現實事情密切相關的意義去解釋它或比附它，因此，自遠古時代就有釋夢家，希臘達爾迪斯的阿基米多羅斯（Artemidoros aus Daldis）即以釋夢權威而聞名後世。古代希臘人和我們東方民族一樣出兵時必帶一個釋夢者，就像後來打仗要帶偵察員刺探敵情那樣。亞歷山大大帝打仗就是如此。有一次他攻打泰爾城，由於敵人防守很嚴，他久攻不下，便想放棄攻城。有一夜，他做了一個夢，夢見一個半人半羊的神得意洋洋地跳舞，他將此夢告之釋夢者，釋夢者認爲這是破城的預兆，大帝因此發出進攻令，於是

---

❸ 《夢的精神分析》，頁 114。

以暴力攻破城池，取得勝利。

現代的實驗心理學一方面對古代的釋夢術不屑一顧，另一方面以夢爲對象進行精密的科學研究 ， 他們否認夢是一種心理歷程，而認爲夢是物理刺激在心理上的表示。弗洛伊德根據他們對夢中精神活動的程度和方式的基本概念，將它們大致分爲下列幾派：

1.認爲夢是清醒狀態下的豐富精神活動在睡眠中的延續。這種理論認爲，心靈沒有睡覺，它的機構保持完善，但是處在與清醒狀態不同的睡眠狀態下，因而它的活動的結果必定與清醒狀態的結果不同。

2.與上述理論相反， 把夢設想爲精神活動減少 、 聯繫的鬆弛。這一派理論家認爲，睡眠廣泛地侵入心靈，它並不只是把心靈關在外部世界之外，反之，它進入它的機制，並且使它暫時成爲無用的。

3.這一派理論將上述兩派中和在一起，它囊括了那些把睡眠心靈的能力和傾向歸功於特殊精神活動的理論。他們認爲，這些特殊的精神活動在清醒狀態中或者完全不能、或者不完整地發揮作用。一般認爲，這些活動的表現會導致一個有用的夢功能。早期理論家對夢的評價主要屬於這一類型。他們認爲，夢是心靈的自然活動，它並不受個人能力的局限，也不受自我意識的干擾，或自我決定的指導，而是自由活動著的敏感中心的活力。

弗洛伊德反對這些生理學家的夢的理論。他認爲夢有兩個基本特徵：

1.夢是睡眠中的心理活動，這個生活雖然有些類似於醒時的生活，而同時卻又大有區別。弗洛伊德說， 夢和睡眠有著密切的

關係，我們可以被夢驚醒，我們自然而然地醒過來，或勉強地由睡眠中醒來，都常有夢。夢似乎是介於睡眠和甦醒之間的一種情景。在睡眠中，心理活動沒有停止，它仍然刺激著我們的心靈，心靈對這些刺激，不得不予以反應。所以夢就是睡眠中的刺激的反應方式。由此，可以進行夢的解釋，因爲，我們可以對各種不同的夢研究它們究竟有何種刺激擾亂睡眠，而形成夢的反應。

2.夢中絕大部分的經歷爲視像，雖然也混有感情、思想及其他感覺，但總以視像爲主要成分。述夢的困難主要在於將這些意象譯成語言。

基於夢的這兩個共同特徵，弗洛伊德得出這兩種假設：(1)夢不是一種軀體的現象，而是一種心理的現象；(2)夢是有意義的。弗洛伊德通過對夢的解釋來驗證這兩點假設。

第二節　夢的解釋的方法
——一個夢例的分析

弗洛伊德說，對夢的解釋在古代以及後來通行的方法有兩種：第一種方法把夢的內容設想爲一個整體，尋求用另一通俗易懂的而且在某些方面相類似的內容去取代它，這就是夢的象徵性解釋。比如前述《聖經》舊約〈創世紀〉上的約瑟對法老的夢的解釋便是這樣的一種例子。夢中先出現七條肥碩的牛，後面跟著七條精瘦的牛，並把前者一一吞噬，這就是象徵性地代表埃及將有七個豐年所積累的全部盈餘。第二種方法可稱爲「密碼法」(Chiffriermethode)，這種方法把夢視爲一種秘密的號碼，每個符號都能根據一個確定的線索翻譯爲另一個有已知意義的符

號。例如，在夢中夢到一封信和一個葬禮，通過查閱一本「夢書」，發現「信」應譯爲「煩惱」，而「葬禮」則譯爲「訂婚」等等，這樣的解釋只能對夢的內容的各個部分來解釋，而不能從整體上來進行，夢彷彿是一種混合物，其中每個片斷都要求專門的處理。弗洛伊德認爲：這兩種流行的解釋法都是毫無價值的，象徵方法在應用上具有局限性，不能對夢進行普遍的解釋。在密碼法中，每個解釋都取決於「線索」、夢書是否可靠，所有這些則缺乏任何保證。因而，人們把夢視爲純屬空想的東西❹。

弗洛伊德自己創造了一門獨特的釋夢方法，這就是他的精神分析法。精神分析法源於他對歇斯底里病狀的治療和研究。因爲在治療精神病時，病人常講到夢中的問題，所以，弗洛伊德進一步來分析夢。弗洛伊德首先利用自由聯想法讓夢者把所浮想到的一切夢的片斷說出來，然後對這些夢境進行精神分析。弗洛伊德舉了一個他分析自己的夢的例子，來具體說明他是如何分析夢的。這個夢就是眾所周知的「伊瑪的注射」。

這個夢的背景是1895年的一個夏天，他治療一個名叫伊瑪的女士的歇斯底里焦慮症，但未完全治好。一天，他把治療的病歷送給權威的醫生M，以證明自己診斷無誤，於是，在這天凌晨他做了下面的這個夢：

1895年7月23日—24日的夢

一個大廳擠滿了我們正在接待的許多賓客，伊瑪在他們之中。我立即把她帶到一邊，並當即責備她沒有接受我的

---

❹ *Studienausgabe*, Band Ⅱ, s. 119.

「解釋」。我對她說:「如果你還有痛苦,那就是你自己的過錯。」她說:「但願您知道我現在喉嚨、胃和肚子有多麼疼,我快給疼痛憋死了。」我大吃一驚並開始端詳她,她看起來蒼白浮腫,我想我一定忽略掉了某種器官疾病。我帶她走近窗口並檢查她的喉嚨。她做出某種抗拒,就好像口裏裝有假牙的婦女們常做的那樣。我想,的確她不需要這種檢查,然後,她把嘴張得大了些,我在右邊看到一大塊白斑,在其它地方找到一大片灰白斑奇怪地黏貼在卷曲的形狀上,這顯然像是鼻子內的鼻甲骨。我馬上叫來M醫生。他反覆檢查,並證明了我的判斷,……M醫生看起來與往常有些異樣,他極為蒼白、略跛,下巴刮得一乾二淨……,M說:「這無疑是感染,但是不要緊,生了痢疾之後,毒就會排掉……。」

　　原夢很長,其中的意象很多,我們在此抽取其中的一部分來進行說明。這個夢的主題與做夢之前的背景是一目了然的,但是正如弗洛伊德所說:「誰也不能直接從前言和夢的內容中猜測到這個夢的意義,甚至我也不知道。」於是弗洛伊德利用精神分析法對這個夢進行了徹底的分析:

　　1. 大廳裏 —— 我們正在接待許多賓客。

　　這是源於弗洛伊德夫人的一個夢,當時,她夢想在生日時請一些朋友包括伊瑪集會在一起,慶祝她的生日。

2.我責備伊瑪沒有接受我的「解釋」。我說:「如果你還有痛苦,那正是你自己的過錯。」

弗洛伊德在行醫初期認為, 只要揭示出病人的症狀就行, 至於是否症狀消滅, 那是病人的事, 所以他對病人的痛苦無動於衷。

3.她看來蒼白而浮腫。

事實上伊瑪總是紅潤的膚色。這是夢者想用另一個人替代伊瑪。

4.我擔心可能忽略了某種器官的疾病。

如果伊瑪有器官性的毛病,那責任就不在於弗洛伊德的精神治療。潛意識中弗洛伊德想逃避責任。

5.我馬上叫來M醫生,他重複了檢查。

這是害怕自己治療不對, 幾年前弗洛伊德曾因治療錯誤而發生了一項醫療事故。這既是對這項醫療事故的內疚, 又是對下一次醫療事故的害怕。

6.M醫生是蒼白的, 他的下巴刮得很乾淨而且略有些跛足。

M醫生事實上也是蒼白的，刮光下巴而跛足則另有其人，夢者將這兩人混合在一起，是爲了報復他們最近對夢者提出的一個建議的反對。

7.M醫生說：「這是感染，但不要緊，生了痢疾後，毒就會排掉。」

初看起來，這夢境很荒謬，但弗洛伊德通過自由聯想，浮現出他的女兒也患過這種病，那段令人焦慮的時光的刺激依然潛存在意識中。

弗洛伊德最後總結說，這個夢的目的是爲了證明他對伊瑪的未治癒的症狀是不應負有責任的。因爲他在夢中把精神病轉換爲器官病，同時對伊瑪的不順從治療進行責備，以及M醫生的抵觸意見的報復，而這些就是夢者在現實中心中所想而嘴中未說出來的潛意識，於是弗洛伊德得出結論說：

> 目前，我滿足於已經獲得的一個新的發現：如果採取這裏闡明的釋夢方法，就會發現夢確實具有一種意義，它決不是這一學科的作者們力圖使人們相信的「夢是皮層分裂活動的產物」。而當解釋工作完成後，便可發現，夢是一種願望的滿足。❺

由此所見，弗洛伊德的釋夢就是通過將自由聯想的夢的情境

---

❺ *Studienausgabe*, Band Ⅱ, s. 140.

分成單獨的元素，進行分析，而後推廣到整個的夢，揭示出被層層意象所包裹的無意識，釋夢的目的就是發現這些無意識的思想，也即深藏在無意識中的願望。弗洛伊德還總結出釋夢時必須遵循的三個重要規律：

(1)夢的表面意義無論是合理的，還是荒謬的，我們都不要在意，也不要理會；這決不是我們要尋求的無意識的思想。

(2)我們的工作應該自由聯想出夢中的意象，至於這些意象是否合理，我們不要管它，而它們和夢的元素是否相離太遠，我們也不要顧慮。

(3)必須耐心地等待我們所要尋求的那些隱藏的無意識思想自然而然地出現。

夢不是真實的，夢是一個化了裝的代替物，是無意識帶著面具進入睡眠中進行的活動，我們通過這一代替物聯想到的代替物來提供一種線索，而將隱藏在夢內的潛意識的思想帶入意識之內，揭開意識的面具，還其本來的面目。

由此，弗洛伊德引進了兩個新的名詞：夢的顯意（manifesten Trauminhalt）和夢的隱意（latente Traumgedanken）。我們所做的夢可以稱之為夢的顯意，即我們一般所說的夢境，弗洛伊德有時亦稱之為夢的元素。而夢背後所隱含的意義，那由聯想而得到的，則是夢的隱意或隱念。弗洛伊德認為，顯意與隱意雖然有聯繫，但有實質的不同，二者的關係猶如謎面和謎底、譯文和原文的關係。具體說來有以下四種：

(1)只有顯意，沒有隱意。有時一個夢可以直接說出它的意義，因此這個夢只有顯意而沒有隱意。

(2)顯意是隱意的一部分。夢的顯意是其隱意的一部分，不

過是一段罷了。夢的無意識思想，有一小部分闖入夢裏，成爲片段，或暗喻，有如電報碼中的縮寫。釋夢就得將此段暗喻湊成全義。更多的則是要尋求夢的隱意，也就是剝開無意識的畫皮。

(3)以意象代替思想。比如一個夢者夢見自己登高以遠望，夢者在自由聯想時記不起有登山的事，反而記得某友人正刊行一種名爲 *Rundschau*（評論）的雜誌，以討論人類和地球上最遠部分的關係：所以夢者自以爲是一個「評論者」(Rundschauer)，才是夢的隱意❻。在這裏，顯意與其說是隱意的化裝，不如說是它的代表 —— 一種由字音引起的可塑性的具體意象。

顯意與隱意，也卽是說夢的元素與隱意之間的關係還有更重要的第四種：象徵。

什麼是夢的象徵？弗洛伊德說：「我們可以把夢的元素與對夢的解釋的固定關係，稱之爲一種**象徵的**關係，而夢的元素本身就是夢的隱意的象徵❼。」

夢的象徵作用在夢理論中有很重要的作用，用弗洛伊德的話說：「象徵作用或許便是我們夢的理論中最引人注目的部分❽。」象徵和被象徵的觀念的關係固定不變，而後者又似乎是前者的解釋，這就有點像古人的詳夢了。因爲有了象徵，所以能夠在某種情形之下解釋一夢而不必詢問夢者。假使我們知道夢中常有的象徵，便可立卽釋夢。

---

❻ Rundschau: 在德語裏的意思(1)評論性雜誌(2)環顧、展望。這個夢者想做一個「評論者」(Rundschauer)，所以夢中以登山「遠望」(Rundschau) 這一意象體現出他的這一潛意識思想。

❼ *Studienausgabe*, Band I, s. 160.

❽ 同上。

　　夢的象徵作用不是弗洛伊德首創,除前述所說古代詳夢者外,其後有許多心理學家專門研究過夢的象徵作用。弗洛伊德的創見在於「夢中大多數的象徵都是性的象徵。和性有關的事物很少,而其用以象徵的數目則多得不可勝數❾」。 弗洛伊德列舉了下列象徵:

　　象徵男性生殖器的東西有:

　　a.神聖的數目**三**是整個男性生殖器的象徵;

　　b.長形直豎之物, 如手杖、傘、竹竿等等;

　　c.有穿刺性和傷害性的物體 —— 卽種種利器: 如小刀、匕首、槍、矛、軍刀等;

　　d.種種火器: 如槍砲、手槍等等。少女在夢中受到槍的威嚇卽是象徵性的攻擊。

　　e.以水所流出之物為象徵: 如水龍頭、水壺或泉水。

　　f.以可以拉長之物為象徵: 如有開關的燈、自由伸縮的鉛筆等; 其他的鉛筆、筆桿、指甲銼刀、鐵錘以及其它器具等都是男性生殖器的象徵。

　　g.陽具因具有違抗地心吸引而高舉直豎的特徵, 因此也用飛機、氣球、飛船等為象徵。夢者若是夢見自己高飛, 實則是象徵為性興奮。

　　h.有些還以魚、爬蟲, 尤其是蛇作為象徵; 此外還有以帽子和外套作為男性生殖器象徵, 或以手腳代表陽具如此等等。

　　女性生殖器則以一切有空間性和容納性的事物為象徵。如穴和坑、罐和瓶、大箱小盒、口袋等; 有的象徵子宮: 如碗櫃、火

---

❾ *Studienausgabe*, Band I, s. 163.

爐，尤其是房間。與此相應，房間的門戶代表陰戶，各種材料如木和紙以及其製品如桌、書等都是婦人的象徵。就動物而言，蝸牛、蚌是婦女的象徵；就人的身體而言，嘴代表著陰戶；就建築物而言，教堂和禮堂也是其象徵。

乳房也屬性器官，蘋果、桃子等水果可作其象徵，此外山水的風景可代表女性器官的繁複部位。

珠寶盒代表自己的「寶貝」愛人，糖果喻為性交的快感。

手淫則以滑動、溜動及折枝為喻，尤其是掉牙和拔牙更是手淫的象徵，其要義在於潛意識中因懼怕手淫而聯想到宮刑，於是有此象徵。

性交的象徵則不多，一些有節奏的活動如跳舞、騎馬、登山可為其象徵，又如受到暴力的待遇如為馬所踏和為武器所威脅等可為其象徵。

第三節　從兒童的夢看夢的性質

從上文我們可以看到，夢是經過化裝的欲望，那麼是否有更好地令人理解的未經化裝的或很少化裝的夢呢？弗洛伊德說，兒童的夢具有這一特點。他認為，兒童的夢簡短、明白、易於了解，其意義雖沒有成人之夢含糊，但仍然不失為夢。

下面是幾則兒童的夢：

(1)一個一歲又十個月的小孩要送別的孩子一籃櫻桃作為他生日的禮物。他顯然不願意，雖然他自己也可得到一些櫻桃；第二天早晨，他說他夢見那個孩子已將櫻桃吃完了。

(2)一個三歲又三個月的小女孩第一次到湖中游泳。返回時，

她放聲大哭，因爲她意猶未盡。第二天早晨，她說她昨晚又夢見在湖裏游泳。我們可以猜想，在夢中，她游的時間一定比在白天游的時間還要長。

(3)一個五歲又三個月的男孩與家人遊山，他曾聽人說到過此山，並心儀已久，因爲山上有一個小屋。在去的路上，他不斷用望遠鏡看途中的山，並問是否卽是此山，可是每次都是否定的答覆，於是他漸漸掃興。人們告訴他，必須在山上走六個小時，才能達到山頂。在晚上休息時，他做了一個夢，夢見自己在山上走了六個小時，並走到山頂上的小屋之中了。由此可見，他這次旅遊的主要目的卽是如此，而在夢中先行達到了。

從兒童的夢中，弗洛伊德得出了以下幾點：

(1)兒童的夢無需分析，也無需追根溯底，卽可以知道：**每一夢都是前日的經驗之繼續**，每一夢都是心靈對前一日的經驗在睡眠中的反應。

(2)兒童的夢都是完全的，可以了解的心理動作，**夢是有意義的**。

(3)這些夢都未經過化裝，所以用不著解釋，其顯意與隱意相互一致。由此可以斷定，**化裝不是夢的主要屬性**。

(4)兒童若對日前的經歷感到遺憾、抱有希望或不曾滿足希望，就以做夢爲反應。兒童借夢以直接滿足這個願望，毫無掩飾。**夢是願望的滿足**。

(5)由兒童的夢，我們可以看到夢的功能。如果說夢是對心理刺激的反應，則夢的價值就在於使興奮求得相當的發洩，以消除其刺激而使睡眠繼續下去。**夢不是睡眠的搗亂分子，而是睡眠的保護人**。有夢的睡眠比沒有夢的睡眠睡得安穩。

(6)**夢起因於願望，夢的內容卽在於滿足這個願望。** 夢不僅使心中的意念有發洩的餘地，有表示的機會，而且借助幻覺的方式，來滿足願望，白天的想繼續游泳，在夢中借幻覺變成了正在游泳。

(7)**夢具有過失相同的心理機制。** 我們知道，過失是兩相相互牽制的傾向作用的結果，夢也是如此。對夢來說，被牽制的意向是睡覺，牽制的意向是心理刺激。弗洛伊德將這種心理刺激稱爲（力求滿足的）願望。他認爲，夢同時還是一種調解的結果；我們雖然處在睡眠狀態，卻仍可經歷願望的滿足；我們滿足願望的同時，還可以睡覺。所以這兩種傾向各有一部分成功和一部分失敗。

(8)我們知道「白日夢」是願望、野心和情欲的滿足。我們常對人們說：「你別做白日夢了！」這意思說的是你不要去進行無謂的幻想，可是人們由於在現實中達不到自己的目的，所以只能從幻想之夢中尋求滿足。可見，白日夢也與兒童的夢一樣可以消除刺激、導致滿足。**白日夢也是滿足願望的一種心理活動**，這也就是爲什麼人們會做白日夢的一個原因了。

此外，弗洛伊德還援引一些日常的俗諺加以說明。比如在德語國家有這樣的俗語：「豬夢橡實，鵝夢玉米，小雞夢的是穀粒。」這些諺語已由兒童降至動物，其中包含的思想也是：夢的內容是願望的滿足。無論何種諺語，都沒有說，也決不至於說與自己願望相反的事，比如說豬鵝夢見被宰殺的。日常的習語中也不乏夢是願望的滿足的例子：「美妙如夢」、「此事爲夢想所不及」、「連最荒唐的夢也不能有此想像」等等，無不表達了這樣的思想。

弗洛伊德總結說，從兒童的夢中，我們幾乎可以不費力氣地得到夢的許多知識，甚至於一般性的結論：(1)夢的功用在於保護睡眠；(2)夢由兩種相互衝突的傾向而起，一要睡眠，一要滿足某種心理刺激；(3)夢是富有意義的心理活動；(4)夢有兩個主要的特徵，卽願望的滿足和幻覺的經驗。

弗洛伊德認爲，所有的夢都具有這些特性。但是，爲什麼兒童的夢能如此清楚明白地表明這些特性，而成人的夢則不能呢？這是因爲成人的夢已經經過多次化裝，所以不能立卽加以判斷，而要用精神分析的方法對之進行解析。下面我們來看看，夢是如何進行化裝的。

第四節　夢的檢查作用

爲了弄清楚成人夢的根源，剝開夢的化裝作用，我們必須了解：(1)化裝的起因（卽動因），(2)化裝的功用，(3)化裝的方法。

弗洛伊德舉了一個深受教育、年高德劭的婦人之夢：

夢是關於〔一次世界〕大戰時的「愛役」(Liebesdiensten) 的。「她到第一軍醫院去，對門警說要進院服務，須和院長一談。她說話時，非常著重『服務』二字，以致警官立卽覺察她所指的是『愛役』。因為她是一個老婦人，所以警官有些遲疑，後來，才允許她進醫院，但是她沒有去見院長，却走進一個大暗室內，室內有許多軍官、軍醫或站或坐於大餐桌之旁。她對一個軍醫說明自己的來意，

他也立即理會她的意思。她在夢裏所説的話彷彿是：『我和
維也納的無數婦女準備供給士兵、軍官或其它人等……』
最後變成喃喃之聲。然後她一看軍官們半感困惑和半懷惡
意的表情，便知道他們已領會她的意思了。她又繼續説：
『我知道我們的決定是很古怪的，但是，我們都十分熱
誠。戰場上的士兵，決沒有人問他是否願意戰死的。』然
後是一分鐘難堪的靜默，軍醫就將兩臂抱住她的腰説：『太
太，假如真的這樣，那……（又繼以喃喃之聲）』她脱身
而退，想道：『他們大概都是一樣的。』於是回答説：『天
啊，我是一個老婦人，或許不致於有這回事吧。有一個條
件是不得不遵守的；年齡上總得加以注意，一個年老婦人
和一個小孩子或許不……（喃喃）；這簡直太可怕了。…
…』』

這個夢在幾個星期之内做過兩次，雖然略有變動，但變動之
處都是無關緊要的。

弗洛伊德認爲，這個夢可以作爲分析夢的檢查作用的典型例
子。從這個夢中可以看到，有許多語氣忽然斷了的地方，其中有
三個地方似乎變得模糊不清了，語氣一斷，便代以喃喃之聲。夢
中的根本意義雖未加分析，但從「愛役」二字可尋其踪跡，而喃
喃聲之前的斷續之言，可據其餘意加以續補。補足之後，便可得
出這樣的大概：意思是說夢者隨時準備獻身盡職，以滿足軍隊中
各色人員的性的需要。這的確是一種可怕的幻想——但是，在夢
中卻完全沒有談起此事，每當前後關係中應當有所表露的時候，
便在顯夢内出現模糊不清的喃喃聲；這些秘密意義已受壓抑或消

失了。

　　弗洛伊德說，這種壓抑在我們的日常生活中也比比皆是。例如，任何一份具有政治色彩的報紙，都會發現被刪除得滿目瘡痍，報紙上屢有空白。爲什麼有這些空白呢？就是因爲有新聞檢查官所不贊許之事。當然，有時被檢查的並不是全句，而是某段的大意，於是檢查官責令編輯將這些句子化硬爲軟，或略加修飾，或僅暗示影射。於是新聞中不再有空白，但是由那些轉了彎而欠明瞭的表達語句，便可知著者在執筆的時候，內心已作過一番檢查工作了。

　　根據這個比喻，弗洛伊德認爲，我們夢裏刪去的或僞裝成喃喃之聲的話，也必定是檢查作用的犧牲品，並且用夢的檢查作用 (die Traumzensur) 這個名詞，用來說明夢的化裝原因之一。每當顯夢中有斷續之處，我們就知道這是由於檢查作用在行使其權力。或者，更進一步說，凡是在其它較明確的成分中，出現一種在記憶裏較欠明確、比較模糊、比較值得懷疑的成分，那麼就可以說明這正是檢查作用的證據。但是，弗洛伊德認爲，夢的檢查作用一般不像「愛役」這一夢例那樣明快，而更多的則是採取上述的第二個方法：卽用修飾、暗示和影射來代表眞正的意義。

　　除了刪除以及修飾、暗示和影射這兩種新聞檢查中所具有的特點以外，夢的檢查工作還有第三種，那是任何新聞檢查工作都無法比擬的。這種作用就是「重心的移植和改組」。用一句中國話說，就叫做「王顧左右而言他」，轉移人們的視線。在夢裏，其表現就是夢的顯意大大不同於隱意，以致不再有人懷疑隱意的存在。這種移植改組作用，是夢的主要化裝作用之一，它使夢者

不承認夢的隱意卽他內心的眞實思想，這也就是爲什麼釋夢之難的緣故。

但是，這種檢查作用並不是腦中的一種什麼物質所起的作用，不要以爲有一個「腦中樞」產生了這種檢查力量，那個中樞一旦受傷，這種力量就隨之停止，這種「檢查作用」僅僅是弗洛伊德剝開夢的僞裝的一個動力性的名詞，以揭示夢的機制，至於這種力量的實施者和接受者各爲何種傾向，則無法確知，也不必確知施行檢查的是何種傾向，而接受檢查的又是何種傾向。從上述夢的分析我們可以發現，施行檢查的是夢者清醒時所承認或贊許的傾向。當釋夢者向夢者說出其夢的隱意時，夢者表示否認有這種隱意的思想，此時夢者就是在促進檢查作用和化裝作用的動機。區別僅在於，夢者清醒時加以否認，是處於有意識狀態，而在夢中則處於無意識狀態。接受檢查的則是具有令人不愉快性質的傾向。這種傾向往往是違反倫理的、審美的或社會的觀點，我們平時根本想都不敢想，縱使想到也是應深感痛絕的觀點。

那麼，爲什麼有這兩種相互對立的兩種傾向呢？弗洛伊德認爲，這是由於「里比多」在快樂原則的支配下進行發洩的緣故。里比多爲了發洩自己的力量，由於在日常生活中，人們在清醒的自我控制之下，對它進行了壓抑，所以，它便選擇在夜間的夢裏，自我控制比較鬆懈之時，偷偷地溜進我們的夢中。由於沒有自我的嚴格控制，里比多就肆無忌憚地選取一般人所禁止的事物作爲自己的對象；不論是他人的妻子還是與自己有血緣關係的人盡情地發洩出來。但是正如我們上面所述，夢的本性並不是邪惡，夢的功用在於保護睡眠，而且在夢中，我們的自我也並不是休息了、不起作用了，所以，當一些邪惡的成分出現在夢中時，

自我就對它進行檢查，不讓它直接了當地入夢，而是以僞裝的方式在我們的夢中表現出來；或者直接了當地加以壓抑，這就是夢的僞裝作用的根源。

第五節 夢的工作

隱夢變做顯夢的過程叫做夢的工作 (die Traumarbait)，反過來說，由夢的顯意回溯到隱意的歷程就是釋夢工作 (die Deutungsarbait)。釋夢的目的就是推翻夢的工作，使隱夢化爲顯夢。弗洛伊德把夢的工作分爲四種：

(1)壓縮作用 (Verdichtung)。所謂壓縮就是說顯夢的內容比隱念簡單，好像是隱念的一種縮寫似的。比如在夢中，你夢見一個人穿著甲的衣服，從事丙的職業，模樣卻又是丁，將三個人壓縮成一個人。壓縮的方法通常有三種：a.某種隱念的成分完全消失；b.隱夢的許多情節中，只有一個片段侵入顯夢之內；c.某些同性質的隱念成分在顯夢中混合爲一體。這三種方法我們在前面弗洛伊德自己的夢中卽發現了。

壓縮使夢變得模糊，在夢中，一個明顯的元素同時代表若干個隱含的元素，而一個隱念又可化爲若干個明顯的元素。同時釋夢時就要利用聯想的方法將其一一呈現出來，等到解釋了全夢之後，才能眞正揭示夢的隱意。

(2)移置工作 (die Verschiebung)。移置工作有兩種方式：a.一個隱念的元素不以自己的一部分爲代表，而以較無關係的他事相替代，其性質略近於暗喻。但它與日常的暗喻又不相同，因爲日常的暗喻有比較淸楚的聯繫，而夢中的暗喻的聯繫則淺薄而

疏遠，幾乎是張冠李戴，比如前面所講的象徵作用中，有許多即是其例。b.在夢中，夢的重點由一重要的元素移置到另一不重要的元素之上。夢的重心既被推移，於是夢就似乎呈現了另外的一種形態。弗洛伊德舉了一則小故事來講述這一作用的表現：某村有一個銅匠犯了罪，要處斬。但是村內只有一個銅匠，卻有三個裁縫。因此，銅匠不能死，只得以一裁縫代之。

(3)將思想變爲視像。視像是夢的主要因素之一，而將思想變爲視像也就是夢的主要工作了。在夢中抽象思想是如何變爲視像的呢？弗洛伊德說，只要想一想人們在作夢時按文繪圖的方法即可明瞭。我們在將文字化成圖畫時是將抽象的思想具體化，然後再化爲圖畫。夢的工作也是一樣，只不過比較牽強而已。比如在夢中將破壞婚約的觀念還原爲某種器物的損壞，或者斷臂折肢之類。一些抽象的語詞如「因爲」、「所以」、「然而」等聯詞，也可以在夢的形式轉換中表達出來。如一個簡單的起始的夢與後來詳盡的主夢，往往有導引或因果的關係。夢中情景的轉變則爲次要的隱念的代表。一夜裏的幾個夢往往僅只一個意義，表示夢者曾努力將一個不斷加強的刺激加以漸趨完滿的控制。而在一個單一的夢中，一個特別困難的元素，可用好幾個象徵作爲它的代表。

(4)潤飾作用（sekündären Bearbaitung）。在釋夢時，我們不能用這一部分顯夢在解釋另一部分顯夢，好像夢是相互連貫、表裏一致似的。事實上，大多數的夢只是各種意象毫無規則地連接在一起，就像用水泥將各種石塊黏合在一起一樣，其實，表面的界線完全不是裏面原來各石的界線。夢的工作也有這樣的一種機制，名爲「潤飾」。其目的在於將夢的工作的直接產物合成一個聯貫的整體；在潤飾時，夢的材料往往排成與隱念大相違

背的次序，而爲了達到這個目的，就有無所不至的交叉穿插。

以上就是夢的四種工作。此外別無其他。通常人們所說的夢中所有的判斷、批評、驚異、或演繹推理等表現都不是夢的工作。夢話也不是夢的工作所創造的，除了少數例外，夢話都是夢者自己日間所聞或所說之言的模仿和補充，進入隱念而成爲夢的材料或誘因。

第六節 夢形成的程序和機制

弗洛伊德在分析夢境的基礎上，不僅提出了「夢的工作」的假設，而且還深入探討了夢形成的程序和機制。

前面講到，弗洛伊德認爲，夢的形成是無意識和前意識衝突和合作的產物。無意識和前意識、意識這三個系統構成一個整體的系統，它們之間具有一個檢查作用來控制三個系統之間的交流，夢就是在這個精神機構之中形成的，不過，不同的夢有不同的形成過程。

(1)概念性的夢

弗洛伊德認爲，夢形成的原動力位於無意識系統中，但它必須與前意識的夢思想取得聯繫，從中選擇必要材料。如果無意識和前意識的門口上檢查者的阻抗力減弱，被無意識選擇的夢思想的材料得以直接進入前意識中，此時，我們夢到的就是概念性的材料，如夢中的說話、計算、論、詞語等。不過我們大多數的夢是幻覺性的夢，而這種夢也是弗洛伊德釋夢的出發點。

(2)幻覺性的夢

這種夢是由於檢查作用的阻抗，使無意識的激動由前意識邊

界上倒退到知覺端，使原有的記憶痕跡發生幻覺性復現。弗洛伊德曾以精神機構的圖式來說明夢形成的這個程序。如下圖：

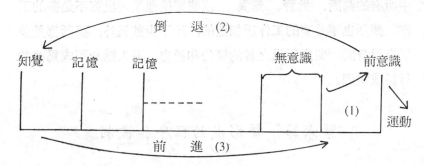

說明：(1)無意識情境或幻想延伸至前意識。
　　　(2)從檢查作用的邊界退回到知覺地帶上來。
　　　(3)再次前進進入前意識，從而產生幻覺性的夢。

　　弗洛伊德在後期對夢的理論作了一些修改。修改的要點在於，「夢是願望的滿足」這個命題並不是一個十全十美的命題，這個命題還存在著一些例外。這一修改首先是在〈超越快樂原則〉中提出來的。在這篇文章中，弗洛伊德提出，有外傷性神經症患者的夢，並不是願望的滿足。這種夢是希望把早已忘懷的被壓抑的創傷發生時的情景回想起來。這種夢是服從強迫重複（Wieder-holungszwang）而產生的。所謂強迫重複是指有機體生命中有一種恢復事物某種最初狀態的需要，而一切生物的原始狀態都是無機狀態，因此，一切生命最終的目標乃是死亡。因此強迫性原則是比快樂原則更加原始更加本能的東西。基於此，弗洛伊德認為，當心理活動受快樂原則支配時，夢是願望的滿足，而當心理活動受超越快樂原則（Jenseits des Lustprinzips）支配時，夢則不是願望的滿足，而是服從強迫性原則的夢。

　　在《精神分析引論新編》中，弗洛伊德又作了進一步的修改。這種修改主要認爲，夢是願望的滿足這一觀點有兩個缺點：一是夢中創傷性情景難以用願望說來解釋，二是兒童夢中也有焦慮、失望、痛苦這些被壓抑的性經驗，它們又是何以入夢的。因此，弗洛伊德把「夢是願望的滿足」(der Traum ist eine Wanscherfüllung) 改爲：「夢是**企求**一種願望的滿足」(der Traum ist der Versuch einer Wanscherfüllung)。但是弗洛伊德認爲，這兩個觀點之間沒有本質的區別，只因前者有一個例外，即「潛意識的創傷的執著，似爲夢的機能的最大的障礙物之一。睡眠者不得不夢，因爲壓抑既入夜而鬆馳，所以創傷的執著得以進行向上衝的活動；夢的工作本欲將創傷的記憶化爲願望的滿足，但終究不能遂願 ❿」。所以只是一種「企求」。

---

❿　*Studienausgabe*, Band I, s. 471.

第五章 神經病通論

第一節 歇斯底里研究

人類對於精神病症的研究探討，在2000多年前的古希臘就有記載。在希羅多德（Herodotes，西元前484～425）的歷史著述中，就已有歇斯底里病症的記載。「歇斯底里」（hysteria）一詞就是從希臘文 ὑστέρᾱ（子宮）導源而來。希羅多德在其著作中說明了所以命名爲「歇斯底里」，是源於當時巫婆的見解，巫婆見女性患者動作混亂，表現異常，認爲是性的過度壓抑的結果，因而把病源歸於女性的 ὑστερᾱ（子宮）。從此，歇斯底里逐漸成爲病名並見於醫典。柏拉圖對歇斯底里有一篇充滿神話色彩的敍述，並概括了希羅多德關於歇斯底里學說的具體內容。在他看來，子宮是生殖欲很強的「動物」，當它得不到滿足時，自感羞愧，全身亂竄，阻塞孔道，停止呼吸，造成極度危害，形成各式各樣的病症。西方醫聖希波克拉底（Hippocrates，西元前460～377）認爲，子宮亂竄是歇斯底里發病的機制，試圖用阿魏膠的惡臭驅趕離位的子宮復位。

中世紀對歇斯底里的認識依然停留在古希臘水平上。而且由

於宗教迷信，有關歇斯底里的看法更加荒謬。歐洲各地對於精神病或心理失常廣泛地流傳著一種傳統的迷信看法，認爲它的造成是由於患者的機體內侵入了魔鬼，卽東方所謂「中了邪」，治療的方法是對身體進行野蠻的拷打，或採取其它的手段，要把魔鬼從人體內驅走。直到十七世紀末，才逐漸對精神病患者禁止使用殘酷的方法。

十七世紀，號稱爲希波克拉底的英國醫聖 T・西登南 (Sydennan, 1624～1689)，將精神病學的研究推進了一步，他發現，歇斯底里不僅婦女有，就是沒有子宮的男人也有，患歇斯底里的病人，幾乎模仿所有的疾病，歇斯底里發生在人的哪個部位，哪個部位就發生典型的病變症狀。他得出結論說，歇斯底里發作的根本原因是由於「情緒」造成的。十八世紀，法國人皮奈 (P. Pinel, 1745～1826)，則首先肯定心理失常是一種疾病，而不是什麼中邪，因此，設法從醫學上加以醫治。十九世紀後期，弗洛伊德的老師沙可和讓內將精神病的研究大大地推進了一步，他們通過大量的臨床觀察和治療，系統地研究了歇斯底里病症，明確地劃分了歇斯底里的恆定症狀（痕迹症狀〔stigmata〕）和一時發作的表現，強調移位因素（神經質）和情緒在歇斯底里病因學上的重要性，在醫學界產生了廣泛的影響。

弗洛伊德正式開始研究歇斯底里病症，是由於布洛伊爾的啓發。

布洛伊爾當時正在治療一位歇斯底里病患者，名叫安娜・奧 (Anna O)。安娜是位才華出衆的姑娘，受過相當好的教育，她在護理父親時得了歇斯底里症，她非常愛自己的父親。當布洛伊爾接過這個病人時，她正處於一種痙攣性麻痹、抑制和精神混

亂的複雜狀態之中。一個偶然的機會使布洛伊爾發現，如果使她
說出她所受支配的情感感覺，那麼，他這些意識模糊狀態便可以
消除。從這個發現中，布洛伊爾得出了一種新的療法：他設法
使安娜進入深度催眠狀態，每次都讓她講壓抑她思想的是什麼東
西。在催眠狀態中，她講到，在她守護在她父親的病床旁的時
候，曾經出現過某種不得不壓抑的思想或衝動。於是代之而起，
便出現了後來的這種症狀作為代替，當她講出了這些被壓抑的思
想之後，她的病就得到了好轉：

> 那是在一個天氣非常炎熱的夏天，這位病人渴得要命，因
> 為根本無法解釋的原因，她竟然不能喝水了，她拿著一杯
> 水，很想喝下去，但水杯一觸到嘴唇，她却像恐水症患者
> 一樣，又把它拿開。她這樣做時，顯然有幾秒鐘失神狀態
> (in a abscence)。她只能靠瓜果等來解除難熬的乾渴。
> 這樣持續了六週，有一天，在催眠時，她突然抱怨她的那
> 位令人討厭的「保姆」，她繼續帶著厭惡的口吻說著，她
> 怎樣進入這位保姆的房間，看到她的那隻可怕的小狗怎樣
> 從一隻杯子裏喝水。只是出於禮貌，她才沒有說什麼。在
> 更加強烈地表達了她曾壓抑著的這種憤怒之後，她要求喝
> 水，而且毫不費力地喝下了大量的水，她從催眠中醒來
> 時，水杯仍在嘴邊；從此，這種心理紊亂便消失了，而且
> 從未復發。❶

---

❶ *The Standard Edition*, vol. 2, p. 34.

布洛伊爾稱他的這種方法爲「談療法」(The Talking Cure)或「煙囪掃除法」(Chimmney Sweeping)。後來又稱之爲「宣泄法」或「淨化法」(Catharsis)，這一術語來源於亞里斯多德，按照亞里斯多德的理論，悲劇可以使觀衆解脫（淨化）恐懼和憐憫的情感，其方法是迫使觀衆以緩和的方式去體驗這兩種情感。

弗洛伊德自己也利用布洛伊爾的「宣泄法」來治療病人，在《關於歇斯底里的研究》中，弗洛伊德所用的第一個病例是艾米妮夫人 (Frau Emny von N.)，艾米妮夫人從1889年 5 月 1 日開始接受「宣泄法」的治療。 在治療中， 他使用了「夢遊法」(Somnambulism)，同時進行暗示、 推拿、 洗浴等方面的方法。他在治療中得知，精神治療的效果取決於病人與醫生的關係的改進。如果雙方關係不好，就會使所有療法失效。有一天，病人突然用雙臂摟住他的脖子，好在進來的工作人員把弗洛伊德從尷尬處境中解救出來。

弗洛伊德與布洛伊爾在不斷的研究中，取得了相當大的成果，1895年，他們倆人共同合作，把這些研究成果加以系統整理，出版了《關於歇斯底里的研究》(*Studien über Hysterie*)。在這本書中，他們共同討論了歇斯底里現象的心理機制，布洛伊爾講了一個病例，弗洛伊德講了四個病例，接著布洛伊爾從理論上闡述了這一病症的治療方法，弗洛伊德則講述了歇斯底里的心理治療。下面我們主要介紹一下他們對歇斯底里病症的心理機制的探討。

弗洛伊德和布洛伊爾首先認爲: **大多數形形色色的症狀，它們看起來是自發的，或者可以稱之爲歇斯底里的自發症，實則它們和促發性創傷 (the precipitating trauma) 有準確的聯繫，**

就像我們上面所說過的一樣，並且清楚地表現這種聯繫❷。

這種「促發性的創傷」與歇斯底里的聯繫表現爲三種：

(1)某一「促發事件」(precipitating event) 引起某一特殊的現象，而不會引起別的現象。在這一情況下，這一症狀顯然是由這一「引發原因」(precipitating cause) 決定的。比如，在吃飯時引起，但又同時被壓抑下去的一種痛苦情緒所導致的噁心和嘔吐，可以以歇斯底里嘔吐的形式持續若干月。一個女孩子在可怕的焦慮狀態下守候在病榻旁邊，當她的右臂挎在椅背上行將入睡的時候，陷入一種朦朧狀態，並且發生一種可怕的幻覺；從此以後，她的這條臂就進入伴有抽搐與麻痺的癱瘓狀態，她試著要禱告，卻尋不出合適的字眼，最後，好不容易才重複了一個小孩子用的英語單詞。後來她的病發展爲嚴重而非常複雜的歇斯底里，此時，她只能說、寫和聽懂英語，而對自己的原有方言，則有十八個月一直不懂。這種由一個引發原因而導致另一事件的病情，「促發性創傷」與歇斯底里病症之間的聯繫一目了然。

(2)它們之間的聯繫不甚明瞭，只是有一種可以稱之爲「象徵性的關係」(symblic relation) 存在於引發原因和病理現象之間，就像一個健康的成人在夢中所表現的那樣。比如，神經痛可以跟隨在心理痛苦之後，嘔吐可以跟隨在一種道德上的厭惡之後。

(3)這種情況是，初看起來，很難理解其中的聯繫如何能用我們上面的方法所確定，而需作進一步的討論。這症狀是：半身麻木、視野縮小、癲癇式抽搐等。

---

❷ *The Standard Edition*, vol. 2, p. 4.

根據引發原因與症狀之間的這些聯繫，他們進一步確定了起作用的病因，這又分為兩類：

(1)創傷性神經病： 這種神經病起作用的原因不是那種微不足道的損傷，而是恐懼的影響 —— 心理創傷 (the psychical trauma)。弗洛伊德和布洛伊爾認為，「任何一種引起不愉快情感的經驗如：恐懼、焦慮、羞愧或身上的疼痛，都可以引起這種心理創傷的作用❸」。當然，至於為什麼有人因此而致病，有人卻沒有什麼事，完全是受個人神經的敏感程度而定的。

(2)普通歇斯底里： 引發這種病症的不是單個的重大創傷，而是「由許多局部創傷構成的**病因羣**」(a number of partial traumas forming a group of provoking causes)。它們只能由於綜合作用而起創傷性的影響。而且只有當它們在某種程度上是整個痛苦經歷的成分時，才彼此結合在一起。另外，一個顯然細瑣的情景和真正起作用的事件結合在一起，或者發生在一個對刺激特別敏感的時候，因而取得了創傷的實際作用，否則，它並沒有這種作用，但這樣取得的作用可以延續下去。

> 但是，起決定作用的心理創傷和歇斯底里現象之間的因果關係，並不僅指這種創傷只是取一個釋放症狀的挑動作用，而症狀被引起後就獨立存在下去。我們寧可認為，心理性的創傷，或者更準確地說，關於創傷的記憶，就像進入身體中的異物一樣，必須把它看作仍起作用的動因。我們在一個非常值得注意的現象上發現這種例證，這一現象同時

---

❸ *The Standard Edition,* vol. 2, p. 6.

也使我們的發現有了重大的實用意義。❹

　　但是，爲什麼這些引發事件在經過這麼長的時間以後還沒有淡忘呢？這些引發事件在隔了如此久遠之後，爲什麼還會起作用呢？

　　弗洛伊德和布洛伊爾認爲，記憶的淡褪或其情感的喪失取決於若干不同的因素。其中最重要的是對激發這種情感的事件曾否有一個強烈的反應。換句話說，在這些事件刺激我們的時候，我們是否把我們對它們的感情發洩出來。如果有反應，或者說，如果情感發洩出來了，那麼情感的大部分就會因此而消失。就像我們平時說的，「你想哭就哭出來吧，也許這樣好受些」，或者說「有脾氣就發出來，不要憋在肚子裏」，否則就會得「心病」。

　　大致說來，發洩情感的方式有三種：第一種是通過言語表達出來，如敍述、抱怨、申訴等都是發洩的方式。第二種是通過行動表現出來，如反擊、報復等方式。第三種是抵銷，即創傷事件與其相反事件相中和。例如一個人從汽車底下死裏逃生，他既有險情的記憶，又有脫險的慶幸，自慰自己福大命大，內心的竊喜抵消了遇險的後怕，日後他可能害怕汽車，但心中卻不曾存有芥蒂。又如，一個人某次受了辱，但是他認清了受辱的原因，能夠正視它等等。

　　但是，爲什麼會有發洩不了的「引發事件」呢？這是由於這類創傷的刺激不易發洩。這可以分爲兩類情況：

　　第一類是，這種創傷的性質不容有所反應。例如在親人死亡

---

❹ *The Standard Edition*, vol. 2, p. 6.

這種顯然無可補償的情況下，或者社會環境使一個反應成爲不可能的，或者它是患者願意忘卻的事情，因而立意要把它從有意識的思想中排擠出去，從而使它受到壓抑。例如修士與修女、禁欲女人以及教養嚴格的孩子們的歇斯底里讝語。

第二類情況則不是由記憶的內容決定，而是由患者接受這一經驗時的心理狀態決定。比如在一種嚴重的無能爲力的情感如恐懼的支配下接受的刺激，當時的心理狀態不容有所反應，或者發生在一種確乎違常的心理狀態下，當時的心理狀態來不及反應。前面的那位在朦朧中因幻覺而導致手臂麻木的少女即是如此。

這兩類情況當然會同時發生，而且事實上往往如此，因此，歇斯底里病症的原因是複雜的、多樣的。但是由此我們可以得出歇斯底里病因的機制：

> 因此可以說，那些變成病理性的，以如此的鮮明性和情感強度頑固堅持著的觀念，是由於對它們不能在聯想不受抑制的狀態下通過抵銷和再生，採用正常的克服過程。❺

弗洛伊德和布洛伊爾把這種觀念稱之爲「類催眠狀態」(the familiar hypnosis)，將這種類催眠狀態下的觀念羣 (group of ideas) 稱爲「第二意識」(second consciousness) 認爲，歇斯底里病症發作的機制就在於此。

進一步看來，如果我們考慮到上面講過的那個理論，即在

---

❺ *The Standard Edition*, vol. 2, p. 11.

歇斯底里中有在類催眠狀態下所發生的那些觀念羣，這些觀念羣與別的觀念割斷了聯想的結合，但它們彼此之間可以聯合起來，從而形成了一個具有一定高度組織性的第二意識的雛形，卽第二意識狀態，那麼歇斯底里發作就顯示出一種特殊的啓示。果然如此，則長期性的歇斯底里症狀就該與這樣的一種情況相應，卽第二意識狀態侵占了那種一般是由正常意識控制的身體神經支配。而另一方面則歇斯底里發作就是這種第二意識的高度組織性的證明。當這種發作首次出現時，表明在此一時機，這種類催眠的意識對患者的整個生命取得了控制作用——卽表明這是一種急性的歇斯底里；當這種發作在以後又出現而且包含著一種記憶時，表明又回到了那一時機。沙可已經指出過，歇斯底里發作是第二意識狀態的雛形。在這種發作之下，對於全身神經支配的控制已移交給類催眠意識。正如熟知的觀察所表明的，正常意識並非總是全受壓抑，它對發作中的運動現象有所覺察，但對其伴發的心理事件就不復知曉了。❻

正如弗洛伊德自己所說的那樣《關於歇斯底里的研究》一書中的主要成果是布洛伊爾的。的確，從上文我們可以看到，他們治療歇斯底里病症的方法是「宣泄法」，無意識（或潛意識）在這裏被當作「類催眠狀態」和「第二意識」，他們還沒有認識到壓抑的機制，沒有認識到性的作用，而這一切都有待於弗洛伊德

---

❻ *The Standard Edition,* vol. 2, p. 15.

的進一步探究。

第二節　神經病通論

　　在與布洛伊爾的合作過程中,弗洛伊德逐漸發現了「宣泄法」的缺陷，那就是「宣泄法」必須使病人進入深度的催眠狀態，病人在深度催眠狀態中才能宣泄自己內心的秘密，可是，弗洛伊德發現在應用這個方法的過程中有諸多的不便。首先，儘管竭盡全力，卻怎麼也無法使所有的病人全部進入催眠狀態；其次，如果醫生和病人之間的個人關係受到干擾，那麼，即使最令人滿意的效果，也很容易突然消失。當然，只要重新建立和諧關係，這種效果可以重新確立，但是，這種偶發事件卻證明了：醫生和病人之間的個人情感關係，畢竟要比整個宣泄過程牢固得多。第三，布洛伊爾認爲，那些找不到正常發洩途徑的歇斯底里過程，產生於異常的「類催眠」的心理狀態之中，而弗洛伊德認爲，這樣便又產生了一個關於「類催眠狀態」是如何產生的問題，也即是說，宣泄法揭示不出神經病的根本原因。弗洛伊德帶著這些問題，經過臨床實驗和理論總結，形成了自己的一套精神分析法。

一、自由聯想法

　　基於「宣泄法」的種種問題和困難，弗洛伊德力圖找到一種無需催眠，病人即能宣泄心中秘密的方法。要找到這樣一種方法是非常困難的，正當他茫然失措的時候，卻想起了他在法國南錫觀看到的伯恩海姆的一次實驗，得到了啓發。伯恩海姆的患者從催眠夢遊狀態中醒來時，好像一點也不記得自己於催眠狀態中所

做的事情。但伯恩海姆卻堅信這種記憶肯定存在。他讓被試者坐在椅子上，將手放在她的前額，讓被試者全身放鬆，任由自己的思想浮想連篇。被試者按照伯恩海姆的要求，果真將在催眠狀態時的情景復現出來。起初很慢，最終腦海中的記憶便如潮水般湧現出來。弗洛伊德認為，這一實驗可以應用於他的臨床診斷。於是他讓病人躺在沙發上徹底自我放鬆，他自己則坐在病人的頭後，這樣一來，病人就看不見他，不致因此打亂病人的思緒，他不斷地勉勵患者回憶，有時配以手的撫摸，使病人在高度放鬆中將已經遺忘的事實和聯繫引入意識中來。在開始治療時，弗洛伊德建議對病人進行這樣的解釋：

在我能對你講任何事情前，我必須知道大量有關你的情況，請告訴我，你都知道你自己一些什麼事情，……，在你開始談之前，還有一點要交代一下。你和我的談話必須在某個方面與一次普通的交往不同。你通常要把你要敘述的事情的幾個頭緒放在一起，而把所有干擾的聯想和一些枝節問題排除在外，這樣做的目的在於防止離題太遠。在這裏，你必須和前面有所不同，你將會注意到，當你敘述這些事情的時候，你頭腦中會出現多種想法。你傾向於把這些想法放在一邊，對它們加以評論或反對。你將受到引誘而自言自語道：「在這裏，這個或那個是沒有聯繫的，……它是荒唐的，沒有必要提到它。」不要聽從這些反對意見；即使你對它感到厭惡，或者的確正是這個緣故，你還是得提一下。今後你會領悟到，並且還能學到理解這一命令的原因，因為這是你必須聽從的唯一命令。於是你把腦海中

所想的一切全部講出來。你現在就好像正坐在一列火車的
車窗旁，向坐在你身後的人描述你所看到的窗外不斷變化
的景色。最後，不要忘了你得保證做到絕對誠實，想到什
麼就說什麼，絕不要因為講出一些事令人不快而乾脆隱瞞
不說。❼

這就是弗洛伊德所創造的「自由聯想法」(Freie Assotia-
tionen)。從上面所述，我們看到，自由聯想法的要旨在於，要
讓自己的心理完全自由，要放鬆心理上的各個阻撓和批判機構:
隨便想什麼都行，什麼荒唐的、不可思議的都可以; 要使自己處
於被動狀態，把進入意識的東西 —— 即使自己認為沒必要、沒關
係、沒意思的東西和盤托出; 但必須抓住心理中不由自主產生的
東西。弗洛伊德的精神分析療法就是建立在這個基礎之上的。

二、症候的意義

精神分析學與傳統的神經病學的根本不同在於，精神分析學
認為，症候本身各有其意義，而且與病人的生活經驗具有相當的
關係; 而臨床神經病學則不問個別的症候有何種形式或內容。精
神分析學研究的是器官的表面形態，而臨床的神經病學研究的則
是器官的構造，如組織和其它的構成元素。那麼精神分析學是如
何通過症候來揭示病因、治療病人的呢? 換言之，症候具有什麼
樣的意義呢? 讓我們通過下面的例子來看一看。

有一個聰明漂亮的女孩子，年方十九，由於是獨生女兒，被

---

❼ *The Standard Edition*, vol. 12, p.p. 134-135.

父母捧爲掌上明珠，但是在教育上，父母對她卻要求很嚴，她本人的智力也非常高，性情活潑、開朗，深得父母的喜愛。可是有一天，她忽然無緣無故地得了神經病，她變得動輒發怒，特別是對她的母親，一不如意便橫眉瞪眼；她不再歡蹦活跳，整天抑鬱不快，懷疑猶豫，後來竟發展爲廣場恐懼症，不敢單獨走過廣場和大街。此外還在許多日常行爲上也表現得令人費解：如，她在上床睡覺之前，要做種種預備儀式，首先，要把房內的大時鐘擺停止，不讓它走動，並且將室內的一切小時鐘搬出室外，就連床邊桌上的小手錶也得拿出去，窗臺上的花盆、花瓶等器皿之物都得愼重地放在寫字臺上，因爲她害怕它們在夜間跌落打碎了。她說她這樣做的目的是爲了睡眠時有一個安靜的環境，不致因噪音吵醒了她的清夢。當然，她也知道這些要求安靜的理由很難成立：小手錶即使放在床邊桌上，其嘀嗒之聲也一定聽不見，相反，大鬧鐘的嘀嗒聲可以引人入睡。她也承認，花盆花瓶放在原處，也不會掉下摔碎。其次，她還要求自己的臥房與父母的臥房之間的門大開著。爲了達到這個目的，她不惜設置種種障礙於門口，而且這一事件又與她要求安靜的目的不相合。再次，上床之前的種種怪癖儀式：枕頭的長枕不能和木床架接觸，小枕必須疊跨長枕之上成一菱形；她睡覺時，將頭恰恰放在這個菱形之上。蓋上鴨絨被之前，她必須抖動被子，使被中的羽毛下降，但又必定將它壓平，使鴨毛重新均勻地舖好。

這樣一些怪異行爲，這樣的一種症候，到底是基於一種什麼原因，這種症候到底具有什麼樣的意義？弗洛伊德分析說：鐘錶是女性生殖器的象徵，因爲鐘錶有周期的動作和規律的間隔，正如女性的月經周期一樣。鐘錶的嘀嗒聲可以比作性欲激動時陰核

的興奮。在治療中，這位少女也承認，這種興奮的感覺的確使她從夢中驚醒過。她之所以將一切鐘錶盡行移開，是因爲害怕陰核的勃起。花盆、花瓶和一切容器相同，都是女性生殖器的象徵，她害怕花瓶跌碎，就是要表明要拋棄那整個關於貞操和初次交媾流血等事的情結，也就是要擺脫會不會流血的焦急，因爲，她害怕在新婚之夜不流血而有不是處女的嫌疑。這些都是弗洛伊德的解釋，患者開始時堅決反對，隨後又訕笑懷疑，但是後來她慢慢地引起了聯想，回憶了她所有的關係。有一天，她在回憶中忽然了解到，自己之所以不讓長枕與木床架接觸的原因。她說，在她看來，長枕就像一個女人，而直挺挺的床架就像一個男人，因此，她好像用一種魔術的儀式，將男人與女人隔開，這卽是說，要將父親與母親隔開，不讓他們進行性交。她回憶說，在她還小的時候，就做過這樣的事情。那時，她假裝膽小，讓她父母的臥室門與她的臥室門開著，以便竊聽父母的性交，這件事情曾使她失眠了好幾個月。後來她還要求睡在父母之間，以便將他們隔開。長大後，由於不能三人同床，她又裝膽小，要母親同自己交換，以便她能與父親睡在一起。這些事情就是引起她的症狀的起因。那麼，她抖動鴨絨被幹什麼呢？弗洛伊德認爲，她讓鴨絨被隆起，意爲懷孕。但是她又怕母親懷孕，多出一個孩子成爲自己的對手，所以又將之撫平。長枕與小枕擺成菱形是什麼意思呢？長枕代表母親，小枕代表自己，菱形代表生殖器，因爲她在牆上或畫上看到過這種象徵生殖器的圖案，而她自己則代表男人，自己的頭代表男性生殖器，她睡在枕頭之上，意味著性交。

這個少女睡前儀式的細節體現了她對性欲的兩種看法，一種是積極的，卽對性欲的要求；一種是消極的，卽對性欲的反抗。

弗洛伊德考察少女的生活史發現，她幼年時曾對父親有過一種「性愛的聯繫」(einer erotischen Bindung)，這種性愛的聯繫曾使她顛倒若狂。也許正是因為這個原因，所以他對於母親的感情才如此惡劣。

一個少女的頭腦裏裝有這麼多可怕的思想，實在讓人難以理解，也許有人在說，這是弗洛伊德在危言聳聽、胡說八道。事實上，這位少女後來接受了弗洛伊德的分析，認同了他的診斷，並最終放棄了她的睡前儀式，成了一個正常的人。事實證明，他的理論還是可信的、有根據的。

通過這一病例，弗洛伊德由此得出結論說：第一，症候是有意義的，而不是偶然的、表面的現象。第二，症候的意義在於與病人的生活關係。症候的特點越獨特，我們就越能看出這個關係之所在。因此，第三，精神分析者的工作就是要為每一無聊的觀念和每一無聊的動作，求出從前這個觀念所以產生和這個動作所以需要的情景。

精神分析既然認為症候是有意義的，從症候的意義追根溯源，那麼症候的意義是由什麼因素組成的呢？弗洛伊德說：

> 一個症候的意義是由兩種因素組合而成的，即其來源和趨勢或原因，換言之，即(1)症候所由發生的印象和經驗，(2)症候所想達到的目的。症候的來源可以分析成各種印象，這些印象都來自外界，起初一定是意識的，後來可能因為被遺忘而成為無意識的。至於說症候的原因或趨勢，表現為內心的心理歷程，最初可能也是意識的，但也可能不是意識的，而是始終處於無意識狀態。所以，症候的來

源或症候所賴以維持的印象是否也被遺忘，就像歇斯底里
病一樣，是不大重要的；至於症候的趨勢，一開始就可能
處於無意識狀態，所以，症候是完全依賴於無意識的。無
論是歇斯底里病還是強迫性神經病，都是如此。❽

三、症候形成的過程和機制

從上面的例子，我們可以看到以下幾點：(1)病人執著於過
去的某一經驗，而且這一經驗是她（他）在過去所受的創傷，她
（他）擺不脫這一所受創傷的經驗，不能將之與過去和未來聯繫
起來，用弗洛伊德的話說就是：「他們好像借病遁世似的，彷彿
古時的僧尼退隱於修道院中以度殘生那樣❾。」(2)弗洛伊德說，
不僅每一病人的症候和結果都證明他們都執著於過去生活的某一
時期，而且就大多數的病例而言，這過去的時期往往是生活史中
最早的一個階段，比如說兒童期，甚至更早可以追溯到吸乳期。
(3)病人的致病因素都與性的因素有關，事實上，病人是想用症
候來達到滿足性欲的目的，症候實際上是不能獲得的滿足的代替
物。「對於致病的情境若加以比較研究，便可產生下面的結果，
而這個結果可以簡化為一個公式 —— 就是，這些人之所以得病，
是因為現實不容許他們滿足性欲而使他們感到某種**缺失**……」。
症候可以解釋為，他們生活中所不能滿足的欲望的代替品。弗洛
伊德把這種需要滿足的性本能稱為里比多（Libido）。里比多遵
循快樂原則，以各種各樣的方式來滿足自己的本能，以尋得快

---

❽　*Studienausgabe*, Band I, s. 283.

❾　同上書，s. 273.

感。里比多是與生俱來的，在嬰兒時期即開始起作用，一直到成年都不會停止。在嬰兒時期，里比多通過身體的觸摸、吃奶等行為得到滿足，隨著年齡的增長，社會律令不斷地加諸人的身上，需求快樂的里比多常常遭到來自外界的這些律令的監察以致壓抑，這種監察、壓抑就是「現實原則」，現實原則是後天的周圍世界加諸我們身上的力量，用來統制里比多的無法無天的需求，並設法改造它們，使之適合於我們的周圍世界。

　　由於受到現實原則的壓抑，里比多的發展不得不停滯和退化（Hemmung und Regression），有一部分里比多在與現實原則鬥爭中取得勝利，發洩了出來，更多的里比多則在衝突中停頓下來，有時集中於某一點，尤其是集中在受到創傷的某一點時，它們便執著於此點，受到壓抑的里比多退化回來，得不到滿足和發洩，便不得不以改頭換面的形式再進行衝撞，這改頭換面的東西則表現為神經病的症候。因此，里比多的執著和性的不滿足是造成神經病的共同因素。「里比多的執著代表內心的成因，而性的剝奪代表體外的偶因❿」。弗洛伊德據此而列出下列公式：

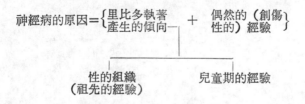

❿ *Studienausgabe*, Band I, s. 340.

第六章 無意識論

　　無意識學說是精神分析學的基礎和核心。弗洛伊德曾經把這一學說作為精神分析的第一個基本理論前提，甚至認為精神分析學就是「一門關於無意識心理過程的科學」❶。誠然弗洛伊德並非第一個發現這一現象，卽我們心中潛存著我們並未注意到的，亦卽無意識的思想衝動，我們過著隱秘的內心生活，但是，正如弗洛姆所說，「弗洛伊德首次使這一發現成了他的心理學體系核心，他詳盡地研究了無意識現象，並獲得了驚人的結果❷」。

第一節　無意識論的歷史

　　無意識的問題被歷史上很多思想家涉獵過。甚至在十九世紀七〇至八〇年代「成為時髦的論題。……對於這個概念的諸多方面的特殊應用在這一時期進行了激烈的爭論❸」。

　　在近代，萊布尼茨 (Leibniz) 的單子論就涉及到這一領域。

---

❶ *The Complete Psychological Works of Sigmund Freud,* p. 264.

❷ 《弗洛姆著作精選》，上海人民出版社，1989年版，頁 668。

❸ *Freud and Psychoanalysis,* p. 93.

萊布尼茨認爲，構成人的精神單子不僅具有意識，而且具有「微知覺」(petites perceptions) 和「欲望」，並且說:「這種感覺不到的知覺之在精神學上的用處，和那種感覺不到的分子在物理學上的用處一樣大; 如果藉口說它們非我們的感覺所能及，就把這種知覺或分子加以排斥，是同樣不合理的❹。」萊布尼茨還認爲，這種無意識可以上升爲意識，「在萊布尼茨看來，微知覺是低級的，但是微知覺的意識可以實現爲統覺 (apperception)，岸邊水浪的聲音爲統覺; 但這一統覺乃是由許多互相衝擊而不能單獨侵入意識的水滴的小覺組合而成❺」。萊布尼茨的無意識思想直接影響到其後的赫爾巴特 (John Friedrig Herbart, 1776～1841)，赫爾巴特認爲身體的狀況可以阻止一個觀念的引起 (如睡眠); 這叫做壓抑作用 (Druck)。身體的狀況也可以使一個觀念易於引起 (例如酒醉或狂熱時): 這叫做強化作用 (resonanz)，觀念就在抑制與自由狀態之間活動，但是，「一個概念若要由一個完全被抑制的狀態進入一個現實觀念的狀態，便須跨過一道界線，這界線便爲意識閾❻」。赫爾巴特把萊布尼茨的微知覺發展爲意識閾，E. G. 波林 (Edwin G. Borning) 認爲，「弗洛伊德早年對於無意識的描寫，也許直接來源於赫爾巴特，雖然實際上並非如此」。但是無論如何，它「對變態心理學影響很大❼」。此外費希納 (G. T. Fechner, 1801～1887)、馮特 (W. Wundt, 1832～1920) 以及布倫塔諾 (F. Brentano, 1838～1917) 都對

---

❹ 《十六～十八世紀西歐各國哲學》，商務印書館,1975年，頁 509。
❺ *A History of Experimental Psychology*, p. 167.
❻ 同上書，p. 256.
❼ 同上書，p. 257.

無意識有較深的研究，弗洛伊德在讀大學時還聽過布倫塔諾的六門哲學課。這些人的思想都對弗洛伊德有所影響。弗洛伊德還受到叔本華哲學思想的直接影響，弗洛伊德認爲叔本華的無意識的意志相當於精神分析中的精神欲望❽。

　　不過，眞正影響弗洛伊德的還是布洛伊爾和沙可。沙可是弗洛伊德的老師，他在醫治歇斯底里的過程中看到人的意識之外還有未被人們意識到的領域，他試圖通過催眠的方法在歇斯底里症患者身上將這一活動過程揭示出來。沙可的學生讓內 (P. Janet) 整理了這方面的案例，揭示了大量無意識的現象。讓內的研究對弗洛伊德很有啓發，但是，讓內雖使用了無意識一詞，卻沒有深刻理解這一術語的重要意義。弗洛伊德後來評論說：

> 我承認，很長時間裏我就已經對讓內對神經病症候的解釋所作的貢獻不得不作非常高的評價，因爲他曾經把這些症候理解爲無意識觀念 (idées inconscientes) 的說明。但是，此後，讓內表現得非常謹愼，以致於他想認爲，在他看來無意識只不過是作爲一個習語 (Redensart)，一個權宜之詞而存在，並沒有明確的意義。從此我就沒再理解讓內的闡述，但是我的意思是他已經不必要地自行損害了許多偉大的貢獻。❾

　　在弗洛伊德自己，無意識的學說也經歷了一個從發現到成熟的過程。大體說來，可以分爲三個階段：

---

❽　〈心理分析的困難之一〉載《論創造力與無意識》，頁9。

❾　*Studienausgabe*, Band I, s. 258.

第一階段是神經病理學階段。在這一階段，弗洛伊德通過對歇斯底里病症的研究，認識到神經病症背後，隱藏著某種東西，這種東西被人們的意識防禦和壓抑著，使它不能顯現出來，當病症發作時，它衝破了壓抑，形成一種變態的心理，發洩出來。弗洛伊德用宣洩法發現，這種東西就是以往的經驗，它潛在意識的深處，因此叫做「潛意識」或「無意識」⑩。他說：

> 由分析看來，這些症狀起源於無意識的精神歷程，但是在各種順利的情況下，這些歷程又可以被變成為無意識的。……不僅症狀的意義是無意識的，而且症狀和無意識之間還存在一種互相代替的關係；而症狀的存在只是這個無意識活動的結果。……我們每遇到一個症狀，便可斷定病人內心有某種無意識的活動，包含著症狀的意義。反過來說，這個意義必定是無意識的，所以症狀才能發生。症狀不是由意識的過程構成的；只要有關的無意識的東西被變成了意識的，這一症狀必定會消失。⑪

在這一階段，弗洛伊德初步形成了無意識的概念，並認識到無意識的作用和意義。

第二階段是心理學階段。在這一階段，弗洛伊德進一步揭示無意識的根源，探討無意識的內容，總結無意識的特點。無意識

---

⑩ Unbewusstsein 一詞中文通行的有「無意識」和「潛意識」兩種譯法，本書主要採用「無意識」譯法，有時為了行文的方便也用「潛意識」譯法。

⑪ *Studienausgabe,* Band I, s. 278.

概念已經遠遠離開它產生的神經病理學觀點，進入到關於日常人的心理過程和精神生活的心理學領域，被廣泛地推向心理學理論和應用。

　　弗洛伊德在探索歇斯底里病症的致病過程中，從迅速積累的經驗中認識到，在病症背後起作用的，並不是什麼情緒的刺激，而常常是一種性本能。這種起作用的性本能是對過去「創傷的執著」(Die Fixierung an das Trauma)，它或者是當時的一種性衝突，或者是早期性體驗的影響。「這些人都執著於過去的某點，不知道自己如何去求得擺脫，以致與現在和將來都脫離了關係。他們好像是借病遁世似的，就像古代僧尼退隱於修道院中以度殘生那樣❶」。而對正常人來說，性本能衝動也構成了無意識的根源和內容。因為性本能衝動不能直接進入人的意識領域，除非它在意識中找到了自身的替代物。因此，弗洛伊德說：「精神分析嚴肅地採用了『無意識』這個概念。精神分析把一切心理的東西首先看作是無意識的，『意識』的這個更深一層的特點也可能是在場的，或者可能是不在場的❸。」奧茲本在他的《精神分析學和馬克思》一書中把弗洛伊德的這一思想闡述得最清楚：

　　　　我們不應當把無意識的心看作一種被動的收容所，它接受
　　　外界的印象，把它們保持到被一種記憶的行為送入了意識
　　　界為止，事實上並不這樣，也不應當把它看作凋謝了的記
　　　憶之保管庫。無意識在性質上是原動的。它那不斷爭取意
　　　識的表現的內容，乃是意識的生活後面的原動因素。論到

---

❶　*Studienausgabe,* Band I, s. 273.
❸　*An Autobiographical Study,* p. 55.

同它的關係，意識不過是由深藏的伏流所產生的心理生活之表面上的微波。它是本能生活的源頭，也是民族遺產的貯藏所。一般的具有性的性質的並與兒童生活相關聯的感情經驗，取了與人生之意識的標準相衝突的衝動和願望之形式的感情經驗，也留在這裏。這種感情經驗被投入了無意識，因為承認它們的存在會使意識的生活感受痛苦和不安。雖然受了壓制，它們却永不停止那取得滿足的鬥爭。精神分析學大部分任務便是考察這種被壓制的東西尋求滿足時所採取的方法和途徑。⑭

第三階段，是人類學、社會學乃至哲學的階段。在這一階段，弗洛伊德用性本能解釋人類的一切活動領域，尤其是人類的文明、科學創造、藝術審美活動以及道德和宗教的起源，認為這一方法的應用不應局限在病態失調方面，而應當加強它同哲學和藝術方面的聯繫，用它來說明人類的一切社會活動。為此，他提出了本我、自我、超我的概念，寫了很多這方面的文章，將無意識理論推廣到各個領域。

第二節　無意識論的基本思想

我們的心理上是否真的存在著一個無意識系統？或者說，我們是否可以提供科學的證據來證明無意識的存在？這是人們質疑精神分析學的首要問題。弗洛伊德認為，我們可以提供科學的證

---

⑭ 《弗洛伊德與馬克思》，頁 15。

據證明無意識概念的合理性。

　　首先，在人的心理活動中，有許多是意識解釋不了的行為。這些行為不僅有在健康人身上所表現的過失行為（Fehlhandl-ungen）和夢，還包括病人所表現出來的某種心理病狀或強迫觀念（Zwangserscheinungen），我們的日常經驗中常常會碰到這些現象，可是我們的意識解決不了這些現象。因此，「我們只能斷言，意識在任何一定的時刻只包含少量的內容，這樣，我們中的大部分人稱之為有意識知識（bewupte Kenntnis）的東西就一定會在任何情況下，相當長時間地存在於潛伏狀態下，也就是處於意識的條件下，和不為心理所知的條件下❶」。

　　其次，這些潛伏的心理活動與意識又有著一定的聯繫。反對精神分析的人把這種無意識心理狀態看作是物理狀態。可是事實上，就其物理狀態而言，我們無法獲得這些現象，沒有任何生理學的概念或化學的過程能給我們提供關於其實質的觀念。但是我們卻可以斷定它和意識的心理過程有著大量的聯繫；用一定的方法就可以把它轉化為意識過程，或者被意識過程所取代，我們描述意識心理活動的一切範疇，例如，觀念、目的、解決方法等都可以用來解釋這種現象。「的確，關於這種潛伏的狀態，我們要說的是，它之不同於意識狀態的唯一要點恰恰就在於它不是有意識的❶」。

一、無意識理論的雛形──類催眠狀態

　　弗洛伊德初期無意識理論的形成，得益於伯恩海姆的一次試

---

❶　*Studienausgabe,* Band Ⅲ, s. 126.

❶　同上。

驗。1889年在南錫，弗洛伊德當時還是個年輕的維也納醫生，著
名的催眠療法專家伯恩海姆有一次做了一個試驗：他對一個女病
人進行催眠療法，使她進入類催眠狀態，然後對她發出暗示，要
她醒後將放在屋角的一把雨傘打開。催眠結束後，這位女士在指
定的時間內準確地打開了雨傘。伯恩海姆問她爲什麼要這樣做，
她回答說，她好像是要看看這把雨傘是不是她的。這個解釋不是
真正的原因，而且顯然是事後想出來的。但它很可以滿足女患者
的意識：她真正相信了她是按照自己的願望打開這把傘的，目的
是想了解一下傘是不是她的。隨後一再追問，這位女患者終於想
起了這樣做的真正原因：她在催眠中接受了命令。

　　這次實驗給弗洛伊德很大的震動。他從這次實驗中得出了三
個一般性的結論：

　　(1)真正的動機構成即使在主觀上完全是真誠的，也不一定
都與行動的真正原因相符；

　　(2)決定行動的力量有時只在心理發生而不進入意識；

　　(3)這種心理力量通過一定方法可能被引導進入意識。

　　基於此，弗洛伊德進行了他的歇斯底里病研究，在他看來，
歇斯底里病症與其它的由心理震動而非由機體震動所引起的精神
病、神經病，是未進入意識的心理現象：病人一度經受過，但由
於各種原因，或因爲恐懼，或因爲害羞，而被意識故意遺忘的精
神震動、感情或欲望。這種被遺忘的體驗因爲不能進入意識，所
以不可能正常地消除和獲得緩解，從而導致歇斯底里症狀。這種
被遺忘的體驗就是「無意識」。它是潛伏在心理底層的異物，它
同意識之間沒有什麼固定的聯絡線路，因此它能破壞意識的統一
性。我們日常生活中的幻想，就是與此類似的東西，因爲幻想也

不受意識的束縛。與之相近的還有催眠狀態，因此，弗洛伊德與布洛伊爾又稱「無意識」爲「類催眠狀態❿」。

在這一時期，無意識在一定程度上被看作是一種偶然的現象，它是人心中的贅物，彷彿是乘人不備鑽入患歇斯底里病人的心理似的。人的心理機能是平靜而穩定的，沒有無意識與意識之間的鬥爭，這種鬥爭只是患者所具有的反常現象。其次，無意識的內容在此時也很不穩定，無意識是些偶然的東西，是由於一個人的個體特點和生活際遇而被遺忘、孤立的使人難堪或羞恥的體驗。

二、無意識理論的成熟──壓抑說

隨著精神分析法的日益發展，弗洛伊德的無意識理論也日益成熟。與第一個時期不同，第二個時期，無意識已經成爲每個人心理機能的必然和極端重要的組成部分。在弗洛伊德看來，人的生理機能不再是靜止平穩的，而是無休無止的運動；意識與無意識的鬥爭被認爲是規律性的心理生活永久形式。無意識的形成過程不再是偶然的侵入，而是貫穿於一個人從生到死的整個一生中的有規律的現象，弗洛伊德稱之爲「壓抑」（Verdrangung）過程。

與此相應，無意識的內容也不再是偶然隨意的零星體驗，而是典型的、人人基本相同的一定體驗相關組合，主要是性的體驗相關組合，弗洛伊德稱之爲「情結」（Komplex）。這些情結，在每一個人的生命史中重現，按嚴格確定的周期分別被壓抑爲無意識。

---

❿ *The Standard Edition* vol. 2, p. 15.

　　下面我們看看壓抑說的基本內容。

　　在治療精神病時，弗洛伊德發現，病人往往有一種抗拒的力量。這種抗拒來源於兩個方面，一是理智的抗拒。無論是哪一個病人，總設法將自己思想的某一部分隱藏起來，以提防分析者的進攻。他們有意識地轉移醫生的視線，影響醫生的分析，這種抗拒是理智型的抗拒。弗洛伊德認為，這種抗拒不是最壞的一種，醫生一般能戰勝它。比較強烈的一種是病人在分析本身之內加以抗拒，這就是，病人不回憶以往生活中的某種情感和心境，而是將這些情感和心境再現出來，復活起來，以一種移情作用（die Übertragung）反抗醫生的治療。分析愈深入，反抗的強度愈大，反抗力的消失即是分析結束。弗洛伊德在精神分析時就已經認識到，症候的形成是由於病人使有關的精神不能侵入意識而潛伏在精神底層而形成的。在分析治療時，這同樣的努力又活動起來以反抗化無意識為意識的企圖。弗洛伊德把這種由抗拒而可想見的致病歷程稱為壓抑。

　　那麼這種壓抑是如何進行的呢？

　　弗洛伊德認為，我們的每一心理歷程都是先存在於無意識狀態之內，然後發展而變為意識的，無意識是一切意識的童年。弗洛伊德比喻說，這正如一張底片，然後印成正片，變成圖像，但不是每一底片都印成了相片，同理，每一種無意識也不是都會成為意識的。弗洛伊德認為，意識與無意識的關係就是：

　　　　每一單獨的心理歷程都先屬於無意識的心靈系統，然後在
　　　　某種條件之下，由這個系統更進而為意識的系統。⑬

　　---

　　⑬　*Studienausgabe*, Band I, s. 293.

那麼，無意識又是如何變成意識的呢？弗洛伊德把無意識的系統比作一個大前房，在這個前房內，各種各樣的精神興奮像許多忙亂的人一樣互相擁擠在一起。與這個大前房連在一起的是一個較小的房間，像是一個接待室一樣，這是意識停留的地方；在大前房與接待室之間的門口，站著一個檢查官，這個檢查官負責對各種精神興奮加以檢查、考察，對於那些他不贊同的興奮，他就不允許它進入接待室，一切接待室內的意識都是經過檢查官的允許從無意識的大前房內出來表演的，當然也有些是乘檢查官疏忽之際偷偷溜出來看戲的。大多數的無意識則都是擁擠在大前房的門口不爲檢查官所允許的流浪漢。這些不能成爲意識的無意識處境，弗洛伊德稱之爲「被壓抑」的處境。但是，不是所有擠進了接待室的人都能進行表演的，許多無意識即便通過了檢查官這一關，也不一定能入場。弗洛伊德說，其實，在接待室與大前房之間還有一個房子，這就是前意識系統。所謂壓抑就是無意識被檢查官所阻攔，以致都進入不了前意識系統的行爲。這個檢查官就是在精神分析時，爲解除壓抑而遇到的抗拒。這就是弗洛伊德的「壓抑說」。

弗洛伊德認爲，這種壓抑貫穿於人生的始終，它是一切機械性的方式，完全沒有意識參與的行爲。意識不承認被壓抑的東西，甚至可能完全想不到這種東西的存在，想不到這種東西的內容。而各種未獲檢查的，被壓抑的無意識則是永不泯滅，也是永不會失去作用的。它們除了檢查官的出口處，沒有任何外溢的出口，不可能得到反應，因此，就必然會精力充沛地和生機勃勃地活在我們的心理底層。

三、描述性的和動力學的無意識

從前面我們看到，弗洛伊德從壓抑的理論中獲得了無意識的概念。在他看來，被壓抑的東西是無意識的原型。但是弗洛伊德對無意識又進行了進一步的論述，從描述性和動力學的角度對無意識進行了區分。他認為，從描述性的意義上來講，有兩種無意識的東西:

> 我們看到，我們有兩種無意識 —— 一種是潛伏的，但能够變成意識; 另一種是被壓抑的，在實質上乾脆說，是不能變成意識的。這一對心理動力學理解不能不影響到術語和描述。僅僅在描述性的意義上是無意識的而不是在動力意義上是無意識的那種潛伏，我們稱之為前意識 (Vorbe-wuβtsein)，我們把術語「無意識」限制在動力意義上的無意識的被壓抑上。⑲

他認為，從描述性的意義上講，前意識與被壓抑的東西兩者都是無意識的，但是，從動力的意義上，也就是從壓抑的理論上講，這個術語卻限定在被壓抑的東西上面，也就是說，只有被壓抑的東西才是無意識的。

那麼，前意識和無意識有什麼樣的區別呢? 區別就在於壓抑的程度，用弗洛伊德的話說，「這裏，數量的或經濟的因素 (öko-nomisches Moment) 首次成為要考慮的問題⑳」。前意識就是

---

⑲ *Studienausgabe,* Band Ⅲ, s. 284.

⑳ 同上。

沒有受到壓抑或者說受到很輕的壓抑的無意識，因而它處於一種
潛伏的狀態。而無意識則是處於被壓抑狀態的東西。弗洛伊德
說，這一情況，最早是由布洛伊爾發現的，布洛伊爾曾作出過這
樣的假設：「在心理生活中，存在著兩種不同的能量發洩階段；
在一個階段裏，能量受到極大限制，而在另一個階段裏，能量自
由移動，並且向外發洩㉑。」弗洛伊德認爲，無意識不能直接變
成意識，而前意識則可直接變成意識。事實上，前意識與意識之
間的區別也是很微妙的，意識都是由前意識而來的，意識是前意
識的表面化。

　　無意識既然不能直接變成意識，它是不是就是無用的了呢？
不是的。弗洛伊德說：

　　　　無意識是形成我們心理活動的過程中一個正常的不可避免
　　的階段；每一種心理活動都是從無意識開始的，它旣可以
　　保持一如旣往的狀態，又能發展成爲意識，這要看它是否
　　遇到了抵抗。前意識和無意識活動的區別並不是一開始就
　　有的，而是發生了抗拒之後才開始呈現的。只有在這時，
　　能在意識中出現，並能在任何時刻重新出現的前意識觀念
　　和不能如此的無意識觀念之間的區別才獲得了理論價值和
　　實際意義。㉒

　　弗洛伊德用了一個比喻來說明它們三者之間的關係：他說照
相的顯像過程可以（儘管不是很恰當）來說明：照片的第一個階

<hr>

㉑　*Studienausgabe,* Band Ⅲ, s. 284.

㉒　同上書，s. 34.

段是沖「底片」，每種照片都要經過這種「底片加工過程」，那些
照得好的底片才能進行「正片加工過程」，最後洗出照片來。所
謂「底片」就是無意識，底片加工就是擺脫壓抑的過程，能夠洗
出照片來的「正片」，就是前意識，而相片當然就是意識了。

用夢來說，夢中的潛在思想和我們正常的意識活動的產物並
沒有什麼不同，它們可稱為前意識思想，它們在一覺醒來之後的
某些時刻可以被意識到。但是，通過夜間和無意識傾向取得聯
繫，它們就和後者相像了，可以說它們也降為無意識思想，而且
服從於那些用來支配無意識活動的規律。

四、無意識系統的獨到特點

通過弗洛伊德的精神分析理論和對無意識的論述，我們在此
可以綜合一下弗洛伊德無意識系統的獨到特點:

(1)無意識系統的核心是由本能的表現組成的，它的目的是
排放精力發洩; 就是說，它們是一些願望衝動。這些本能的衝動
既相互協調又獨立存在，並且免除了相互之間的矛盾。當其目的
在我們看來是互不相容的兩種願望同時都很活躍時，這兩個衝動
並不相互轉移或消除，而是聯合起來形成一個中介的目的，一種
調和。

在這個系統裏沒有否定，沒有懷疑，也沒有不同程度的肯
定; 所有這些都是由存在於無意識和前意識之間的監察作用的工
作引入的。否則，在一個高水平上是對壓抑作用的一種替代。在
無意識裏只有或多或少地得到強烈發洩的一些內容。

在這個系統裏精力發洩的強度比在另一個系統裏具有更大程
度的變動性。通過移置過程一個觀念就把它的全部精力發洩都交

給了另一個觀念；通過凝縮過程，它就可以使用其它幾個觀念的全部精力發洩。弗洛伊德把這兩個過程看作是心理上的所謂「主要過程」的顯著標誌。在前意識系統裏次要過程起支配作用；而主要過程在和屬於前意識系統的那些成分的聯繫中則按照常規來進行活動，這看起來是很滑稽的和令人發笑的。

無意識系統的這些過程是不受時間限制的，就是說，它們不是暫時性的，是不隨時間的推移而變化的，事實上它們和時間也是毫無關係的。而意識系統的工作則和時間有密切聯繫。

無意識過程也和現實幾乎沒有什麼聯繫。它們受快樂原則的支配；它們的命運只依賴於它們的力量的強度，依賴於它們和被快樂與痛苦所支配的一致性。

弗洛伊德總結說，免除相互間的矛盾，主要過程（精力發洩的能動性），無時間限制，對外部現實的心理替代作用——這些就是無意識系統的過程裏發現的那些特點。

無意識過程只能在做夢和神經症的 病例中才 能被 我們 觀察到；就是說，當較高級的前意識系統的過程在某一低級過程（壓抑過程）裏回復到早期階段時才能觀察到，在獨立的情況下是認不出來的，也是不可能存在的，因為無意識系統處在被前意識系統掩蓋下的一個非常早期的階段；而前意識系統控制著通往無意識和能動性之通路的方法。無意識系統的發洩方法是借助於引起感情發展的物理的神經支配，但是，正如我們所看到的那樣，卽便是這條通路也受到前意識系統的爭奪。若聽任它自行其事，那麼無意識系統在正常情況下，除了那些已經組織成為條件反射的東西之外，不能產生任何有目的的肌肉活動。

第三節 無意識與心理人格

一、無意識與自我

從上述精神分析法和無意識理論中，我們可以看到，精神分析是從症候出發，而症候則起源於自我的被壓抑的欲望，所以我們的自我本身難以明瞭症候的意義：被壓抑的欲望存在於我們的內心世界，不爲我們的自我所知曉，就像客觀實在存在於自我之外，難以被我們的自我所認識一樣。前者宛如內在的外國領土，後者宛如外在的外國領土。

這樣就產生了一個問題：這個壓抑的力量是從哪裏來的？是誰在壓抑著這些無意識？我們得從哪裏找到壓抑的根源？按照弗洛伊德前面所講的意識、前意識、無意識的系統，是找不到壓抑的根源的。壓抑不可能來自無意識和前意識，因爲無意識產生不出壓抑的力量，壓抑不可能來自意識，因爲意識是由前意識而來的，那麼壓抑來自哪裏呢？弗洛伊德說，壓抑來自我們的自我：一種每個個人都有的一個心理過程的連貫組織：

> 我們已經闡述了這種觀念，即每一個人都有一個心理過程的連貫組織，我們稱之爲他的自我。這個自我包括意識，它控制著能動性（Motilität）的通道，即控制著把興奮排放到外部世界中去的通道：正是心理上的這個機構調節著它自身的一切形成過程，這個自我一到晚上就去睡覺了，即使在這個時候，它仍然對夢起著監察作用。自我還由此

起著壓抑的作用，用壓抑的方法不僅把某些心理傾向排除在意識之外，而且禁止它們來取其它表現形式或活動。在（精神）分析中，這些被排斥的傾向和自我形成對立，分析面臨的任務就是去掉抗拒，自我正是用它來表示自己與被壓抑的東西無關。㉓

在這裏，我們可以看到，弗洛伊德的思想發生了一個變化。在前面所講的無意識理論中，弗洛伊德認爲，自我是純意識的東西，壓抑是意識和無意識間具有的一種能量，而無意識則與自我是沒有多大關係的。現在，我們可以看到，自我是壓抑的根源，壓抑的力量來自自我，抗拒也來自自我，從前之所以沒有發現壓抑與自我之間的關係，就是因爲抗拒的作用掩蓋了壓抑來自自我這一情況。所以，現在我們就知道了，爲什麼在精神分析時，當精神分析學家讓病人自由聯想時，病人有時會陷入困境；在他的聯想接近被壓抑的東西時，聯想就會消失的原因了。從前，醫生告訴他說，他已經被某種抗拒所控制；但他對這一事實還是一無所知，即使他從不舒服的感覺中猜測那個抗拒現在還在他身上起作用，他仍不知道這種抗拒是什麼，或者如何來描述它。但是，現在弗洛伊德發現，這種抗拒是來自自我，並且屬於這個自我，自我本身中的事情，也是無意識的，它們的行動像被壓抑一樣，也就是說，自我的這些東西也不能被意識到，而它們又產生了強大的影響，這些事情需要經過特殊的工作才能成爲意識的。這一發現，使弗洛伊德認識到，「如果我們試圖從意識和無意識的衝

㉓　*Studienausgabe*, Band Ⅲ, s. 286.

突中追溯神經症的根源，我們就會處於一片朦朧和無窮無盡的困難之中。我們將不得不用另一種對立——它來自我們對心理結構狀態的洞察，即用現實清晰的自我與由自我分裂出來的被壓抑的部分之間的對立來取代這個衝突❷」。

由此可以發現，自我一方面是一種明晰的，即處於意識之中的自我，另一方面又是被壓抑的自我，即處於無意識的自我。這樣自我就被分爲兩個部分——意識和無意識。自我不再是單純的處於意識中的東西，而是腳踏無意識和意識這兩隻船的東西。

二、自我與本我

上面講到，自我是腳踏無意識和意識這兩隻船的東西，無意識中的一部分是自我，但是，無意識中不屬於自我的那一部分東西是什麼呢？弗洛伊德將它稱爲「本我」（Id 或 Es, Id 是拉丁語，Es 是德語，相當於漢語中的無人稱的「它」）。但是自我與本我的界限也不是截然分開的，「自我並未同本我截然分開，它的較低部分合併到本我中去了」。

> 我們很快就將看到，為了描寫或理解，我們是否能够從這個觀點中獲得一些好處。現在，我們將把一個個體看作未知的和無意識的心理的本我，自我依托在它的表層，知覺系統從它的內核中發展出來。如果我們努力對它進行形象化的描述，我們可以補充説，自我並不全部包住本我，而只是包住了一個範圍，在這個範圍裏，知覺系統構成了自

---

❷ *Studienausgabe*, Band Ⅲ, s. 287.

我的表層，多少有些像胚盤依托在卵細胞上一樣。自我並不與本我明顯地分開，它的較低級的部分併入本我。

弗洛伊德用下圖表示它們之間的關係:

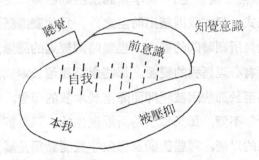

如圖所示，本我包括了自我處在無意識中的一部分，同時又包括了不屬於自我的、被壓抑的無意識那一部分。也就是說，本我包括了整個的無意識，而自我則只包括除被壓抑的那部分無意識之外的無意識部分。被壓抑的這部分無意識也不是與自我毫無關係的，「它可以通過本我與自我相通」。

「本我」有些什麼樣的特性呢? 弗洛伊德說，它是我們人格中的模糊而不易把捉的部分，因此對它的特性所知有限，它主要是一種本能的東西，弗洛伊德稱它為「一大鍋沸騰洶湧的興奮❷」，弗洛伊德說，我們假定它可於某處和身體歷程直接接觸，從它們那裏，取得本能的需要，作出心理的表示。但究竟在什麼基層上發生接觸，我們可說不出來。這些本能給本我提供精力，

但是本我則既無組織，也無統一的意志，僅僅有一種衝動爲本能需要追求滿足。至於邏輯律 —— 尤其是矛盾律 —— 則不適用於本我的歷程。本我的矛盾的衝動往往並存而不互相抵消，也不互相分離；至多也不過受經濟律的壓力而作妥協形式的結合藉以宣洩精力。本我無所謂否定，哲學家認爲空間和時間是心理活動不可或缺的法式，但本我則超出時空之外。爲什麼這麼說呢？因爲對本我來說無所謂時間的觀念，也無時間經過的認識，更不隨時間的經過而有心理歷程的變遷。那些永不超越於本我之外的意動的衝動，甚至於那些因被壓抑而降落於本我的印象，都幾乎永久存在，幾十年不變，卻又似乎是新近發生的。只是經過分析治療而變成意識的以後，那些衝動及印象才被認識爲是屬於過去的東西，才可剝奪其重要性而取消其勢力，分析治療的功效大部分係以這個事實爲基礎。

關於自我與本我的關係，弗洛伊德認爲，自我是本我的那樣一部分，卽通過前意識知覺 —— 意識的活動已被世界的直接影響所改變的那一部分：在一定意義上說它是表面化的一種擴展。再者，自我有一個把外界的影響施加給本我的傾向，並努力用現實原則代替在本我中占主導地位的快樂原則。在自我中，知覺起的作用就是在本我中轉移給本能的作用。自我代表我們所謂的理性和精神健全，它和含有熱情的本我形成對照。所有這一切都和我們所熟悉的通常的區別一致；但同時只能認爲這種區別在一種平均的或「理想的」情況下才適用。

自我的機能重要性在這個事實中表現出來，這就是把對能動性的正常控制轉移給自我。這樣在它和本我的關係中，自我就像一個騎在馬背上的人，它得控制馬的較大力量；所不同的是，騎

手是尋求用自己的力量做到這一點的，而自我則使用借力。還可以進一步加以說明，如果一個騎手不想同他的馬分手，他常常被迫引導它到它想去的地方；同樣如此，自我經常把本我的希望付諸實施，好像是它自己的希望那樣。

三、自我與超我

上面我們講到，壓抑和抗拒都來自自我，但是，為什麼自我具有這樣的一種力量呢？這個問題還沒有解決。另外，在日常生活中，我們常見到這樣的精神病患者，這種人總感到有人在偵察他，患有被人偵察的幻想症。他們常常說，即使在做最隱密的事情時，也感到有第三隻眼在看著他，這第三隻眼是一種不可知的勢力或人物，在幻覺中，他聽到這種勢力或人物在向別人宣告他所做的隱密事情，如：「現在他說這句話了，現在他穿衣服出去了，……」等等。這種情況的原因是什麼呢？

弗洛伊德認為，這種情況，從精神分析學的角度來看，是比較好理解的。他認為，事實上，我們大家的自我中都有一種偵察的功能，用以懲罰和威嚇我們。只不過在患被人偵察的幻想病人那裏，這種機能脫離了他們的自我，以致把這種機能誤認為外界的實在，誤認為這種外界的實在在偵察他。

自我中的這種偵察機能脫離我們的自我的其它部分，是自我結構的正常特點。在日常生活中，我們就常常感到，有一種監督的力量居於自我之上，在內心裏對自我進行判罪或懲罰。我們通常稱它為「良心」。良心通常最容易脫離自我，與自我相對峙。比如，我想幹一件損人利己的事，但因良心不許，而不敢為；或者，我們有時由於受外界的誘惑力太大，幹了一件壞事，事過境

遷之後，又大受良心的譴責，而後悔不迭。弗洛伊德認為，事實上，良心是自我偵察機能的一種活動。這種自我偵察機能是一個實體，弗洛伊德稱之為「超我」(Über-Ich)。

超我的作用在憂鬱病人身上表現得最明顯。憂鬱病人健康時，其責己之嚴與不嚴，跟普通健康人沒有什麼區別；但是一旦發病之後，他的超我便過分地虐待了他的不幸的自我，威嚇它以最嚴酷的懲罰，責備它以久已過去而淡忘了的行動，好像一味搜集種種不滿意的證據，只是等待力量增加的時候，對自我實施其懲罰。超我把自我置於自己的積威之下，用最嚴格的道德標準來約束它。由此可見，我們平時的罪惡之感就是超我壓迫自我的一種表示。我們時常感到，這種情感是神賦予我們而將之深埋於我們心中的東西。超我並不是一味地行使自己的職權，對自我不斷地施以淫威，事實上，它行使職權有一個周期的過程。憂鬱病患者常常發現，過了幾個月之後，他內心中的整個道德競爭忽告終止，超我的批判之聲忽告靜息，於是自我重新擡頭，享受其一切的權利。有時在這個時候忽然發生完全相反的現象：自我異常歡樂勝利，好像超我已失去勢力或已和自我同流合污，狂放的自我得意忘形，肆無忌憚地滿足其一切欲望。所以，我們看到，平時一貫老實巴交的孩子，為什麼會做出聳人聽聞的事情來。

弗洛伊德反對「天賦良心」的觀點，認為良心是後天的習得：

　　　　良心雖然是存在於我們內心的，但決不是與生俱來的。因此，它與性相反，不是生時俱備的，而是後來形成的。嬰兒無所謂道德，在他們的內心就沒有任何節制去反對求快

樂的衝動。超我後來所起的作用，開始是一種外力或父母權威的作用。父母以恩惠的賞賜或懲罰的威脅支配其子女；在兒童看來，懲罰就是失去了愛，不能不感到害怕。這種對外在力量的客觀憂慮是後來道德憂慮的先河；客觀憂慮占優勢時，超我或良心還沒有形成，到後來，道德憂慮占據了優勢，這時人們就高興地稱之為正常形態。外界的限制轉投於內，超我代替了父母的職能，給自我以偵察、指導和威脅，就像父母對待子女一樣。❷

超我在我們的內心取得了同父母一樣的權威、目標和方法，不僅成為父母的繼承者，而且成為父母的化身。但是，超我只是片面地取代父母的職能，也即是說，它只是取代了父母對待子女的嚴屬態度和懲罰機制，而沒有取代父母的仁愛慈惠。在這裏，或許有人會問，為什麼有的父母對待子女極為放任、溺愛，而從不加呵責，而子女依然具有嚴屬的超我作用於自我呢？換句話說，為什麼在溺愛的家庭會成長出憂鬱性格的孩子呢？這就是下文我們要討論的超我形成中的本能的變化。

父母的職能是如何轉變成超我的呢？弗洛伊德認為，這主要是通過「認同作用」（Identifizierung）。所謂認同作用，就是一個自我要與另外一個陌生的自我相一致，而模仿這個陌生的自我，結果使第一個自我的言行和第二個自我在某些方面完全相同。這個認同作用彷彿將另一個人吞到肚子中，化而為自己似的。認同作用是人類的最原始的一種作用，它在人與人相互對待

---

❷ *Studienausgabe*, Band I, s. 500.

的關係上起著重要的作用。超我之取代父母職權的機制卽在於認同作用。弗洛伊德說，自我中存在著一個等級，叫做「自我理想」(Ich-Ideal)，卽自我在內心中爲自己樹立了一個理想，它用這個理想來衡量自己，努力實現它，不斷地用這個理想來嚴格地要求自己。這個理想，在兒童時期卽是自己的父母的形象，兒童的心目中對自己的父母感到非常驕傲、自豪，於是極力地模仿他們的行爲，將自己與他們的行爲認同起來，使自己成爲父母的化身。長大以後，兒童不復以父母爲驕傲，於是把社會上的英雄人物作爲自己的理想，模仿他們的一切行爲，從而達到心理上的認同，當自己的行爲或思想不符合英雄人物的行爲或思想時，就極力地嚴責自己。這個自我理想就是超我。超我就是在這種追求理想的認同過程中形成的。

認同作用與戀母情結有密切的關係。戀母情結是，男孩以母親作爲性愛對象，而敵視他的父親，並企圖取代父親的位置；與此相反的是戀父情結，卽女孩以父親作爲性愛對象，而敵視他的母親，並企圖取代母親的位置。那麼認同作用和戀母情結是什麼樣的關係呢？弗洛伊德說：

男孩子的情況可以簡單地作出如下陳述：在年齡還很小的時候，小男孩就發展了對他母親的一種對象——精力傾注(Objektbesetzung)，這個對象精力傾注最初是與母親的乳房相關聯的，並且在性欲依附的模型上是性愛對象選擇的原型；男孩用把自己與他父親等同起來的辦法對待他的父親。有一段時間，這兩種關係並肩進行著，直到男孩對他母親的性的欲望變得更強烈，並且發現他的父親成爲

他的障礙時為止；從此，戀母情結才產生。然後他與他父親的認同作用染上了敵對的色彩，並且為了取代父親在父母關係中的地位，這種認同作用變成了一種擺脫其父親的願望。從此以後，他與他父親的關係就充滿著矛盾衝突，看上去好像認同作用中固有的矛盾衝突從一開始就變得明顯了。對父親的態度充滿矛盾衝突和對母親專一的充滿深情的對象關係在一個男孩子身上構成了簡單明確的戀母情結的內容。㉗

超我是兒童的戀母（父）情結的繼續。當戀母（父）情結給超我讓路的時候，兒童正以他的父母親為高尚的人物，但後來父母就大大失去了權威，認同也可能取材於喪失權威之後的父母，這種情況對性格的形成也起了很大的作用。但是這些影響僅僅影響到自我，而不能影響超我，超我早就為父母的形象所鑄成了。

前面講到，壓抑的機制源於自我，那麼，在自我中，是什麼東西在起作用呢？弗洛伊德說：

> 自我有一種特殊的機能——超我，它代表限制禁止的勢力，所以我們可以說壓抑為超我的工作——或由超我親自出馬，或命令自我代而執行。病人受分析時若對於他的抵抗毫無所覺，則必或因超我和自我能無意識地活動於重要的情境之內，或更加重要的是自我和超我的部分都是潛意識的。㉘

㉗ *Studienausgabe*, Band Ⅲ, s. 299.
㉘ *Studienausgabe*, Band Ⅰ, s. 507.

由此可見，超我也是屬於無意識的。

四、自我、本我和超我

前面分別講了自我與無意識、本我、超我之間的關係，現在我們來看一看它們之間的相互關係如何。

弗洛伊德認爲，自我借用壓抑和抵抗，與本我的一部分脫離了關係。但是壓抑的界線不能擴大到本我，也就是說被壓抑的東西都屬於本我。

西方有句格言，說一僕不能侍候二主，但是，可憐的自我，其所處的情境更苦。它必須侍奉三個殘酷的主人，而且必須盡力調和這三個主人的主張和要求。這些要求常常互相矛盾，有時更互相衝突。無怪乎自我在工作中常常吃不消，以致於喪失自我而得神經病或憂鬱症了。自我的這三個殘酷的主人是誰呢？一爲外界，一爲超我，一爲本我。自我既然有來自知覺系統的經驗，它就要準備代表外界的要求，但同時他又要當本我的忠實僕人，與本我和善，自薦爲本我的對象，以便吸取本我的里比多。它要調解本我和現實，有時只得以其前意識的理由掩飾本我的潛意識的命令，彌合本我與現實之間的衝突。而當本我堅不肯屈的時候，它又以外交家的手腕，表示對現實的關切。另一方面，它的一舉一動又被嚴厲的超我所監視，超我規定著行爲的常規，而不管本我和外界給自我帶來什麼樣的困難，它對自我總是用規範加以約束。如果自我不按這些常規辦事，它就懲罰自我，使它產生緊張的情緒，表現爲自卑感或罪惡感。自我一方面受本我的鞭策，另一方面又受超我的包圍，第三方面受外界的挫折，在這三種壓迫之下，它只能採取和事佬的政策，減少各方面的勢力和影響，從

而造成和諧的局面。由此，我們可以了解到為什麼我們常不自覺地感嘆生活的艱辛、人生的苦惱。這些焦慮就是自我被迫自認軟弱時所發生的：在外界的壓迫下，產生現實的焦慮；在超我的壓迫下產生道德焦慮；在本我的激情勢力衝擊下產生神經性焦慮。弗洛伊德將它們之間的關係畫了一個簡單的圖形如下：

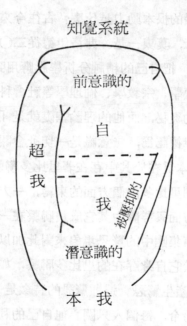

從這個圖中可以看到，超我是如何降入本我中的，作為戀母情結的繼承者，超我與本我具有密切的關係。它與知覺系統的關係又比自我為遠。而從此圖中還可以看到，本我只有通過自我才能與外界發生關係。

最後弗洛伊德告誡說，心理人格之間的界線不是一成不變的，更不要以為它的界線與政治地理的界線一樣清楚明白不可侵犯。人與人之間的區分也有相對性，不同的人其界線也不一樣，因此

不要用原始的思維眼光將其看作是直線的輪廓，而應用現代繪畫的手法，依其著色的濃淡而區分它。

第三節　無意識與社會

人類社會發展的根本動力是什麼？古往今來的先賢聖哲都作過論述，衆說紛紜，莫衷一是。弗洛伊德從二○年代起卽從事社會發展史的研究，把自己的精神分析學說應用到人類學、社會學、教育學、文藝學、宗教學、倫理學等社會科學領域，力圖揭示人類社會發展的奧秘，而他的理論基礎就是「無意識理論」。

首先，弗洛伊德認爲，無意識是一切社會關係的基礎。弗洛伊德說：「群體的本質在於其中存在著里比多聯繫……，群體中每一個成員都受到里比多兩個方面的束縛，一方面與領袖（基督或統帥），另一方面與群體中其它成員聯繫在一起……㉙。」弗洛伊德通過在軍事集團中的驚恐現象來對此加以證明。他認爲一個集體的本質在於它自身存在的里比多聯繫，如果一個軍事集團發生潰散，便會產生驚恐。這種驚恐的特徵是，人們不再聽從上級發布的任何命令，每個人只關心他自己的利益，而不顧他人的安危。人們相互間的聯繫已不復存在，一片巨大的、無謂的恐懼無限制地擴散開來。弗洛伊德認爲，就驚恐現象的眞正本質來說，它與威脅人們的危險毫無關係，它經常是在一些很微不足道的場合爆發的。事實是這樣的，那種驚慌恐懼的發生是以這個集體中的里比多結構的鬆弛爲前提的，而且是以合理的方式對這種

㉙　*Studienausgabe*, Band Ⅸ, s. 90.

鬆弛所作出的反映。

那麼，在集體中，也會發生這種現象，即感應（感染）的作用會使恐懼現象極度加劇。當遇到一個眞正巨大的危險時，當該集體中不存在牢固的情感聯繫時 —— 例如當一個劇院或一個娛樂場所爆發了一場火災時，就會發生這種情況。此時，個體的里比多精力貫注中斷了，集體就開始解散。

集體的凝聚力在於無意識的里比多精力貫注，那麼，個體的行爲則是如何呢？弗洛伊德認爲，個體的行爲在於與領袖的「認同作用」。個體就像兒童認同父母那樣，對諸如英雄、領袖等權威人物具有一種認同作用，將他們當作「自我理想」或超我，來作爲追求完美、高尚的標準。「自我根據它來衡量自己，竭力模仿它，爭取滿足它所提出的任何更高的完美性要求」。由於所有成員的認同對象與「自我理想」均一致，便在群體中彼此等同，消除各自身上的差異，形成了一個群體所有成員特有的共同性、一致性以及對同一領袖「父愛」聯繫。這樣就形成了部落、教會、軍隊、國家等社會形式。弗洛伊德就是想通過個體的上述潛意識活動來說明社會的起源，並試圖證明潛意識是社會形成的唯一基礎。

其次，弗洛伊德認爲，無意識是社會發展的動力。

在《文明及其不滿》一書中，弗洛伊德說：「我想現在文明進化的含義對我們不再是什麼晦澀的東西了。它一定顯現著愛神和死神，生的本能和破壞本能的鬥爭，正如它在人類發展中所起的作用那樣。這一鬥爭是所有生命最基本的內容，並且因此文明的進化可以簡單地描述成人類爲了生存的鬥爭㉚。」

㉚ *Studienausgabe*, Band Ⅸ, s. 249.

　　生的本能把個體集合在一起，組成人類社會，人們在這個團體中相親相愛，共同協作，社會如同一個和睦的大家庭。但是死的本能則破壞這種統一性，它破壞全體的統一性，它表現出攻擊、殺戮、流血、鬥爭，它使這個統一體發生解體，從成吉思汗蒙古大軍對歐亞大陸的殺伐，到十字軍東征，一直到一次世界大戰，無不表現出這種死亡本能的面目。人類社會的發展，文明的進步，就是在這種生的本能與死的本能中進行的。這種無意識的力量是社會發展的眞正動力。

第七章 本能論

第一節　本能論的形成

對本能的研究，西方有很古老的歷史。古希臘的先哲們在試圖尋求人性中的基本驅動力時，就認爲在人體中有一種液體或肉體的基礎，作爲動機的基礎。其中最有影響的是希波克拉底的「四體液說」。希波克拉底認爲，人按體液可以分爲四種不同的氣質：多血質，這種人有較多的血液體質，他們達觀、活潑，滿懷希望；抑鬱質，這種人具有較多的黑色膽質，他們憂鬱、沉默；膽汁質，這種人具有較多的黃色膽汁，他們脾氣急躁、容易發怒；黏液質，這種人具有較多的黏性體液，他們沉穩、持重。希波克拉底的類型學是探索人類行爲的潛在動能的先驅理論。

古希臘哲學家恩培多克勒提出了「四根說」，認爲萬物都是由火、氣、水、土這四種物質元素（「根」）的不同結合而形成的，這四種元素的結合和離散，即萬物的運動和變化，則是由於「愛」和「恨」共同作用的結果。這可能是弗洛伊德「愛欲論」的最古老源頭。此外伊比鳩魯（西元前341～270）的快樂主義倫理學認爲，避苦趨樂是人人奉行的基本原則，首先揭示出人類自

我保存的本能。

　　不過對弗洛伊德最有影響的還是蘇格拉底和柏拉圖。蘇格拉底最先對愛欲本能給以關注並加以解釋。他認為，人類不能擺脫愛欲的影響，愛欲最初表現為使人們迷戀肉體的感官要求，這只是愛欲表現的低級形式；隨著人類的自我意識增強，逐漸上升到對美德的追求，從而使愛欲擺脫單純的肉體欲望，上升到高級的抽象理性。柏拉圖受蘇格拉底的影響，他把愛欲上升到永恒不變的理念世界，從而使愛欲具有真正的理論源頭。弗洛伊德在談到對本能問題的發現時寫道：「我當時沒有意識到在得出歇斯底里症起因於性欲時，我是回到醫學的最初階段，並且追溯到柏拉圖的一個思想❶。」在他後來寫的《愛情心理學》中，又寫道：「精神分析學中所擴充了的性欲一詞的含義，和神聖非凡的柏拉圖所說的愛欲（eros）是多麼地相近❷。」

　　對本能較為深入研究的，是十九世紀的動機論的本能學派。十九世紀中期，生物學家們發現，黃蜂依其本能可以建造令最傑出的建築師唱嘆弗如的蜂窩，候鳥依其本能可以飛行幾千里而不迷途，這些生物學家們根據其發現而形成了本能學派。進化論的創立和遺傳科學的發展給本能學說以支持，使得本能學說具有較為堅實的基礎，同時本能學說也在一定的程度上加強了進化理論。所以本能概念在十九世紀後期的生物學和心理學中變得非常盛行。因此，弗洛伊德的精神分析學作為心理學的發展過程，在許多方面，直接或間接地受到本能心理學的影響，是完全合乎邏輯的。

---

❶　*An Autobiographical Study,* p. 42.

❷　《愛情心理學》，頁 19。

本能論與潛意識論是弗洛伊德精神分析學說的兩個基本柱石。在《自傳》中，弗洛伊德寫道：「在心理學中，最緊迫的莫過於建立一種穩固的本能理論，然後才可能據此進一步發展。但是這種理論現在一無所存，精神分析只好被迫爲建成這麼一種理論做些嘗試性努力❸。」在1917年寫的〈心理分析的困難之一〉一文中，他寫道：「衆所周知，心理分析同解釋、治癒被稱之爲神經紊亂的疾病有關。對待這個問題，先要有一個出發點，這個出發點最終要從腦子裏本能的身世中去尋找。因而，與人的本能相關的假設構成了我們關於神經病的概念的基礎❹。」

弗洛伊德的本能理論從本能概念的假設到本能理論的成熟有一個發展過程。在早期的醫療過程中，弗洛伊德就發現，在病人的腦子裏有一種特殊的衝動，接著又出現了另一種強有力的衝動與之相對抗，弗洛伊德把這兩種衝突或能量稱之爲「本能」與「抵抗」，從而得出他的「壓抑」理論。在這個基礎上，弗洛伊德形成他的「無意識」理論。由此可見，本能論與無意識理論這兩個基本柱石是同時建立的。不過，此時弗洛伊德的本能主要指的是性本能。而且本能問題的提出主要是爲了精神病治療，而沒有對本能問題進行專門的論述。眞正集中地對本能問題進行論述，是1915年的〈本能及其變化〉(Triebe und Triebschicksale)一文，該文對本能的原動力、目的、對象和根源進行了系統的討論。其後，在1920年的《超越快樂原則》一書中，弗洛伊德對早期的本能理論作了重大的修訂。在這一著作中，他深刻地論述了「強迫性重複」這一本能的重要特徵，並首次提出了生的本能

❸ *An Autobiographical Study*, p. 134.

❹ 〈心理分析的困難之一〉，見《弗洛伊德論創造力與無意識》，頁 1。

與死的本能的二分法，取代了早先關於自我本能和性本能的二分法。在此後 1923 年發表的《自我與本我》(*Ich und Es*)，1924 年發表的〈受虐癖的經濟問題〉(Das ökonomische Problem des Masochismus)，1933 年發表的《精神分析引論新編》(*Neue Folge der Vorlesungen zur Einführung in die Psychoanalyse*)，1937 年發表的〈有結局的分析和無結局的分析〉(Die endliche und die unendliche Analyse)，以及從 1938年開始撰寫的最後一篇著作《精神分析綱要》等，對本能的實質、本能和性欲的起源、本能與本我的關係，特別是對死的本能的探索，以及死的本能和生的本能的相互轉化等等有關本能思想的發展和許多實質性的問題，都作了較爲細緻的討論。這樣也就最後形成了弗洛伊德獨特的本能論思想和理論體系。對弗洛伊德本能理論的發展與形成，美國心理學教授魯本・弗恩 (Ruben Fine) 有比較明確的總結：弗洛伊德「關於本能的某種觀點一經提出，他便感到極端不滿，不久經過更改的觀點便出現了，如此往復似乎已成爲他的特徵。例如，在十九世紀九〇年代，他的性欲理論直接起源於生殖性欲說，到本世紀的最初十年，轉變爲心理性欲說，接下來的十年則爲快樂原則說，最後到二〇年代提出了攻擊性理論❺」。

第二節　本能的基本特點

一、本能與刺激

弗洛伊德首先從生物學的角度來考慮本能，他認爲，本能這

---

❺ 《精神分析的過去和現在》，學林出版社，1988年版，頁 94。

個概念包括在刺激裏，「本能使我們具有刺激以及與之配合的反
射弧的概念。按照這個概念，外部世界對於活的生物（具有神經
的實體）的刺激通過本能的對外部世界的行動而解除。這種行動
的目的是排除刺激對生物起的作用❻。」因此，弗洛伊德認爲，
本能就是對心理的一種刺激，但是刺激並不全都是本能，決不可
把本能與刺激混爲一談。這樣就有必要區分起源於本能的刺激和
對我們心理起作用的生理刺激。

　　那麼，它們的區分在什麼地方呢？弗洛伊德認爲，本能的刺
激是來自生物的內部世界的，而生理刺激則來源於外部世界，這
兩種刺激具有不同的生理效應，而且，解除這兩種刺激的行動也
是不同的。外部刺激是單個的衝擊，排除這種刺激需要用相應的
單個的行動，或用改變外部刺激的方式來達到。本能的刺激則是
一種固定的力量，是長久的而不是暫時的衝擊，它的攻擊力不是
來自生物體之外的，而是來自它的內部，這種力量無可否定、
無可逃避，換句話說，這種力量是一種「需要」，要解決這種需
要，最好的辦法就是「滿足」。這只有靠適當地改變內部的刺激
才能做到。在日常生活中，我們到處可見到這種不同的刺激，例
如，強烈的光線刺激我們的眼睛，這種刺激是一種生物刺激，或
稱外部刺激，它是暫時的、偶然的刺激，要消除這種刺激，一方
面可以躲避光線，另一方面可以通過眼球的調節運動來達到某種
心理效應。但是當飢餓時，我們的食管收縮或者胃疼時，這就是
一種本能的刺激了，它源於生物體內的本能的力量，只有相應地
改變這種刺激狀況卽滿足胃來加以排除。

---

❻　*Studienausgabe*, Band Ⅱ, s. 82.

　　本能刺激與外部刺激的不同之處，還可以同這兩者對於神經系統作用的不同來加以區別。神經系統是一種裝置，它有能力排除作用於它的刺激，或者把刺激的作用減少到最低程度，如果可能的話，這種裝置會使自己處於完全不受刺激的條件之下。從廣義上講，神經系統的目的就是要控制刺激。從這個角度來看，弗洛伊德認為，他的本能理論使從前簡單的生理反射圖式變得複雜起來，大大地豐富了關於刺激的理論。何以見得呢？弗洛伊德認為：

　　當外部刺激加在生物體上，生物體的唯一任務就是用行動來擺脫它，這種行動由肌肉運動來完成，包括達到瞄準的目標，然後遺傳給後代。那些來自生物體內部的本能刺激不能用這種機制來處理。因為它們對神經系統提出了更高的要求，迫使它採取複雜的結構和協調活動。它們對外部世界發生如此大的影響，使它能夠對刺激的內部根源提供滿足。❼

　　為什麼會出現這種情況呢？弗洛伊德認為這是因為：

　　本能刺激迫使神經系統放棄它的理想意願，即避開刺激，因為它們保持著一個源源不斷、無可避免的刺激源。❽

　　因此，弗洛伊德說，可以得出這樣的結論：本能以其無可比

---

❼　*Studienausgabe*, Band Ⅲ, s.s. 83-84.

❽　同上書，s. 84.

擬的效率成爲使神經系統發展爲目前這種高水平的過程中的眞正動力，而不是外部刺激使然。「因此，沒有理由阻止我們假設，本能本身，至少其中的一部分，是各種形式的外部刺激促進的結果，這在心理發生的過程中影響到生物體的完善❾」。

二、本能的原動力、根源、目的及對象

在探討了本能與刺激的關係之後，弗洛伊德進一步探討了本能的原動力 (Drang)，本能的目的 (Ziel)，本能的對象和根源。

所謂本能的原動力，就是驅動本能的因素。是本能存在所需要的力的大小，或能量的多少。弗洛伊德認爲，所有本能的共同特點是衝動，而這事實上也就是本能的本質。每一種本能都是一種活動形式。例如，飢餓這一本能，使體內腸胃器官組織的興奮所釋放的能量，激活了飢餓本能的衝動。

本能的目的是尋求滿足，也就是說，消除本能源中的刺激條件，即滿足體內的需要狀態，或解決由此產生的興奮和緊張。例如，飢餓本能的目的就是要消除體內的飢餓狀態，從而使人體的有關能量停止釋放，同時人在生理和心理上也就從興奮變爲鬆弛，由緊張恢復到平靜。弗洛伊德認爲，本能的最終目的雖然是不變的，但達到這一目的途徑卻是多種多樣的。此外，並不是所有本能的目的都能夠達到，有許多本能的目的受到了阻礙，從而出現偏差。當然，即便如此，這受到阻礙的目的也或多或少地得到了部分的滿足，弗洛伊德研究的主要是這些受到阻礙的本能。

---

❾ *Studienausgabe,* Band Ⅲ, s. 84.

所謂本能的對象，弗洛伊德認為，就是本能藉以達到目的的東西。本能的對象不是固定的，而是變動不居的，一種本能並非非要借助一種對象實現其目的不可。所以弗洛伊德說,「對象與本能本來沒有什麼聯繫，只因特別適於提供滿足而使本能依附於它❿」。本能的對象並不一定是外部的,它可以是主體自身。在人的一生中，在本能經受變化時，對象可以多次改變，這種能力在本能的轉移中起著非常重要的作用。一個對象也可以同時滿足幾種本能，這種現象稱作「本能的交疊」(Triebverschränkung)。弗洛伊德把本能特別依附於一個對象稱作「固著」(Fixierung)，本能的固著往往發生在本能發展的早期階段，並使本能喪失靈活性。固著強有力地抗拒本能與對象的脫離。

弗洛伊德所說的本能的來源，是指身體的某部分或器官中的肉體過程，它產生心理生活中以本能為代表的刺激。但是這種過程是否為一般的化學過程，是否相應地釋放出其它的力，如機械力等，依然是個未知數。因為，對於本能來源的研究並不屬於心理學的範圍，弗洛伊德說，他的工作目的在於通過它的目的了解它。

三、本能的三大特點: 保守性、倒退性和重複性

弗洛伊德認為，從本能的目的來看，本能具有保守性、倒退性和重複性等性質。這一思想與通常的本能發展觀點顯然不同。他曾寫道:「關於本能的這種觀點， 對我們來說是十分陌生的，因為我們已經習慣於在本能中發現一種促進變化和發展的因素，

---

❿ *Studienausgabe*, Band Ⅲ, s. 86.

然而現在卻要求我們在本能中去認識一種恰恰相反的東西，卽生物體所具有的一種**保守**性質❶。」

前面講到，本能的目的是讓人回復到受興奮過程干擾之前的靜止狀態。本能的活動總是要排除外部刺激對人的作用，解除由刺激所引起的緊張，本能活動的狀態總是從緊張狀態過渡到鬆弛狀態。有時也會出現這樣的情況，比如性衝動的滿足，其緊張總是在不斷加強後得到解除。但是這與本能的一般原理並不矛盾，因爲性衝動的終極目的仍然是讓興奮得到放鬆。弗洛伊德認爲，本能的保守性從動物生活中的某些例子中可以得到證實，是歷史地被決定的。例如，有一些魚類在產卵期間，不惜長途跋涉，不遠萬里，只是爲了到某一個遠離它們慣常棲息的水域中去產卵，它們這樣做，僅僅是爲了尋找那些它們祖先曾經棲息過的場所。候鳥遷徙性飛行現象，也是由於其本能的保守性所致。與本能的保守性相聯繫的是本能的倒退性和強迫重複性，這也是多種本能乃至整個有機生命都具有的一種普遍性質。弗洛伊德認爲：「本能是有機生命中固有的一種恢復事物早先狀態的衝動。而這些狀態是生物體在外界干擾力的逼迫下早已不得不拋棄的東西。也就是說，本能是有機體生命所固有的惰性的表現❷。」本能總是向早期狀態倒退，本能的這種從興奮到平靜的反覆循環傾向，叫做強迫性重複活動，日常生活中這種倒退性和強迫性重複活動處處可見。比如，覺醒與睡眠之間具有周期性和定時性的輪換交替；一日三餐；性欲滿足後又產生新的性欲等等。強迫性重複的各種表現在幼兒心理生活的早期活動中較爲明顯。例如在兒童遊戲

❶ *Studienausgabe,* Band Ⅲ, s. 96.

❷ 同上。

中，兒童喜歡重複那些已發生的經歷，一個主要的原因是因爲處在主動的地位，比起只是被動地體驗一種印象，使他們更徹底地掌握這種印象，每一遍的重複，好像都能使他們尋求的這種掌握得到鞏固。一般說來，我們不大可能說服一個卽使是剛剛津津有味地讀完一本書的成年人，立卽去再將這本書重讀一遍。

四、本能的劃分

除了研究本能的一般特點之外，弗洛伊德還對本能進行了分類。弗洛伊德說：「通俗的思想如何處理本能，那是你們知道的。他需要多少種本能，便假定多少種，如自誇本能、模仿和遊戲本能，一個社會的本能及許多其它本能，它起用它們，各有各的任務，然後便棄而不用了。我們常揣想這許多小本能的背後，也許還有勢力更大的東西，我們須予以審愼地考察❸。」由此可見，弗洛伊德的目的是力圖透過日常的具體本能去探索原始的本能。

根據這一思想，弗洛伊德在早期研究中曾把本能劃分爲兩種：自我本能和性本能，此後又提出生的本能和死的本能。

第三節 自我本能和性本能

一、自我本能與性本能

自我本能和性本能的劃分主要是以生物學的事實爲依據的。弗洛伊德說：

---

❸ *Studienausgabe*, Band I, s. 529.

我們以為先將本能區分為兩大類，使之相當於人類的兩大
需求——食欲和愛，想必不致有重大的錯誤。我們在其它
方面雖不願使心理學依存於他種科學而存在，但是在這方
面我們不能不注意下面一個生物學的事實：即生物個體服
務於自存及傳種兩個目的，這兩個目的似各相獨立，其起
源也各不相同，而就動物而言，其利害更常相衝突。我們
在這方面實即討論生物學的心理學，而研究生命歷程的心
理的附屬物。根據這個觀點，我們乃介入「自我本能」
(Ichtriebe) 和「性本能」(Sexualtriebe) 之內。❿

「自我本能」這個概念的含義，在弗洛伊德的論述中是有變
化的。最初，自我本能只是與人的個體保存相聯繫著，與其相應
的是飢餓本能，它與性本能一起構成人的食、色兩種本能欲望。
以後弗洛伊德又從自我本能的保守性、倒退性和強迫重複性的觀
點出發，又引伸出「死的本能」，乃至把「自我本能」與「死的
本能」相對提出。最後從性欲擴展的觀點出發，他又把自我本能
和性本能結合在一起，共同構成了「生的本能」這個概念。

自我本能在人類生活中所表現的行為同性本能不一樣，自我
本能一開始即接受生存必要性的支配，其自身的發展需要適應現
實，因而比較容易控制。因為自我本能如果不服從現實的意旨，
便不能求得所需的對象，而個體如果沒有這些對象，則難免於死
亡。但性本能從來就感覺到對象的匱乏，並可自身求得滿足，因
而，它不完全接受現實必要性的支配。

❿ *Studienausgabe*, Band I, s. 529.

按照精神分析的快樂原則，人類的心理都按照「趨樂避苦」的原則進行活動，但由於自我本能的實現對象在於外部現實，因此，自我本能的實現同時又受到現實原則的支配，所以，自我本能有時不得不放棄快樂而屈服於現實，暫時忍受一些痛苦，以等待更合適的機會來實現最後的滿足。所以自我本能最後按照現實原則與快樂原則相適應的情況下來實現自己的目的。

關於性本能的問題，弗洛伊德最爲重視，研究也最多。性本能是精神分析學說的基本理論支柱。從生物學的角度看，性本能是指與性欲和種族繁衍相聯繫的一類本能，它的生物學的基本意義在於保存種族。不過在弗洛伊德那裏，更爲關注的是它的精神動力，把它看成是驅使人的活動乃至創造的一種潛在因素。

關於性本能產生的原因及其與對象的關係所發生的最重要的演變，弗洛伊德說：

> 我這裏欲列舉的就是柏拉圖在《會宴篇》(*Symposion*) 中借阿里斯托芬 (Aristophanes) 之口提出的那個理論。這個理論不僅談及了性本能的起源問題，而且還探討了性本能與其對象的關係所發生的最重要的演變。
>
> 「原始人的本性並不是像現在這個樣子，那時完全是另一番景象。最初有三種性別，不像如今只有兩種性別。這三種是男性、女性，以及男女混合性……」在這些原始人身上的每一樣東西都是雙重的，他們有四隻手、四條腿、兩張臉、兩個生殖器，其他部分也是如此。後來，宙斯(Zeus) 決定把這些人劈成兩半，「就像為了便於剝核把山梨切成兩半那樣」。人被分成兩半之後，「由於每一半都十分嚮往

另一半，於是他們就聚合在一起，相互間拼命地揮動著手臂，仍然渴望長成一個人。」**⑮**

弗洛伊德由此假設：生物體在獲得生命的那一刻，被撕成許多微小的碎片，而這些碎片從此就一直竭力想通過性本能重新聚合起來。還假設：這些一直具有無生命物質的化學親和力的本能，在經過了單細胞生物的發展階段之後，逐步成功地克服了由某種充滿了危險刺激（即迫使它們形成保護性皮層的刺激）的環境爲這種重新聚合的努力而設置的困難。進而假設：生物體的這些零星的碎片以這種方式獲得了成爲多細胞生物的條件，而最後則以最高度集中的形成把要求重新聚合的本能傳遞給生物細胞。

弗洛伊德把性本能的問題分爲性的對象、性的目的、性的表現等幾個方面進行探討。所謂性的對象，就是指那些放射著性吸引力的人物或自身器官。性的目的是尋求性快感的實現，以使性能量得以發洩。性的表現方法有性常態和性變態兩種。但性常態和性變態之間並沒有絕對的界限，是可以相互轉化的。而且性本能的表現方法達到性常態是需要經過一個性感帶不斷發展轉移過程的。

弗洛伊德研究性本能是從分析「性變態」的病症開始的。他通過對同性戀、異裝癖、施虐狂（Satismus）、受虐狂（Masochismus）、窺陰癖（Schaulust）、裸露癖（Exibition）等各種性變態的觀察，進一步了解了人類性衝動的眞相和本質，發現了人類性欲起源於幼兒時期，經歷了不同的發展階段，才演變爲

---

⑮ *Studienausgabe*, Band Ⅲ, s. 266.

成熟時期的常態性欲。他稱他的研究爲「里比多學說」(Libido-theorie)：

> 自我本能包括個體的生存、延續及發展。性本能包括幼稚
> 的及反常的性生活。我們根據關於神經症的研究乃視自我
> 爲壓抑的努力，性的衝動爲被壓抑的努力，結果不僅深知
> 這兩類本能的區別，且復深知它們的衝突。我們研究的目
> 標本僅爲性的衝動，而稱其勢力爲「里比多」(Libido)。
> 我們由性的衝動的研究，想規定本能的界說和性質。於
> 此，我們乃進抵了里比多理論。⑯

下面我們來看一看弗洛伊德的里比多學說。

二、里比多學說

里比多 (Libido) 一詞是由弗洛伊德借用的一個語詞。在拉丁文中，Libido一詞有①渴望、願望、強烈的願望（一般用於貶義）；②貪圖；③性欲、淫欲、肉欲；④色情的作品等等意義。弗洛伊德用這個詞時包含了前三個意義。在弗洛伊德不同時期的著作中，對里比多都有著不少的論述。

1905年，弗洛伊德在《性學三論》(*Drei Abhandlungen zur Sexualtheorie*) 寫道：「我們以其它的精神能量區分出里比多能量來，意在表述這樣的假設：機體的性過程是經由特殊的化學變化過程得之於營養歷程的，性興奮不僅來自所謂的性部位，而且

---

⑯　*Studienausgabe,* Band I, s. 530.

來自全身各器官。如此，我們爲自己提供了一個里比多能量的概念。我們稱其精神表現爲自我原欲 (Ich-Libido)❼。」

在 1916 年的《精神分析引論》中，寫道：「里比多和飢餓相同，是一種力量、本能 —— 這裏指性本能，飢餓時則爲營養本能 —— 即借這個力量以完成其目的❽。」

在弗洛伊德的後期著作中，對里比多概念又作了擴充。如在 1920 年的《超越快樂原則》(*Jenseits des Lustprinzips*) 中寫道：「我們所說的性本能里比多，相當於詩人和哲學家眼中的那種使一切有生命的事物聚合在一起的愛的本能❾。」1921年在《集體心理學和自我的分析》(*Massenpsychologie und Ich-Analyse*) 中寫道：「里比多是從情緒理論 (Affektivitätslehre) 中借用來的一個語詞，我們用它來稱呼那種包含（愛）這個詞下的所有東西有關的本能的能量❷。」

1933年，弗洛伊德在《精神分析引論新編》中，討論從自戀里比多轉移到對象里比多性質問題時，又提出：我們可以丟掉里比多這個術語，也可以把它用作一般意義上的精神能量的同義語。

從上面弗洛伊德的這些論述中，我們可以看到，里比多最初被理解爲來自身體器官的一種本能的力量，其活動則是「借這個力量以完成其目的」。這裏不單是性本能，還有營養、排泄等本能。以後，弗洛伊德把來自身體各器官的本能力量都看作是具有性的意義，從而又把里比多看作一種「性力」，或只屬於性本能

---

❼　*Studienausgabe*, Band Ⅱ, s. 121.

❽　*Studienausgabe*, Band I, s. 309.

❾❷　*Studienausgabe*, Band Ⅲ, s. 259.

的能量形式。在後期著作中，弗洛伊德又把性本能作爲一種更爲廣泛的動力學概念，而里比多又被理解爲包羅一切愛的或生命本能的力量。這樣，里比多又被理解爲一種潛在著的生命自身的創造力。同時，弗洛伊德還觀察到，生命自身的另一面也包含著一種破壞力，它往往導向死亡，也是一種本能力量。因此，里比多這個概念，正如弗洛伊德後來所說的，「也可以把它用作一般意義上的精神能量的同義語」。

三、里比多的發展與性的組織

根據通行的觀點，人類的性生活基本上就在於一個人設法使自己的生殖器與異性某人的生殖器相接觸。與此相聯繫，作爲附帶現象和先導活動的是親吻其外部軀體，尋視它和觸摸它。這種努力被認爲出現在青春期 —— 並且服從於生育的目的。但是弗洛伊德認爲，根據他所了解到的確切事實，是與上述觀點的狹隘框框不相吻合的。因爲①值得注意的是，有的人只被同性的個體以及自己的生殖器所吸引。②同樣值得注意的是，有的人他們的情欲行爲極像是性行爲，但他們同時又完全漠視性器官或他們的正常功用，這樣的人被看作是「性變態者」。③最後，引人注目的是，某些兒童很早就對他們的生殖器發生興趣，並顯示出了性興奮（爲此，他們被看作是「性變態者」）。

依據上述三個受到忽視的事實，弗洛伊德得出了與流行的觀點相矛盾的對性欲的看法。精神分析的這些主要發現在於：

①性生活並不僅僅開始於青春期，而是在出生後不久就開始有了明顯的表現。

②在性的概念和「生殖器」的概念之間，必須作出明確的區

分，前者是更爲廣泛的概念，它包括許多不涉及生殖器的活動。

③性生活包括從身體的某些區域獲得快感的功能 —— 這一功能後來才成爲生育的輔佐。這兩種功能經常是根本不一致的。

弗洛伊德把主要的興趣集中在上述的第一個主張上，這一發現最爲出人意料。弗洛伊德認爲，根據他的發現，在童年早期就有性活動的身體標誌，只有古老的偏見才會對此矢口否認。這些標誌爲我們後來在成人的性愛生活中遇到的精神現象相聯繫 —— 像執迷於特殊的對象，嫉妒等。可是，進一步會發現，這些出現在童年早期的現象、構成了有序的發展過程的一部分，它們歷經有規律的增長變化，至五歲末達到高峰，其後緊接著是間歇。在間歇期間，進展停頓下來，許多都被忘卻了，並有很大的倒退。在這個潛伏期結束之後，人們所謂的性生活，便隨著青春發育東山再起，可以說這是二度開花。在此，我們遇到了這樣的事實，即性生活的發動是**二相的**，它湧現出兩個浪潮。要緊的是，早期階段的那些事件除了某些殘餘，都成了幼年記憶缺失的犧牲品。由此，弗洛伊德把人類的里比多的發展分爲三個時期：

弗洛伊德認爲，從出生三日起，作爲性感帶出現的，並向心靈提出里比多需求的第一個器官是口腔。所以，他把第一個時期稱爲「口欲期」。口欲期的年限表現在一歲以前的嬰兒時期。在這一時期，起初，所有的精神活動都集中爲口腔性感帶的需要提供滿足。當然，這一滿足主要服從得到營養、自我保存的目的。但是生理學不應被混同於心理學。嬰兒固執地堅持吸吮，證實了早期階段追求滿足的需要，這種滿足儘管源出於攝取營養並由攝取營養所引起，然而卻是努力去獲得超出營養的快感。爲此，可以，而且應該把它叫做**性的**。

第二個時期，稱作「肛欲期」，大約從一歲半到兩歲。弗洛伊德認爲，在口欲期時，施虐的衝動已偶爾隨著牙齒的出現而發生，其程度在第二個階段會大爲增長。這種衝動被稱爲「肛欲——施虐衝動」。因爲，嬰兒此時會在攻擊和排泄功能中尋求到滿足。弗洛伊德說：「我們爲包括里比多引導下的攻擊驅力所作的辯護是基於這樣的觀點，即施虐癖是純粹的里比多驅力和純粹的破壞驅力的本能融合，這一融合從此不斷地持續著❹。」

第三個時期就是人所共知的陽具欲期，其實，這是性生活所採取的最終形式的前兆，並且已非常類似於最終形式。值得注意的是，在這個階段起作用的不是兩性的生殖器，而僅僅是男性的生殖器。女性生殖器長時間一直默默無聞：兒童試圖理解性的變化過程時，他們崇信古老的肛娩幻想——弗洛伊德認爲，這一論說的合理性有著發生學的證明。這就是：開始，兒童總以爲男女的性器官都是一樣的，而當男孩偶然發現女孩的性器官不一樣時，他首先是否認自己這種感覺的眞實性；同時，又往往因此感到得天獨厚而驕傲炫耀，喜歡暴露與表現。這就是「露陰癖」性變態的幼兒心理根源，稱作「陰莖驕傲」。而女孩子由於偶然發現自己平白無故地缺少了一個突出看得見的小陰莖，因此常常羨慕與嫉妒男孩子有這種東西。這種現象可稱爲「陰莖嫉羨」，從而種下了自卑或想與男孩競爭的過渡代償的心理變化。

以上是性欲發展的第一個階段，這個階段發展的三個時期表明，嬰兒的性滿足完全是從自己的身體器官（口腔、肛門、陰莖）方面獲得的。這是一種原始的自戀，隨著陽具期的到來及其

---

❹ 《精神分析綱要》第三章。

發展，童年早期的性欲達於頂點並臨近終結，從此，男孩和女孩便有了不同的歷史，這便進入了里比多發展的第二個階段。

第二個發展階段：「俄狄普斯情結」（Ödipuskomplex）（約四歲到五歲）

俄狄普斯是希臘著名悲劇作家索福克勒斯（Sophocles）的著名悲劇《俄狄普斯王》中的主人公，在這部戲劇中，俄狄普斯王子因應驗了一個神諭，不自覺地殺死了自己的親生父親並娶自己的親生母親爲妻，故又稱爲「戀母仇父」情結。弗洛伊德用這個神話故事來說明兒童在這個階段的心理活動特徵。

前面講到，幼兒開始時的性欲對象注重於自己身體的某一部分，隨著時間的發展，他的里比多的貫注開始轉向外界對象。又由於兒童最親近的人是自己的父母，因此，男孩自覺不自覺地把自己的母親作爲里比多貫注的對象，而女孩則自覺不自覺地把自己的父親作爲里比多貫注的對象。但是由於父母早已是當然的性對象，因此，男孩在戀母的同時仇恨自己的父親，認爲父親奪去了母親對自己的愛，對父親表現出不滿和忌恨；反過來，女孩也是如此。

弗洛伊德認爲，這種情結在兒童潛意識中普遍存在，並佔據主要地位，支配著其生活和情緒，乃至在人的整個生活中，在人類生活中，在社會文化活動中，許許多多現象都可以用「俄狄普斯情結」去解釋。

兒童依戀異性雙親的這種態度並不是固定不變的，弗洛伊德認爲，也有與此相反的態度，即里比多貫注於同性雙親，形成所謂顛倒的俄狄普斯情結。這樣就可能出現雙重傾向：「這就是說，一個男孩不僅僅有一個對其父親有矛盾衝突心理和對母親深情的

性愛對象選擇，而且同時他的所作所爲也像一個女孩，對其父親表現出充滿深情的女性態度和對其母親表現出相應的妒忌和敵意❷。」當然，反之，女孩的表現也可能如此。

第三個發展階段，稱爲「後俄狄普斯」階段，約從六歲開始到成年。這一階段又分爲三個發展期：

第一個時期，稱爲「潛伏期」（六～十一歲），此時兒童期的俄狄普斯情結解決，性欲被暫時凍結，幾乎完全停止外露，因爲社會的教化壓抑了他們的里比多，使之不能一味追求本能的快樂，而處於壓抑停頓狀態，將里比多的能量潛伏起來。

第二個時期，稱爲「青春發育期」（十一～十四歲），潛伏的里比多又達到高潮，性器官已趨於成熟，里比多發展隨之進入實際的生殖階段。

這兩個時期被稱爲「前生殖欲期」。其主要特點是性欲不直接與生殖關聯。但從這個時期開始，情欲才眞正以正常的形式出現，卽性欲與生殖相關聯。

第三個時期，稱爲「青年期」，約十五歲到十八歲或稍後。這是隨著青春發育期相繼到來的一個時期。一般地說，這一時期的主要特點是，青年人進行正常的婚戀，建立家庭，養育子女，獲得生活上的職業保障，從事社會活動，以及取得事業上的成就等等。這通常意味著人走向社會成熟的時期。

第四節　生的本能與死的本能

前面說到，在後期著作中，弗洛伊德把自我本能與性本能合

---

❷ *Studienausgabe*, Band Ⅲ, s. 300.

而爲一，形成以「愛欲」(Eros) 觀念爲核心的「生的本能」，並相應地提出了一種以破壞本能爲主要內容的「死的本能」，關於這一轉變，弗洛伊德在〈超越快樂原則〉一文中有一段注釋交代得特別清楚：

> 在此，我要補充幾句話，來澄清我們的一些用語。在這本著作（按：指〈超越快樂原則〉一文）的敍述過程中，這些用語已經有了一些變化。我們一開始是從性本能與性的關係以及與生殖功能的關係來認識「性本能」的性質的。由於精神分析理論的某些發現，我們不得不使性本能與生殖功能之間的密切聯繫有所削弱，但我們仍然保留了性本能這個名稱。由於提出了自戀性里比多的假設，由於將里比多概念引伸到解釋個體細胞，我們就把性本能轉變成了愛欲 (Eros)，這種愛欲旨在迫使生物體的各部分趨向一體，並且結合起來。我們把人們通常稱作性本能的東西看作是愛欲的組成部分，而這一部分的目標是指向對象的。我們的看法是，愛的本能從生命一產生時便開始起作用了。它作爲一種「生的本能」(Lebenstrieb) 來對抗「死的本能」(Todestrieb)，而後者是隨著無機物質開始獲得生命之時產生的。這些看法是想通過假定這兩種本能一開始就相互鬥爭來解開生命之謎。

這是1920年寫作本文時加的注釋，一年後，即1921年，弗洛伊德在這個注釋的後面又增加了下面的內容：

也許，要理解「自我本能」這一概念所經歷的轉變過程並不太容易，起初，我們用這個名稱表示所有與以對象為目標的性本能相區別的本能的傾向（關於這類本能的傾向，我們當時還沒有更深的了解）。而且我們把自我本能同以里比多為表現形式的性本能對立起來。之後，我們對自我作了進一步的深入分析，從而認識到「自我本能」的一部分也具有里比多的特點，並且它以主體本身的自我為對象，因此，這些自戀性的自我保存本能 (narziβtishen Selbsterhaltungstriebe) 也應被包括在里比多的性本能範圍內。這樣一來，自我本能和性本能之間的對立就轉變成自我本能和對象本能 (Objekttriebe) 之間的對立，這兩種本能都具有里比多的性質。然而又出現了一種新的對立，它取代了原來的對立，這便是里比多（自我和對象）本能〔Libidinösen (Ich-und Objekt-) Trieben〕和其它一些本能之間的對立，據推測，這後一本能是存在於自我之中的，實際上或許可以從破壞性本能 (Destrutionstriebe) 中觀察到。我們的觀點是把這種對立轉變成生的本能（愛欲）和死的本能之間的對立。㉓

弗洛伊德在這裏講到了他思想變化的兩點理由：（1）前期關於自我本能和性本能的劃分不科學，它們事實上是一種東西，現在他從嚴格的二元論角度出發，劃分出生的本能與死的本能是比較科學的。「我們的觀點從一開始就是二元論的，而今天，既然

㉓　*Studienausgabe*, Band Ⅲ, s. 269 注一。

我們不把兩種本能之間的對立看作是自我本能和性本能的對立，而看成是生的本能和死的本能的對立，那麼，我們的二元論就比以前更明確了❷。(2)1914年弗洛伊德提出了「自戀」(Narziβmus) 這一概念，使自我本能與里比多之間的對立難以成立。

除了這兩條理由之外，弗洛伊德後來又提出了兩條理由，這就是(1)佛教「涅槃」原則的影響。「在心理生活中，也許可以說是在普遍的神經活動中，佔優勢的傾向是：努力使那種因為刺激而產生的內部張力減弱，或使其保持恒定，或將其排除用巴巴拉‧洛 (Babara Low) 的術語說是『涅槃原則』(Nirwana-prinzip)。這種傾向表現在快樂原則中，而對這個事實的認識便構成了我們相信有死的本能存在的最有力的根據之一❷。」可見，東方的死之概念對弗洛伊德產生了深刻的影響。(2)第一次世界大戰所帶來的血腥恐怖，也深深地刺激了弗洛伊德，戰爭使他認識到，原先的理論是解釋不了這場災難深重的戰爭的，為了使自己的理論更加緊密地與社會生活結合起來，弗洛伊德在第一次世界大戰以後就確立了死的本能的思想。

從上面所引用的一大段話中，我們還可以看到生的本能與死的本能的基本思想。

首先，就其一般的意義而言，生的本能（包括自我本能和性本能），是表現為生存的、發展的和愛欲的一種本能力量，它代表著人類潛伏在生命自身中的一種進取性、建設性和創造性的活力。死的本能表現為生命發展的另一種力量，它代表著人類潛伏在生命中的一種破壞性、攻擊性、自毀性的驅力。生的本能的目

---

❷ *Studienausgabe*, Band Ⅲ, s. 262.

❷ 同上書，s. 264.

標在於不斷地建立更大的生命存在的統一體，並極力維護這種統
一體的聚合、親和；相反，死的本能的目標在於破壞、分解或毀
滅這種親和體。弗洛伊德認為，就破壞本能而言，我們可以設想
它的最終目標是使生機勃勃的有機體最後回歸於無生命的無機狀
態。因此，破壞本能也可以稱為死的本能。

　　第二，從精神分析的觀點來看，這兩類本能的劃分更有利
於解釋弗洛伊德在臨床醫學中所碰到的問題。例如施虐癖和受虐
癖。施虐癖體現的是死亡本能的衝動，而且這種衝動不是指向自
我，而是指向外部對象，體現了死亡本能的傾向。施虐癖與受虐
癖可以轉化，這些都是死的本能的代表。當然，弗洛伊德的死亡
本能並不是我們日常所說的自然死亡現象，而是在生物體中起作
用的力。「至於我們研究的，則不是生物體，而是在生物體中起
作用的力，這種研究結果使我們區分出兩種本能：一種是引導有
生命的物體走向死亡的本能；另一種是性本能，這種本能始終致
力於使生命獲得更新㉖」。

　　第三，從表現形式上看，生的本能主要表現為自我保存的本
能、繁衍種族的願望和生長並實現自己潛能的傾向，除此之外，
主要表現為愛欲（Eros）的各種形式。而愛欲則直接來源於性
本能的發展。

　　死的本能主要表現為生命自身中的破壞力，一種是其能量向
外投射，表現為殘殺、仇殺和侵犯等等。一種是其能量向內投
放，表現形式是自罪自責、自殺等等。

　　但是，生的本能和死的本能並不是截然對立的，它們之間還

㉖　*Studienausgabe*, Band Ⅲ, s. 255.

可以相互轉化。弗洛伊德說，我們可以從愛和恨的兩極的辯證關係，對生的本能與死的本能兩者之間相互包含、相互轉化的關係窺見一斑 。 愛和恨按照意外的規律性伴隨著 、 呈現出矛盾的心理，不僅僅在人類關係中，恨常常是愛的先驅，而且在許多情況中，恨轉化爲愛，愛轉化爲恨。例如在迫害妄想狂中，病人用特殊的方法擋住了對某些特殊人物的過分強烈的同性戀的依戀。結果，他最愛的人成爲一個迫害者，病人對他採取常常是危險的進攻，在這裏很明顯地存在著把愛轉化爲恨的階段。

總之，在弗洛伊德看來，無論是生的本能還是死的本能，它們的能量或驅力都來自「里比多」。「好像這是生物生命的一種節奏：一組本能促使生物儘快地達到生命的最終目的，另一組則使生物返回到一定地方，以便重新開始發展過程，從而延長這段途徑」。弗洛伊德甚至認爲， 無論是個人， 或是社會的鬥爭，都是由於這兩種本能衝突的緣故。

第八章 精神分析的文化哲學

弗洛伊德通過研究人類的變態行為而深入到人類的心理底層，提出了他的精神分析理論；與此同時，他還把自己的精神分析理論應用到社會文化領域，提出了他的精神分析的文化哲學。弗洛伊德自己回憶說：「自從我寫作《夢的解釋》開始，精神分析就不再是一個純粹的醫學主題了❶。」「我的興趣，在我於自然科學的醫學和心理治療上走了終生的彎路之後，又重新回到從很早以前使我留連忘返的那些文化問題之上❷」。

弗洛伊德為什麼要把他的精神分析理論從醫學心理學領域擴展到文化領域呢？除了上面所說的生平愛好之外，還有其深刻的理論動機：

> 你們知道，我們（第一次應用精神分析）的初意，是要了解人類心靈的各種紊亂現象。因為，有一種驚人的經驗昭告我們，認識與治療幾乎是同步進行的，實際上是由此及彼的。這個初意，在很長的時間，成為我們唯一的意旨。

❶ *An Autobiographical Study*, p. 115.

❷ 同上書，p. 133.

後來我們發現，病理的歷程與所謂正常的歷程密切相關，或者竟是根本相同。從此，精神分析變成了深度心理學（Tiefenpsychologie）；而且，由於人類的所作所為沒有心理學的幫助是無法了解的，所以精神分析在多種知識領域內，尤其是在精神科學方面的應用是不期然而然的，並使我們不得不加以注意和推測。不幸我們所要完成的工作遇到了障礙，而這種障礙又是我們這種工作情境本質所應有的，所以現在仍未克服。這種應用本需要專門的學識，而精神分析學家們又缺乏這種學識，但另一方面，那些掌握了專門知識的人，即有關領域的專家，卻又對精神分析一無所知，而且可能也不想知道什麼。結果精神分析學家們急急忙忙獲取或多或少的適當資料，以業餘者身分侵入神話學、文化史、人類學、宗教學等領域內。這些領域的專家把精神分析者看成是闖進來的門外漢；分析的方法和結果如果引起任何注意，也立即被橫加駁斥了。但是，我們的地位現在已較有進步了，研究分析而欲以它應用於各學科方面的人數逐漸增加，恰如從拓荒者變成了豐收者。我們也許於此可望有新知識的收穫，而且精神分析的應用常常肯定了精神分析的正確。在科學研究和實踐活動相距更遠的區域之內，其不可避免的意見分歧，也已經不那麼尖銳了。❸

　　從這段引文中，我們可以看到，弗洛伊德把他的這一理論應

---

❸ *Studienausgabe*, Band I, s.s. 574-575.

用到社會科學領域主要是由於 (1) 精神分析所發現的心理現象與社會發展中的現象具有密切的關係，甚至具有同一性。(2) 社會文化現象中的應用可以進一步確立精神分析的正確性。(3) 社會文化領域（包括神話學、文化史、人類學、宗教學等）的專家們不了解甚至不承認精神分析學所發現的結果對於社會文化具有多麼有益的貢獻，所以精神分析學家們只好「闖入」這些領域。因此，可以說是一種責任心、一種使命感、一種必然性迫使弗洛伊德把他的精神分析應用到社會文化領域方面。

當然，由此也引出了不少問題，最主要在於他們並不是這些學科的專家，對這些學科的知識知之甚少，因此，當他們把精神分析應用到這些學科之中的時候，難免表現出「門外漢」的面目，他們的起步艱難而緩慢，理論難免幼稚。但是隨著應用的精熟，他們的理論日漸成熟起來，儘管有許多不能自圓其說的地方，可是畢竟具有了極大的影響，形成了精神分析的社會文化理論。

第一節　論文明

弗洛伊德所說的「文明」與我們通常所理解的文明不同。在他那裏，文明 (Zivilisation) 與文化 (Kultur) 混合在一起，因而具有這兩方面的含義，大致相當於我們日常理解的「人類文明發展史」中「文明」一詞的含義。因此，我們將他的「文化」(Kultur) 一詞也譯作「文明」。因為事實上，在弗洛伊德那裏，Zivilisation 與 Kultur 是同一個東西。他說:「所有人類文明 (die menschliche Kultur)，我的意思是指人類生命從本

身動物狀態發展而來，而且不同於野獸生命的所有方面 —— 我不
屑於對文化 (Kultur) 與文明 (Zivilisation) 加以區分❹。」

　　關於文明的基本含義，弗洛伊德作了如下的說明：

> 如我們所知，人類文明往往向觀察者呈現兩個方面：一方
> 面，它包括人類為了控制自然的力量和汲取它的寶藏以滿
> 足人類的需要而獲得的知識和能力，另一方面還包括人類
> 為了調解人與人之間的相互關係，特別是為了調節那些可
> 資利用的財富分配所必需的一切規章制度。❺

　　弗洛伊德根據自己的精神方面的研究成果，還分析了人類文
明起源的根本動力。在《圖騰與禁忌》(Totem und Tabu,
1913年) 一書中，他首次描述了人類原始狀態歷史發展的精神分
析的圖景。此後，特別是在《摩西與一神教》(Der Mann
Moses und die monotheistische Religion, 1939年出版，
1934～1938年寫作) 一書中又研究過這一課題。對原始社會許多
富有特徵的現象（原始人的心理機能的機制、原始禁忌的形成過
程 —— 禁忌、萬物有靈說和圖騰崇拜的產生）的說明，弗洛伊德
都是在研究典型兒童神經病患者（兒童恐懼症）時獲得的材料的
基礎上進行的。其理論基礎是「俄狄普斯情結」。

　　弗洛伊德研究過一個五歲男孩的恐懼症，這個男孩對馬感到
恐懼，甚至認為馬會跑進房裏咬他，後來發現，他常常希望馬摔
倒（即死亡），又怕馬的報復。弗洛伊德分析說，為什麼他會恨

---

❹　*Studienausgabe*, Band Ⅸ, s. 139.

❺　同上書，s. 140.

馬和怕馬呢？原來，他當時正在與希望他父親失踪（出外旅遊或死亡）的願望作鬥爭。他把父親看作是和他爭奪母親之愛的競爭者，而母親正是他那種朦朧性愛的對象。這個小男孩把對父親的某些情感移置到動物身上了。弗洛伊德認爲，這種態度是一個男性小孩對待雙親的典型態度——俄狄普斯情結。

　　這個孩子爲什麼會把對父親的態度移置到動物身上呢？換句話說，這種移置作用的動機是什麼呢？弗洛伊德認爲：爲了爭奪母親的愛，在小男孩心中引起的對父親的仇恨並不能毫無阻擋地占據統治地位，它還必須與長期以來他對這同一人物所建立的性愛與仰慕作鬥爭。當他把敵意和恐懼的情感都移置到一個代替物身上時，他就從這種對父親的雙重矛盾情緒的衝突中得到了寬慰。然而，這種移置作用並不能使衝突完全消失，它不能截然分開性愛與敵視這兩種感情。相反，這種衝突延伸到對象身上去了，因爲弗洛伊德發現，這個小男孩不僅害怕馬，他還懷著仰慕和興趣去接近馬。並且更有甚者，一當他的焦慮開始減退時，他就把自己當成這一令他害怕的動物了。他開始像一匹馬那樣跳躍，還咬他的父親。在另一時期，爲要消除他的恐懼時，他又會毫不猶豫地把他的雙親比作其它的大動物。

　　弗洛伊德由此而描繪出原始社會的景象：在人本身形成的早期，人生活在父親起主導作用的原始羣落內，兒輩們都得服從父親的權威和意志，只有父親一人享有對婦女的占有權，而那些長大成人試圖行使自己的權利的兒輩們，則只會被父親逐出原始部落。由於爭奪婦女而產生的衝突情境的可能性，被父親所採取的果斷行動所預先制止了，而父親則由於身強力壯而捍衞了自己對婦女的獨占權。但是這種狀況終於不能維持多久，被父親逐走的

兒輩們糾集到一起，把父親殺死並吃掉，從而結束了原始父權部落。但是，兒輩弟兄們卻在雙重感情的影響之下——即使在今天，這種雙重感情仍然在兒童和神經症患者的身上表現出來：兒輩們既仇視父親又愛慕父親，殺死父親而使自己仇恨得到滿足的兒輩們，爲溫情脈脈的血緣感情所控制，而這種血緣感情正是意識到罪惡和懺悔產生的基礎。這就促使他們要永遠把父親作爲圖騰而銘記在心。同時，他們也宣布殺戮父親並取而代之，這是不容許的。對於自己所幹的事情的罪行的認識，也迫使兄弟們放棄了他們所想要的婦女，並規定亂倫的禁忌。這樣就產生了圖騰崇拜的主要禁忌，而這些禁忌是與那種被排擠的「俄狄普斯情結」欲望相一致的。在弗洛伊德看來，人類的文明始於這一偉大的事件，這一事件使人永遠銘記起他們祖先的罪行。「至此，社會以對共同罪惡的認同爲基礎；宗教以一種懺悔的罪惡感爲基礎；而道德則部分以社會的迫切需要，部分以由罪惡感所產生的贖罪行爲爲基礎❻」。

對於文明，弗洛伊德並不總是持肯定的態度，尤其是對現代文明，弗洛伊德進行了深刻的批判。我們知道，從十九世紀末到二十世紀初，西方許多思想家如施本格勒、馬克斯·韋伯、西姆梅爾、瓊尼斯等人描述和揭示了西方文明的危機，弗洛伊德在這方面也屬於「文明危機」學派。他指出西方道德和人的行爲的功利主義動機之間的不協調性，思想和感情的從衆趨向，個性的易感性，道德的空虛，社會上的小圈子習氣，貪婪、欺騙和誹謗的表現；同時他也注意到這樣的事實：人們不是過著豐富多彩的

---

❻ *Studienausgabe*, Band Ⅸ, s. 430.

生活，而是經常處於由文明的物質成果而造成的恐懼和不安中，因爲這些文明的物質成果會被用來反對人們，弗洛伊德還強調指出，恐懼和不安感之所以日益加劇，是因爲本來作爲調節人們之間關係的各種社會制度卻作爲莫名其妙的異己力量同人們相對抗。他認爲所有這一切都源於人對侵略和破壞的自然傾向，卽人類的「死亡本能」，因此，人類痛苦的社會源泉是無法消除的，它經常在威脅著人類。正是由於這種「死亡本能」，文化和文明才經常處於毀滅的威脅之下。人的「生的本能」與「死的本能」不斷地進行著鬥爭，文明負有促進克制人的侵略本能的使命。當文明做到這一點時，侵略就變成了人的內心世界的一部分，這就不可避免地導致神經症。由於文明不是某個人的財富，而是衆人的結晶，這就產生了「集體神經症」問題。因此，弗洛伊德提出這樣一個問題：某些文明時期是否就是「神經症時期」？人類是不是在現代文明和社會的限制的影響下成爲「神經症」的呢？弗洛伊德講道，對「社會神經症」的精神分析是一種可能的治療社會疾病的社會的辦法，然而他卻留下了一個沒有答案的問題。他只是把文明發展和個別個體的發展、社會神經症和個體神經症的本質作了類比，同時，他表示了一個希望：或許在哪一天會提出對於文明病理學進行研究的可能性。但是，對於產生「社會神經症」的眞正原因和消滅「社會神經症」的途徑和辦法，弗洛伊德都沒有闡明。

因此，弗洛伊德與其說是個西方文明的悲觀主義者，倒不如說是個懷疑論者。與那些「文明危機論」者中的虛無主義者比起來，弗洛伊德的許多觀點是可取的、值得沉思的，因此他的許多觀點爲西方思考人類文明命運的理論家所接受。

第二節　論宗教

在弗洛伊德的文化哲學觀中，論述得最多的是宗教，他的
文明論是與他對宗教的起源與實質問題的闡述緊密地結合在一起
的。他曾試圖用精神分析的觀點來說明宗教信仰、宗教儀式，論
證宗教在全人類文化和人的生命活動中的作用。

最初，弗洛伊德根據對強迫性神經病的比較分析和教徒舉行
的宗教儀式來研究宗教的實質和起源。在1907年寫的《強迫性行
為與宗教活動》(*Zwangshandlungen und Religionsübungen*)
一書中，弗洛伊德提出了這樣一種思想：強迫行為和宗教信仰儘
管它們的各個方面都不相同，但都具有以隱蔽的形式壓抑人的無
意識欲望的功能。換句話說，這兩種現象作為基礎的東西就是節
制自然欲望的直接滿足，這就決定它們彼此是相似的。由此，他
得出一個結論，強迫性行為、強迫性神經症可以看作是宗教發展
的病理學的複製品。同時，他給神經症和宗教定義為：「神經症
是個體的宗教性，宗教是強迫狀態的普遍的神經症❼。」(die
Neurose als eine individuelle Religionsität, die Religion
als eine universelle Zwangsneurose zu bezeichnen) 這
樣一來，在弗洛伊德心理學解釋中，宗教是人反對自己的無意識
欲望的一種保護措施。這些無意識欲望在宗教信仰中得到滿足的
隱晦曲折的形式，使意識和無意識之間的個體內部心理衝突失去
其尖銳性。弗洛伊德的這種宗教觀與其早期的對人類文明發展的

---

❼ *Studienausgabe*, Band Ⅶ, s. 21.

解釋相一致。根據他的解釋，人的情欲的外部和內部的壓制是文明進步的基礎。弗洛伊德認爲，實現壓制人的本能過程的一部分，有益於宗教，各種各樣的宗教儀式和典禮象徵著人放棄直接的肉體快感，爲了以後能夠得到平靜和幸福感，作爲對節制肉體享受的回報。在他看來，宗教中恰好反映出人的心理機能活動從「快樂原則」向「現實原則」轉變的使命，宗教儀式的宗旨就是延緩對人的願望的滿足，使無意識願望轉到社會上普遍接受的崇拜神的層面上。

　　弗洛伊德就是從這種觀點考察古代宗教的，在這些宗教中，人把自己放棄的許多東西轉給神了，並且只能以神的名義才被允許。信仰這些宗教的古代人在神那裏彷彿發現了自身，雖然在他們的意識之中出現的只有神的形象。他們彷彿在外面把自己內部無意識的論據作了投影，賦予神以人所固有的內部心理素質。由此可見，宗教在弗洛伊德那裏獲得了純心理學的（更確切地說是精神分析的）解釋。其基點是人使無意識欲望得以昇華的能力，從外部給無意識欲望的投影和對社會不能接受的、被禁止的願望象徵性的滿足的能力，在他的整個科學活動時期，他一直都堅持這種見解：宗教迷信、信仰和神話世界觀無非都是「投影於外部世界的心理學」。

　　在《圖騰與禁忌》一書中，弗洛伊德從「俄狄浦斯情結」出發來對宗教的產生進行解釋。在前面，〈論文明〉一節，我們已看到，弗洛伊德認爲，在原始部落裏，兒輩們在殺死父親以後，認識到自己的罪行，在雙重情感影響之下，他們用圖騰的動物來緩解這種雙重的壓力。於是兒輩們用圖騰的動物來代替父親。但是，作爲圖騰，他們對待這些動物的方式和態度又超出了悔罪的

需要，弗洛伊德說：

> 他們企圖通過與這位代理父親的關係來減輕他們嚴重的罪
> 惡感，與他們的父親取得諒解。圖騰制度從某種意義上說
> 就是一種與父親訂立的契約。他允諾給予一個父親所能提
> 供給他的孩子們所期望的一切──保護、照顧和恩惠，而
> 在他們這一方面，他們保證尊重他的生命，那就是說，保
> 證不重複毀滅他們真正父親的那種行為。另外，圖騰崇拜
> 還包含有一種自我裁判的意思：「如果我們的父親像圖騰
> 這樣對待我們，我們絕不應想到去殺害他。」就這樣，圖
> 騰崇拜使一切事情都和緩平穩了下來，也使人們逐漸忘却
> 了它的起源。
> 於是，對宗教起決定影響的一些特徵開始產生了。圖騰宗
> 教起源於這種子孫的罪惡感，起源於企圖減輕這種痛苦，
> 而用推遲性服從的方式來求得父親的寬恕。此後所有的宗
> 教也都在致力於解決這同一的問題。它們之間的差異只在
> 於其所由發生的文化階段不同和採取的方法不同而已；但
> 它們都具有同樣的目的，都是對使文明得以開始的那同一
> 事件的反應，自從這一事件發生以後，人類從來就沒有得
> 到過一刻安寧。❽

　　這種對弗洛伊德說來彷彿是新的關於宗教產生的觀點，實質
上是與他的精神分析觀點是不矛盾的。只是在宗教問題上反映出

---

❽ *Studienausgabe,* Band Ⅸ, s.s. 428-429.

來的關於人放棄自己的願望以及對這些願望的象徵性滿足的一般
論斷，現在用具體內容充實起來。宗教產生的機制都仍然如故，
被歸結爲對無意識欲望的壓制。區別只是在於：第一種情況，是
從人的儀式活動的無意識心理定勢方面來進行考慮的，而第二種
情況則是從心理的轉變，以及仇恨而又眷戀的一個對象被另一個
對象所取代。從這一意義上來說，弗洛伊德認爲，野蠻人的禁忌對
現代人來說並非是格格不入的。在現代人的無意識的內心深處，
仍無形地存在著「俄狄浦斯情結」，因此，具有無意識的殺人的
天性。但是，這種殺人的天性被現在的禁忌所抑制，現代的禁忌
就是按基督教戒條「勿殺戮」類型規定的道德規範和倫理律令。

　　弗洛伊德還力圖從社會方面來考察宗教的產生。在弗洛伊德
看來，圖騰崇拜不僅是宗教體系，而且也是社會體系，其基礎是
爲兒輩們所承擔的一切義務（即兒輩對父親的替代物 —— 圖騰，
對部落的婦女以及彼此之間所承擔的義務）所制約的社會聯繫。
不過，社會方面在這裏雖然被指了出來，卻只是局限於部落的兒
輩們作爲一般心理定勢所採取的協議和義務這個狹隘的框框裏。
就其實質來說，這裡所講的不過是宗教的社會心理的基礎。

　　弗洛伊德在《一個幻覺的未來》(Die Zukunft einer Il-
lusion, 1927 年) 一書中還提出了宗教產生的另一種說法。他提
出的這一說法的立足點是，關於人類在其周圍的自然力量面前軟
弱無力和孤立無援的假說，關於人必須自衞以防止未被認識的超
人的力量侵犯的假說。在弗洛伊德看來，當自然界的力量還是模
糊不清的，因而也是與人格格不入的時候，人是不能了解它們
的。因此，他力圖賦予自然界以靈性，使它人性化，以後必須運
用他日常生活中使用的那些手段去征服大自然。他可能試圖討好

有靈性的自然界客體，使它成為崇拜的對象，從而或削弱它的威力，或使它成為自己的同盟者，這樣就產生了最初的宗教觀念，它們是對人天生的軟弱無能的某種特殊的補償。

> 隨著時間的進展，人們對自然現象中法則的規律性和一致性進行了初步的觀察，與此同時，自然的力量便失去了它們的人性。但是，人的屠弱無助仍然存在，因此仍然渴望父親和諸神的幫助。諸神們身兼三任：他們必須驅除對自然的恐懼；它們必須使人和殘酷的命運協調一致，特別是像在死亡中所表明的那樣；它們必須補償文明生活普遍強加於它們的痛苦和貧困。❾

但是，弗洛伊德認為，在這些功能的內部，逐漸發生了重點的替換。人們觀察到，自然現象是根據內部需要而自動發生的。毫無疑問，諸神就是大自然的主宰；它們對大自然做了如此安排，現在則讓它自行其是。只是在偶然的所謂奇蹟的情況下，它們才介入了自然的發展過程，好像在表明它們絲毫沒有放棄最初的權力範圍。……自然的自主性越多，諸神從自然中撤離的就越多，指向諸神的人性化方面的功能的期望就越誠摯、越認真 —— 就是說，道德就愈益成為真正占支配地位的東西。鏟除文明社會的這些不足和邪惡，注意人們在生活中相互造成的苦難，關注文明戒律的實施，就成為目前諸神的一項任務了。

由此可見，弗洛伊德終於越出了他的精神分析的心理學領域，

---

❾ *Studienausgabe,* Band Ⅸ, s.s. 151-152.

把他的視野擴展到了自然與人類社會，並且從人們征服自然、改造自然的角度，在認識論和社會根源上來探詢宗教產生的根源，他的文化哲學日臻成熟，他的觀點具有了較大的說服力。

接著，弗洛伊德又考察了宗教的心理學意義，他認為：

> 宗教觀念是關於外部（或內部）現實的事實和條件的教誨和主張，這些教誨和主張能告訴人們尚未發現的一些事情，並要求人們產生信仰。因為，這些宗教觀念能向我們提供什麼是生活中最主要和最有趣的事情的信息，所以受到特別地高度評價。對此一無所知的人是非常愚昧的人；而用這些觀念充實自己知識的人可以認為自己是最富有的人。⑩

宗教之所以具有如此大的吸引力，其秘密就在於人的無意識欲望。前面講過，弗洛伊德在考察人類的文明史時，曾經設法去揭示人類從「自然」情欲向「文化」情欲轉變的情景，並把文化看作是對人的無意識欲望壓制的結果和形式之一。弗洛伊德認為，從這一意義上說來，宗教是對人類文化的某種效勞，因為它抑制著那些擾亂每一個體心靈的無意識欲望。

按照這種觀點，宗教似乎是應當賦予人以幸福感，對人在日常生活中所經受的困難、失敗和失望給予補償。但是弗洛伊德認為，從精神分析的實踐中發現，事實卻恰恰相反：生活於現代的人是不幸的，其中許多人都是神經衰弱者，他們不會把內部需求

---

⑩　*Studienausgabe*, Band Ⅸ, s. 159.

同宗教和文化的要求協調起來。現代西方的許多學者認爲，現代人的不幸是由於宗教影響的喪失，弗洛伊德不同意這樣的看法。認爲，宗教觀完全占據統治地位的上幾個時代的人們未必是更幸福的。此外，無數歷史事例證明，不道德總比道德得到宗教的支持更多。

通過大量而深入的研究，弗洛伊德得出了下面這一無神論的結論：

> 我們現在可以重申，所有這些宗教教義統統都是幻覺，都是無法證明的。決不能强迫任何人認爲它們是真實的，從而相信它們。其中有許多觀點簡直是不可能的，和我們辛辛苦苦地發現的關於現實世界的一切簡直毫無共同之處，因此我們 —— 如果我們適當注意一下那些心理差異的話 —— 就會把它們與妄想相比較。⓫

他斷言，如果人類從宗教這一沉重的負擔下解放出來，那麼人類不是有所失，而且是有所得。

但是，對於宗教的消失，既不能使用强力，也不能要求一下子實現。「一開始就試圖用强力或者一下子就完全廢除宗教，這當然是毫無意義的。首先是因爲這樣做是毫無希望的。……而這樣做即使稍微獲得些許成功，那也是十分殘酷的」。要知道，宗教觀念多少世紀以來一直牢固地留在人們的意識之中。他認爲，要從人的意識中消除宗教觀念的可能性是和精神分析的療程聯繫

⓫ *Studienausgabe*, Band Ⅸ, s. 165.

在一起的。無論在哪一種情況下，無意識的東西將逐漸被擠掉，而代之以人的理性的腦力活動。他認為，這一點能夠促進個別人和全人類的自覺的對待重新審查的和全理論證的文化規定。但是在這方面還有待於持久而勤懇耐心的工作。正如精神分析學家治療精神病人一樣，這是一個漸進的過程。

第三節　論藝術創作

弗洛伊德在分析文藝創作和藝術問題的特徵時也使用了精神分析方法。弗洛伊德起初用「俄狄普斯情結」為基石來進行分析。他認為，在俄狄普斯情結中，「宗教、道德、社會性和藝術的原則」是歷史地「相一致的」。藝術起源於想像力，兒輩們借助於想像力，放棄了在現實生活中成為父親替代者的打算，在想像中取代父親的地位，試圖以此來滿足無意識的欲望。誰的想像力特別發達，誰就成為第一個詩人。他能將自己的無意識欲望罩上一層神話的色彩，無意識欲望也借助於這種色彩而不再是危害社會的東西，它就成為詩人本身的想像中和那些聽從詩人呼聲的其它人的幻想中的自我滿足的工具。弗洛伊德認為，詩的想像力，能夠掌握住羣眾，並且將羣眾吸引到幻想和想像的世界中去。所以，詩的想像力具有重大的意義，這是因為它的基礎是對原始的父輩的激情的眷戀感。

總之，在弗洛伊德看來，幻想和神話創作是無意識欲望昇華的表現。精神分析的治療無論在哪種情況下都提供無意識「語言」的譯解，而這種無意識「語言」，在幻想、神話、故事、夢和藝術創作中，彷彿是以符號的形式尋得自身的獨立。因此，

藝術被弗洛伊德看作是通過排除人的意識中不被社會所接受的衝動，來調和「現實性」和「滿足」這兩個對立原則的一種特殊方法。藝術有助於消除人生活中的現實衝突和保持心理平衡，也就是起著消除病症的特殊療法的作用。在藝術家的心理中，這一點是通過他的創作的自我淨化和把無意識欲望消溶在社會可以接受的藝術活動中來達到的，就其本身的意思來說，這一療法使人想起亞里斯多德的「淨化」。但是，如果說在亞里斯多德那裏精神淨化的方式僅僅是悲劇，那麼精神分析學家弗洛伊德則認為，淨化是一切藝術的特徵。

弗洛伊德還力圖揭示文藝作品的本質，首先是詩歌創作的本質。在弗洛伊德看來，人的這類精神活動的初始痕跡應當到兒童那裏去探尋。無論是詩人還是兒童，都能夠創造自己的幻想世界，而這種幻想世界並不是日常的想像，而是富有詩意的想像。兒童在遊戲過程中根據自己的情趣改造現有的世界，並且對待自己幻想的成果十分嚴肅。詩人也是如此，由於具有創造的想像力，不僅在藝術中創造了新的美妙的世界，而且常常相信它的存在。弗洛伊德看到了這一事實。但是，他通過他的精神分析思維的中介解釋說，不論是兒童的遊戲和幻想，還是詩人的創作，其基礎都是以情欲為主導地位的隱蔽的無意識欲望。由此得出結論說，人的幻想（包括詩人的創作）的動因和刺激，不是貪圖功名的願望，就是情欲。在弗洛伊德看來，這些無意識的欲望構成了文藝作品本身隱蔽的內容。

弗洛伊德在考察詩歌創作的動機時，還提出藝術作品對人的心理影響的問題。他注意到人對藝術作品，特別是對詩歌作品的感知的真正享受，這並不取決於這一享受的根源是令人愉快的，

或是令人不愉快的印象。但是，用祁克果的話來說，「詩人卽不幸的人，這一點是能夠做到的，他的心靈中有著無以名狀的痛苦，他有一張這樣的嘴，吶喊和呻吟從他的嘴衝出來時，聽起來像是優美動聽的音樂」。對於祁克果的這一觀點，弗洛伊德認爲，這種效果，是詩人把自己的無意識的願望轉變爲已不能引起道德個性憤慨的象徵形式而取得的，如果不加掩飾地描述無意識的東西，其情況就是如此：詩人使私欲和情欲的性質沖淡，掩飾它們，賦予詩的幻想的形式，從而引起人們美的享受。弗洛伊德的學生蘭克在解釋這一點時，說得更清楚，他說，詩歌採用的「形形色色的愛撫、改變動機、轉向反面、減弱聯繫，一種形象分爲多種形象，過程加倍，把材料特別是符號詩化」等，從精神分析的觀點看來，從詩歌作品中之所以能得到真正美的享受，是因爲在每個人的心靈中都蘊藏著類似詩人具有的無意識欲望。

　　弗洛伊德關於文藝作品對人的影響機制的闡釋，同柏格森的觀點是一致的。弗洛伊德在研究喜劇作品的本質時曾不止一次地援引柏格森。在柏格森看來，藝術的使命是迫使人去揭示自然界中和在他本身之內所存在的、不論是借助於自己的感覺還是借助於意識都不能很清楚地加以發現的那些東西。象徵地描述自己心靈狀態的藝術家們，喚起人生來就有的內在心理狀態。柏格森說，當藝術家對我們說的時候，我們面前就出現情緒和思緒的細微差異，無疑很長時間以來，我們就有這些差異，但是看不出來。柏格森表示了人對藝術作品感知的一般想法。但弗洛伊德與柏格森不同，他試圖揭示人的心靈中那些積澱的內容，這些積澱是在詩人魔力的影響下浮現在意識表面的。在弗洛伊德看來，人

的心靈的這些積澱仍舊是私欲和情欲，它們彷彿是以象徵的形式再現於詩人的想像之中。

下面我們以弗洛伊德對達・芬奇的「聖安娜」和「蒙娜麗莎」的分析爲例，來看看弗洛伊德是如何揭示他上面所說的那些創作「秘密」的。

弗洛伊德把「聖安娜」這幅畫說成是達・芬奇童年歷史總結的藝術描繪：這幅繪畫構圖的細節，被說成是與達・芬奇有兩個母親有關的親身體驗。在父親的家裏，小達・芬奇不僅看到仁慈的繼母阿爾別拉太太，而且也看到祖母（自己父親的母親）曼娜・柳喬雅。在弗洛伊德看來，這一事實恰恰在「聖安娜」中得到反映。但是，在畫上，這兩個婦女被畫得很年輕。弗洛伊德對此解釋說，達・芬奇彷彿希望把兩個母親（生育他的卡塔麗娜和養育他的阿爾別拉太太）的形象刻畫出來。弗洛伊德也從藝術家受家庭關係影響的童年感受的角度來解釋「蒙娜麗莎」，提出蒙娜麗莎微笑的精神分析的謎底。這一神秘的微笑常常引起藝術理論家們的深思和爭論。弗洛伊德解釋說，蒙娜麗莎那微笑著的清秀溫柔的面容反映了達・芬奇對自己生母的兒時的回憶。在蒙娜麗莎的微笑中銘刻著矜持和魅力，羞怯和性感，按照俄狄普斯情結，這就構成了母子之間關係的秘密。這一秘密就是爲什麼她的微笑吸引著千百萬人的迷人力量。它反映了畫家本人一種不可磨滅的印象：蒙娜麗莎的微笑喚醒了他對母親的印象的回憶，早期兒童的感受；達・芬奇從那時起所畫的聖母像就有貧苦農村姑娘柔順低垂的頭和異常恬靜幸福的微笑。

弗洛伊德這種一方面植根於藝術家的家庭關係和創作活動的傾向性之間密切聯繫的精神分析觀，另一方面是植根於對藝術家

童年的感受與回憶和藝術作品內容之間的密 切聯 繫的 精神 分析
觀，受到了現代西方文藝理論家的高度評價，進而蔚爲大觀，形
成了精神分析文藝理論流派，影響深遠。

第九章 弗洛伊德與現代西方心理學

第一節 弗洛伊德與學院派心理學

西方心理學源遠流長，可上溯到古代希臘。心理學在研究方法上的變遷和發展經歷了哲學思辨、經驗描述和科學實驗三個階段。哲學只能給心理學提供體系，不能提供科學的材料和實驗的技術。因此，沒有科學實驗方法的發展，心理學只能是作為哲學的一個組成部分，不能成為一門獨立的科學。所以實驗心理學的誕生，意味著科學心理學的建立。

實驗心理學是由馮特 (W. Wundt, 1832～1920) 創立的。馮特不僅引入自然科學的研究方法來創建實驗心理學，而且，在1879年設立了世界上第一個心理學實驗室。雖然馮特之後，心理學內部分化出了許多不同的流派，但實驗科學依然是心理學的主流，那些大大小小的學派都附屬於這一主流。

由此可見，西方現代心理學從一開始就是學院式的，其基本概念和研究方法是在學院的學術機關中和實驗室中建立和發展起來的，並力求依據實驗的方法把心理學塑造成純科學。他們的技術力量和隊伍是大學裏的教授或研究所的研究員，他們的理論總

想形成一個理論體系，他們的工作總想形成一個學派，具有典型的學院色彩。

直到弗洛伊德，才獨立於這一實驗心理學的學院派主流之外。弗洛伊德的心理學以其非學院、非實驗的姿態自成一體。正如美國心理學家 J. P. 查普林 (James. P. Chaplin) 和 T. S. 克拉威克 (T. S. Krawiec) 在他們所著的《心理學的體系和理論》 (*Systems and Theories of Psychology*) 一書中所說的那樣：

> 心理分析同我們迄今討論的各派比較絕不是什麼「學派」或什麼系統的心理學理論。所以如此，主要是心理分析運動是在學術界圈子以外發展起來的，而且進一步說，也因為這個集團從未試圖採取一種系統的觀點論述一切心理過程。例如，心理分析學家對於其它學派所關心的傳統領域如感覺、注意、深度知覺、學習以及種種其它過程很少表示什麼興趣可言。他們忽視這些學術領域主要因為他們的目的是非常實際的，即為神經病患者提供治療幫助。結果，心理分析作為一種理論主要討論病因學、發展過程和對精神病的治療。心理分析作為一種療法是一種非實驗的治療技術用於治療心因起源疾病的患者。●

因此，弗洛伊德的心理學與學院派心理學之間存在著根本性的差別，具體說來，主要表現在以下幾個方面：

● *Systems and Theories of Psychology*, p. 62.

(1)來源不同。 學院心理學來源於大學的心理實驗室，他們的研究成果都是通過實驗室的儀器而加以證實的，他們的學術都是在大學的課堂中來交流的，學院派的心理學家都是大學的教授或研究所的研究員。而弗洛伊德的精神分析則是來自精神病的治療實踐，其研究成果是在臨床的治療中得到檢驗的，其學術思想是在醫生們的相互交流中討論的。精神分析學家們一般地都是行業醫生。

(2)研究的問題不同。 學院派研究的是正常人的心理，他們研究的主題是人們日常狀態下的感覺、知覺、注意、記憶、思維等，他們關心的是外顯行為，著眼於環境的變量。精神分析學說則研究反常變態的人的心理，他們研究的主題是心理能量、壓抑、移情、自我防禦等無意識的心理，他們關心的是內在人格，著眼於內心的衝突。

(3)研究的方法不同。 學院派心理學以實驗的方法為主，常常是在當時當地分取不同的變量加以精確的研究。精神分析則以臨床觀摩的方法為主，以完整的人為對象，以病人過去和現在的經驗為研究的對象。

(4)研究出的成果不同 。 學院派研究出的成果是系統的純粹理論學說，是力求定量化的概念的精確性和操作的定義，是心理學研究的新的方法。弗洛伊德的精神分析學則是病因的發源，病源的發掘為研究成果，是某一臨床問題的解決，或某一方法在臨床上的成功應用。總而言之，學院派的研究成果注重於新的理論的創立、新的學說的形成，弗洛伊德的研究成果則注重於實踐的成功、新理論的應用。

由於上述的種種不同，弗洛伊德的心理學從一開始就遭到了

學院派心理學家的猛烈抨擊，不承認者有之，貶損者有之，不屑者有之，但是，隨著弗洛伊德的成功，隨著他的心理學日益深入民心，學院派心理學家慢慢地從正眼相看，到後來開始承認、接受，並與正統的學院派相互融合、交匯，匯入心理學的河流之中。在這一交互融匯的過程中，二者相互影響。具體說來，弗洛伊德的學說對學院派的影響有以下主要的幾個方面：

(1)加深了學院派心理學的深度。學院派心理學從馮特開始，即是研究封閉的意識現象，僅僅局限心理現象的表層：

> 馮特認為心理學的研究題材是經驗 —— 直接經驗，應以自我觀察法，或者，更確切地說，應以內省法，一種對自己意識過程的客觀分析的觀察法，進行研究。心理學的主要目的或問題是把意識經驗分析為它的組成元素。因此，馮特贊同心理化學和經驗論聯想主義傳統。完成了這一系統的元素分析以後，這些元素彼此聯合或結合的方式就可以判定。因此，馮特為自己設置了雙重的任務：第一，意識的分析，第二，合成法則的發現。❷

雖然馮特之後，學院心理學分成各種派別，但是馮特為他們標示了出發點和發展方向，這就是對表面的意識的研究。而弗洛伊德的心理學則探究人的心理深層，力圖揭示表面的意識現象之後的無意識王國，揭示無意識現象的內在動力，所以弗洛伊德的心理學又稱為「深蘊心理學」(Depth Psychology) 或「動力

---

❷ *Systems and Theories of Psychology*, p. 44.

心理學」(Dynamic Psychology)。

　　學院心理學家認爲心理學應該研究「意識心理」，弗洛伊德認爲意識不過是人的整個心理的一小部分，這就如同一座漂浮的冰山，意識只是水面以上的部分，而水面以下的大部分則是無意識，由此爆發的爭論的結果是：「這場爭論沒有取得最後的結論，因爲心理學和心理分析學都改變了它們的研究對象。心理學變成了關於行爲的科學，心理分析學則變成了研究人格的科學。目前，越來越多的跡象表明，這兩門科學正在日趨靠攏，以構成一門統一的科學❸。」由此可見，學院派心理學不再排斥精神分析學，而吸收了它的深度心理和動力性的研究。

　　(2)擴大了學院心理學的研究範圍。學院心理學一直試圖借助於自然科學的實驗研究方法把自己建設成純科學，因而研究中僅僅著眼於揭示一般的心理活動規律，這使學院心理學視線窄狹，排斥了很多很重要的心理現象。弗洛伊德不僅研究了無意識問題，而且把日常生活中的心理現象也納入心理學中進行研究，例如：過失、夢、玩笑、焦慮等等，尤其是性心理的研究。可以說，學院心理學研究的是人的意識心理，而弗洛伊德則是研究的整個人，這就爲學院派心理學提供了廣闊的領域。隨著現代心理學的發展，人們日益把人作爲研究對象，而不僅僅研究其中的某一方面。

　　(3)使學院心理學從理論走向實踐。學院心理學把自己的理論局限在學術研究上，把心理學當作一種知識加以傳授，他們輕視心理學在日常生活中的應用，只滿足於將其形成系統的理論、

---

❸　《弗洛伊德心理學入門》，頁 45。

精確的概念、合理的方法，因而形成了理論與實踐脫節的局面，弗洛伊德的精神分析則更多地注重於實踐，每一理論的提出都要求在臨床中加以證實，這一點在開始時受到學院心理學的嘲諷，但是學院派認識到這是弗洛伊德的長處，就積極吸收他重視實踐的方面，將心理學理論應用到日常生活之中，使之走出象牙塔，所謂社會心理學、教育心理學等專門心理學分支的興起即可作爲證明。

（4）擴展了學院心理學的研究方法。學院心理學的研究方法是實驗心理學方法，他們利用分析的方法把心理現象解剖爲單個的元素，這樣做固然是有它的精確性和實證性的好處，但是忽視了人是一個有機整體，而不是各種元素的機械的組合。弗洛伊德從人的整體性上來研究人，將人當作活生生的有機的整體來看待，這一點後來學院派亦加以吸收，形成人本主義的心理學派。

弗洛伊德的學說與學院派從排斥到融合，相互影響，相輔相成，形成了一些心理學分支學派。

第二節　弗洛伊德與動力心理學

動力心理學（Dynamic Psychology）這一領域就是動機心理學，它趣味盎然，受人關注。凡是對意識和行爲的描述感到失望，而追求一種較滿意的有時稱爲「人性」心理學的那些心理學家，也把動力心理學當作一種運動。人性心理學也是一種動機心理學，因爲行爲的預見和控制，對於了解作爲一個活生生的、能選擇的、有適應能力的有機體的人來說，乃是最重要的實際問題。因此動力心理學並非一個學派，它既無領袖，又無創始

人。

「動力」一詞含有力、能、力量、或行動的意思。在專業文獻中，這一心理學概念也有同樣的涵義，但它的外延要確定得多。在專業上，動力心理學是指動機與情緒心理學，這兩種過程之所以歸併在動力心理學的大題目下，是因爲心理學家們認爲，動機和情緒是引起、調整並維持行爲的條件。

動機心理學的歷史可以上溯到古代討論人性問題的哲學神學著作，其中關於人的動機和情緒的思想都可以視爲現代動力心理學的思想淵源。當然這之中比較成理論體系的還是要數古代醫聖希波克拉底的「四體液說」，即他將人的個性分爲「多血質」、「抑鬱質」、「膽汁質」和「黏液質」四種，系統地對人的行爲潛在動能進行探索。

在早期的動力心理學中，最著名的要數快樂主義者的動機心理學，哲學家邊沁（J. Bentham, 1748～1832）是第一個明確制定心理學快樂主義的人，他把快樂作爲人的動機的基礎，但是他把人的動機看得過於簡單。緊接著的一個對動力心理學有重要意義的學派是動機論的本能學派。本能學派是生物學家們在對低等動物的研究中形成的，他們的本能概念後來又受到達爾文生物進化論的科學證明，因此一時蔚爲大觀。

但是真正使動機心理學得以成立的則是弗洛伊德。正如著名心理學家 G. E. 波林所說：

> 動力心理學的主要來源當然是弗洛伊德……。弗洛伊德之所以多年來自外於心理學，是因為他孜孜於動機的探索，應用一套專門的術語，而對於忽視動機的正統心理學則置

之不理。❹

弗洛伊德對動力心理學的貢獻主要有以下幾個方面：

第一，弗洛伊德把動力的研究提升到主要課題的研究高度。
我們知道，正統的學院派心理學家把人當作理性的生物來看待，
他們不承認意識之後還有動機可尋，意識就是行爲的動機，因
此，實驗心理學早期忽視動機的研究，使這一領域成爲心理學的
空白，而弗洛伊德積極追尋意識之後的動力因素，因而填補了這
一空白。在弗洛伊德以後，動力心理學很快成爲實驗心理學的組
成部分。

第二，弗洛伊德把無意識作爲人的心理動機，並且認爲被壓
抑的里比多本能是無意識的內容，這樣使動機心理學眞正具有動
力的思想。「由於精神分析理論和本能理論二者的影響，對人的
看法便從唯理論的概念轉到動機的觀點，後一觀點把行爲看作是
由個體內部潛意識、非理智的力量造成的❺」。弗洛伊德的這些
思想後來影響了許多動機理論。

第三，弗洛伊德把動機的衝突思想引進了心理學。弗洛伊德
認爲，里比多由於壓抑而總是處在焦躁不安的要求釋放出來的活
動之中，壓抑與釋放二者之間進行激烈的衝突，並由此提出了一
系列動力學的概念，如壓抑、昇華、移置、轉換、固著、倒退等
等，這些概念被現代心理學所吸收，成爲基本概念。此外他還提
出了生的本能與死的本能的衝突，並認爲這種衝突是無止境的。

---

❹ *A History of Experimental Psychology*, p. 693.

❺ 希爾加德等著《心理學導論》，北京大學出版社，1987 年版，頁
463。

給現代心理學極大的影響。

第四，弗洛伊德關於「焦慮」的思想也極大地影響了動力心理學派。弗洛伊德主要區分了三種焦慮：客觀焦慮、神經性焦慮和道德焦慮。弗洛伊德認為，後兩種焦慮都有一種動機性功能，意思是說，兩者都可能導致壓抑。當自我覺察到危險時，自我會採取步驟減輕帶來的焦慮，壓抑著起初曾引起這種情緒的衝動。從這一觀點來看，壓抑便成為一種對付焦慮的機制。查普林和克拉威克認為，弗洛伊德的焦慮說對動力心理學影響極大：

> 他對這一情緒的看法和關於情緒的行為主義生理觀是一致的。更具體地說，弗洛伊德認為，原發的焦慮是一種本能反射（誕生創傷），它通過條件作用過程逐漸與各種刺激相聯繫。這一說法嚴格遵守著華生（Watson）和新行為主義的觀點，即遺傳的情緒反應經過條件作用逐漸聯繫於多種多樣起初是中性的或非創傷性的刺激。我們還可以指出，弗洛伊德關於情緒的機體動力學觀點已經擴展為醫學的嶄新分支，「心身醫學」，它承認情緒（心）與軀體（身）疾患之間有密切的關係。❻

以上四個方面是弗洛伊德的學說對整個動力心理學的影響，下面我們再看看，弗洛伊德對個別動力心理學家的影響。

一、弗洛伊德與麥獨孤的策動心理學

威廉・麥獨孤(William McDougall, 1871～1944) 是英國

---

❻ *Systems and Theories of Psychology,* p. 437.

著名心理學家，曾執教於牛津大學和哈佛大學，是一個出身於實驗室的學院派心理學家，他的目的心理學與行為主義有關。但是自1930年以後，由於受到弗洛伊德學說的影響，而改變了他的思想體系。1930年，麥獨孤將其心理學體系更名為「策動心理學」(Hormic Psychology)。麥獨孤前期的理論認為，人類的一切動作——以至社會相互作用——都可視為基本的遺傳本能動作及其在經驗中的改變的結果。他又將本能與情緒聯繫起來，認為每一主要的本能必有一個相應的主要情緒：逃避本能的情緒為恐懼，拒絕本能的情緒為厭惡等等。後期，在弗洛伊德學說的影響下，主張本能指向一個目標 (goal-directed)，即其所釋放的能量引導有機體趨向一個目標。他認為，這一引導乃是通過認知的知覺 (cognitive awareness) 而發生作用。趨向目標的活動持續不已直至達到目標為止；此時活動因成功而告結束。趨向目標的進程總是愉快的；進程受挫或被阻是不愉快的。能量可導入動作渠道，而且對目標性質的認知可使尚未成功的有機體走向正確的道路——或至少使尚未成功 (not-yet-successful) 的有機體選擇正確的道路。當前的動作有賴於認知它的趨向。

正如 G. E. 波林所說，「麥獨孤的想法在此處表現出舊的能量說（布呂克和布洛伊爾的概念，認為腦的能量有待於宣泄），以及弗洛伊德和精神分析的影響❼」。由上所述，我們可以看到，其影響有兩個方面，第一是認為能量是不斷釋放的觀點，第二是能量的釋放受快樂原則的支配，得到釋放的能量是快樂的，被壓抑的能量是不快的。

---

❼ *A History of Experimental Psychology*, p. 718.

二、弗洛伊德與勒溫的勒溫心理學

庫特‧勒溫（K. Lewin, 1890～1947）是德國著名心理學家，一生都在學院執教，是典型的學院派學者。勒溫就其理論的總的方向而言是完形論（Gestalt Psychology），但是又與正統的完形論顯著不同，因爲他強調欲望、意志、個性和社會因素，因此他的心理學被稱之爲「勒溫心理學」（Lewinpsychology）。勒溫的學說受弗洛伊德的影響主要表現爲，勒溫認爲，人是一個移動的有機體，他過著四方移動的生活，他希望達到或離開某些地方，希望獲得或躲避某些東西。你可以用誘發力（valences）來表示他的欲望。著名心理學家霍爾特(E.B. Holt, 1873～1946)認爲，勒溫的這種欲望與弗洛伊德的學說如出一轍，並稱之爲「弗洛伊德的願望」，由此可見，弗洛伊德的影響多深。此外托爾曼（E.C. Tolman, 1886～1959）還將勒溫和弗洛伊德相提並論，他說：

> 弗洛伊德爲一臨床醫生，勒溫爲一實驗家，正是他們二人常被人所懷念，因爲他們的洞察力相反相成，初次使心理學成爲可以同時適用於真實的個人和真實的社會的一門科學。❽

三、弗洛伊德「性欲說」與阿德勒的「自卑感」

A‧阿德勒（A. Adler, 1870～1937）是弗洛伊德的學生和

---

❽ *A History of Experimental Psychology*, p. 724.

朋友，後來因思想觀點的分歧而決裂。作為弗洛伊德的學生，阿
德勒的思想受到弗洛伊德的根本性的影響，他主要接受了弗洛伊
德的精神分析臨床治療和解釋的方法、潛意識的概念、動力學探
討，以及先天潛能起決定作用的思想。從動力心理學的角度來
講，阿德勒也和弗洛伊德一樣，認為，隱藏在意識之後的潛意識
是精神病發作的根本動力。但是阿德勒認為，這種潛意識不是性
壓抑的結果，而是人的「自卑感」，這種自卑感也不是像弗洛伊德
所認為的那樣，僅僅導致精神病，而是人生存發展的動力源泉，
在「補償機制」和「超補償機制」的作用下，人因此而能創造出
偉大的業績。

阿德勒認為，人天生是個不健康的和柔弱無力的生理上有缺
陷的生物，無論是視聽器官還是神經系統都有障礙，導致神經症
發病的衝突情境，多發生在同文化環境和社會環境發生衝突的人
特別尖銳地體驗到自身的「自卑感」的時候。而且正如阿德勒認
為的那樣，在上述感覺影響下，每個人的心理上都形成某些特殊
的機制，以便建起「補償的精神上層建築」，借助這種上層建築
進行著個體在克服自身「自卑」方面的生命活動的無意識擴展。
這樣，在這個主觀感覺和克服它的相應機制的影響下，實現著人
的心理的內部發展和使自己的從幼兒生活的頭幾年就知道的無意
識過程的目標職能作用。

阿德勒舉了許多歷史上有名人物的例子來作為自己理論的佐
證：天生口吃的德摩斯梯尼，由於補償和超補償的心理機制而成
為古希臘偉大的演說家；貝多芬是個聾子，由於這一機制而成為
著名作曲家；席勒的視力不好，但由於這一心理機制而成為戲劇
家等等。

阿德勒認爲，「補償」和「超補償」按一定的方向發展，同時受無意識的「權力欲」的支配。所謂權力欲就是超越別人和主宰別人的欲望，它是每個人的內部固有的心理發展的基本動力。自己身體素質孱弱的個體極力想用獲得無限的權力來補償「自卑感」，同時，無限的權力既是補償手段，也是生活於現代文明的大多數人的目的。

由此可見，阿德勒只是改頭換面的弗洛伊德。他將「性壓抑」換成「自卑感」，「昇華」換成「補償」與「超補償」，「里比多」換成「權力欲」。總而言之，在動力論方面，他將弗洛伊德的以性本能爲基礎的客觀生物主義換成了以自卑感爲基礎的主觀主義。

四、弗洛伊德與榮格的「分析心理學」

卡爾‧古斯塔夫‧榮格 (Carl Gustav Jung, 1875～1961) 是弗洛伊德在心理分析學發展早期的另一個合作者，但最終也與阿德勒一樣由於理論分歧而離開弗洛伊德，並創立了自己的學派。榮格的心理學稱爲分析心理學，正如這一名稱所表明的一樣，它是一種在精神與實踐兩方面都要比阿德勒學派更接近於弗洛伊德的學說體系。

從動力心理學的角度來看，榮格對弗洛伊德既有吸收又有改造，這主要表現在以下幾個方面：

(1)榮格接受了弗洛伊德的里比多概念，但是對它作了更寬泛的解釋，如他認爲，里比多是一種心理能，它決定在人心靈中進行的心理過程的強度。榮格沒有確定這一心理能量同某一具體的心理力（如在弗洛伊德那裏它是由性欲決定的）的關係，而是

確定它同說明人的心理活動特徵的內部心理情緒的關係。

(2)榮格接受了弗洛伊德的無意識的概念，但是，榮格認爲，無意識的內容不是性的壓抑，而是「原型」，原型是一個純心理學的概念，榮格說:「原型是一個象徵說法，它或者在沒有意識概念的地方，或者在按內部根據或外部根據都不可能有這些概念的地方發揮其作用。」事實上，榮格的原型是作爲人的心理的更深層的積澱，它們不僅是個別的個體，也是整個人類幾千年來積累起來的適應和爭取生存的經驗。確切地說，原型是類精神現象。

(3)弗洛伊德認爲無意識是個人心理的基本因素，榮格與之不同，他把個體的和集體的無意識加以區分，提出了「集體無意識」這一中心概念。

(4)在解決意識和無意識關係，證明無意識對意識的巨大作用的過程中，榮格的主要概念是「情結」。「對榮格來說，情結（而不是如弗洛依德所假設的夢）才是無意識領域的陽光大道❾」。情結是夢和病症的建築師。但是弗洛伊德認爲「情結」沒有揭示出無意識內容間的內在聯繫。

由上可見，榮格儘管對個體的行爲動機、心理的結構層次、無意識的符號活動等因素作了更精確的說明，但是他逃不出弗洛伊德的榮光所照耀的圈子，他不過是對弗洛伊德所提出的問題作了另外的解釋，但大綱還是弗洛伊德的。

五、弗洛伊德與霍妮的「基本焦慮論」

凱倫‧霍妮（Karen Horney, 1885～1952）是一位著名的女精神分析學家，新精神分析學派或精神分析社會文化學派的先

❾　〔美〕L. 弗雷-羅恩著:《從弗洛伊德到榮格》，頁 23。

驅和代表人物。

　　從動力心理學的觀點來看，霍妮對弗洛伊德的繼承和發展主要表現爲他的「基本焦慮論」。霍妮反對弗洛伊德的性壓抑學說的生物學傾向，而極其強調神經症的文化定義，認爲神經症是從一定社會普遍接受的行爲模式的離異。她認爲神經症背後的內驅力是一種「基本的焦慮」，起初起因於童年期愛與感情的欠缺。在力求克服焦慮時，兒童形成了「神經症趨向」，這基本上是補償的行爲模式，其目的在於促進安全保障。

　　同弗洛伊德一樣，霍妮也強調了決定論、無意識動機、壓抑和衝突，但是她在方法上和理論上具有較大的靈活性。她反對里比多理論，也反對弗洛伊德對性欲的總的強調，她設想，精神病部分地是文化衝突的產物，部分地是由不健康的社會發展引起的。兒童不再被認爲是任隨生物本能所擺弄，相反地，正常發展被認爲一方面依賴於安全而親密的家庭關係，另一方面依賴於給予他或她的文化影響和社會影響。而且，正常與不正常的定義本身也是由文化因素決定的。她的這種觀點代表了當代動力心理學的趨向。

第三節　弗洛伊德與發展心理學

　　發展心理學從其淵源講具有較老的歷史，但是它的發展則是近現代的事。在現代，發展心理學這一領域一般都稱之爲兒童心理學，反映著對人類兒童的興趣有一個悠久而富有成果的歷史，涉及兒童的能量和感覺運動的、情緒的和社會方面的發展。

　　兒童心理學的起源應該回溯到古希臘的柏拉圖，他制定了第

一個系統的理論,說明應該如何教育兒童,使他們能夠成為理想國的未來公民。關於兒童心理能量與限制的思考一直延續到十九世紀的中葉,才有對兒童觀察與實驗的開始研究取代哲學的思辨。

在兒童心理學中的一個劃時代的學說就是弗洛伊德的「兒童是成人之父」這一觀點的提出,因這一觀點,發展心理學才有今天的這一輝煌名稱,才具有今天這一廣濶的發展前景:

就某種程度而論,教會我們利用時間這一維的是達爾文主義。但是根據發展的概念進行思考則是我們全部生活方式的特徵。「人」這個詞不再簡單地指今天可以在地球表面上看到的人類。今天,在我們的報紙上和電視屏上,我們看到人及其馴養動物的顱骨、陶瓷碎片和發粉的發掘,作為人類在某一遙遠時期的生活方式的證明。我們依照兒童培養的方法,對當代不同的有文字以前的社會進行比較研究,並尋求個人差異的證據以判斷這些差異究竟有無不同。心理分析學也許是「兒童是成人之父」這一見解的最豐富最系統化的源泉。著重發展或「縱向」順序的整個現代方針的確定已開始被許多人視為研究成人個性最健全的方法。在古生物學之上,於是添加了史前學;在史前學之上,添加了有關成人個人傳記畫面的概念,而加在它們之上的還有種種涉及短時跨度的生物學。這些短時影響將不得不同長而又長的時間跨度的影響進行比較,直到最後勒溫 (Lewin) 式的短、長間跨度的區分不得不省略。我們正在走向一種關於心理存在的深邃發展觀。❿

---

❿ *Historical Introduction to Modern Psychology*, p. 401.

弗洛伊德關於發展心理學的觀點主要表現在以下幾個方面：

首先，弗洛伊德認爲，「兒童是成人之父」的觀點的提出，使人們認識到，人的人格及其性格特徵是在童年時期就形成了的，從而使那些研究人的心理的心理學家們開始注意兒童的心理發展，開闢出兒童心理學這一被人們忽視已久的具有廣濶前景的領域。「這一理論施加於二十世紀兒童觀的強大影響集中表現在這一理論對研究工作的促進作用，強調童年是成人順應模式發展與定型階段❶」。

其次，弗洛伊德按照心理分析學的觀點將兒童的心理發展進行分期分段的專門研究，並從發展學的角度來揭示兒童心理爲什麼是成人心理之父的原因。

弗洛伊德將早期嬰兒劃分爲三個階段：(1)口腔期，這時嘴的刺激引起快感；(2)肛門期，這時里比多快感的獲得與下腸的活動有聯繫；(3)早期生殖器期，此時性器官的擺弄是快感的主要來源。

稍後我們將會看到，弗洛伊德的這些觀點對埃里克森等人有極大的影響。

第三，弗洛伊德揭示了兒童的性欲問題，這被認爲是本世紀兒童心理學的最偉大發現，極大地推進了性心理學的研究。它打破了幾千年來認爲只有青春期的成年人才有性欲的教條，使兒童心理學獲得了具有與成人心理學同等重要的地位，爲兒童心理學奠定了牢固的基礎。J. P. 查普林和 T. S. 克拉威克對此評論說：

---

❶ *Systems and Theories of Psychology,* p. 196.

弗洛伊德關於兒童心理性欲發展的觀點是二十世紀最引起
爭論同時又最有影響的。這一理論引起的爭論導源於弗洛
伊德的假設。認為嬰兒和幼兒呈現成人性形態——甚至認
為兒童全部生活過程的基本動機就在於他或她的人格在心
理性欲發展中的展開。……這些觀點，在本世紀二○年代
到四○年代弗洛伊德影響高峰期，對於改革教育、兒科學
和精神病學的實施有特別重要的意義。⑫

一、弗洛伊德與埃里克森的發展理論

埃里克•洪伯格爾•埃里克森 (Erik Homburger Erikson，
1902～1979) 是美國兒童精神分析醫生，弗洛伊德的女兒安娜•
弗洛伊德的學生。埃里克森的發展理論受弗洛伊德的影響主要是
他關於心理性欲發展階段的著名理論。埃里克森把心理性欲發展
分為八個階段：

第一階段為口唇感覺階段。此時兒童處於最無助的階段，完
全依賴於他人的養育和保護。因其發展的正常和異常而獲得一種
基本的信賴定向或不依賴定向，類似於弗洛伊德的口腔期。

第二階段為肛門階段。兒童通過掌握對排泄器官的肌肉控制
並由此得到一種自律或選擇自由的意識。兒童發展為一種強制性
成人，其個性特徵是強烈趨向占有與控制的驅力，這一點類似於
弗洛伊德的肛門性格觀點。

第三階段為運動生殖器期，它相當於弗洛伊德的生殖器期。

---

⑫ *Systems and Theories of Psychology*, p. 195.

此時，兒童必須學會對付生殖器的衝動。像弗洛伊德一樣，埃里克森也認爲兒童具有強烈的俄狄普斯情結，他必須按照現實原則來改變這一情結，也就是說，必須在三至五年內使這些衝動轉化爲可以接受的形態。埃里克森說：

> 在男孩中，著重點仍然在生殖器侵入方式；在女孩中，它轉爲「捕捉」，在進攻性形式中表現爲攫取與「淫蕩」占有，在較溫和形式中則使自己顯得富有吸引力並惹人喜愛。
>
> 這一階段的危險在於意識到想望的目的有罪，在新的運動力量與心靈力量的極度享受中所發起的動作有罪：那是侵犯手法與強制的動作，遠遠超出機體與心靈的執行能力，因而要求強有力地終止所想望的發端。⑬

第四階段爲潛伏期，與弗洛依德的潛伏期類似，但強調孩子離開家庭進入社會的重要，社會首先以學校爲代表。成功意味著孩子獲得勤勞與勝任的特徵；失敗帶來失敗感與自卑感的負擔。

第五階段爲靑春期，相當於弗洛伊德的性器欲期。在這一階段，兒童成爲靑少年。靑少年把先前各階段已形成的認同作用的同一性核心加以綜合，產生了自我同一感。埃里克森指出，這種自我同一感不是兒童期各方面的總和，而是已經整合了的個體的完型 (individual gestalt)。與同一性相反的是同一性的散亂 (diffusion) 或混亂 (confussion)。同一感與同一混亂感是此

---

⑬ *Systems and Theories of Psychology*, p. 199.

一階段的主要矛盾。

弗洛伊德認爲，靑春期是一個身心騷動的階段，強大的性衝動和攻擊驅力彷彿要冲毀他的自我防線。埃里克森也認爲，靑春期的里比多的增強具有較大的破壞性。但他還同時認爲社會的因素所造成的衝突也是其根本原因之一，因此，他認爲靑年要克服七個方面的危機才能順利地進入成年期。

第六階段爲靑年成年期。本階段的基本發展主題包括心理上的準備性，以及承擔婚姻生活中彼此親密的任務。靑年男女已具備能力並自願去分擔相互信任、工作調節、生兒育女和文化娛樂等方面的生活，以期最充分而滿意地進入社會。

埃里克森同意弗洛伊德的看法，認爲靑年以其愛情和工作的能力顯示出他的人格化模式。靑年男女要正常度過成人早期，在愛情方面，需要發現一種共享的同一感，以體現人格化模式。至於工作方面，都要體驗到與社會親密無間，集中精力於工作或生活中的樂趣，而且想幹得出色，這樣才是眞正的工作，否則就會產生孤獨感。

第七個階段爲成年期。本階段的男女已成家立業，其興趣已轉到下一代，關懷下一代的成長已成爲他們注重的中心。用埃里克森的話說就是繁殖對停滯的階段，所謂繁殖，不僅是指對新生代的照料，而且也包括一系列的工作以創造事物和思想與其社會符合一致。但是由於更多地關照下一代，其結果是使人格停滯、感情貧乏。

第八個階段是成熟期。此一階段由於身體的衰老、工作的失去、配偶親朋的喪失，所以要求老人必須作出身體和社會的適應，以保住潛能，用以維繫生長和智慧的鬥爭。此一時期，老人

返首回顧自己走過的道路，功成名就者，感到有一種完善感，失敗無爲者，感到失望和厭惡。

　　以上就是埃里克森的基本理論。關於他與弗洛伊德的關係，J. P. 查普林和 T. S. 克拉威克總結說：

> 通過簡短概述埃里克森的發展階段理論，我們曾指出他的
> 著重點在於孩子與世界間的相互作用。這與弗洛伊德認爲
> 著重點在於內部衝突的看法顯然不同。埃里克森超越弗洛
> 伊德還在於他強調學期生活的發展，在於他集中注意於自
> 我發展中的同一性和完整性問題。雖然埃里克森從基本的
> 本能出發，但他超越這些本能，強調發展期內勝任的成就
> 和存在危機的解決，並在這方面遠遠離開了弗洛伊德。在
> 這一道路上，埃里克森追隨阿德勒、霍妮、弗洛姆、懷特
> 等等，他們已經超越了弗洛伊德的本能論，提出心理社會
> 的個性理論。❶

二、弗洛伊德與沙利文的發展理論

　　哈里・斯塔克・沙利文 (Harry Stack Sullivan, 1892~1949)，是美國著名的精神分析學家、精神分析社會文化學派的主要代表人物。沙利文的人格發展階段學說受弗洛伊德影響甚深。

　　沙利文認爲，人生來具有一種自我調節和整合的功能，能使人的潛能向完善的方向發展，使人格發展具有連續性，但也可以

---

❶ *Systems and Theories of Psychology*, p. 200.

根據大約與某種能力成熟的相當年齡而分爲六個階段，個人必須達到某種能力的成熟，才能意識到外界環境中的種種人際關係，從而加以對付和適應。他的各發展階段兼具情緒（性欲）和智慧的各方面的內容，與埃里克森的心理社會性質的任務有所不同。

沙利文劃分和概括了六個成人之前的發展階段：

1.嬰兒期，從出生到語言能力的成熟。新生嬰兒來到這個世界上，處於無能狀態，採取的是原始的經驗方式，其認知經驗處於人與環境的混沌不分和未分化模式。嬰兒的活動主要是吃奶、吮食等，因此，沙利文利用弗洛伊德的術語稱之爲「口腔區的相互作用」。到嬰兒的末期，開始注意到母親對他的態度的好壞，並因之而被他視爲好母親和壞母親的象徵。與此同時，出現了被別人視爲原始自我的好我和壞我，類似於弗洛伊德所指的意識的雛形。

2.兒童期，從語言到對玩伴需要的成熟，約 6 歲止。由於語言的發展，這時兒童已能學習文化，自我系統仍按贊許或不贊許的模式積極生成。在這時，昇華成了非常重要的動能，兒童在與別人的交往中開始知道「做這個」、「不做那個」等等，從而習得昇華的機制。反之，他就運用分裂和情動性反應錯亂兩種防禦機制。分裂相當於弗洛伊德的壓抑，情動性反應錯亂是人際關係中的一種錯亂，帶有我向的個人意義，在無意識中發生作用，在精神病中體現出移情和反移情的方面。到了二三歲，兒童有了初步的交互確證的語言，開始尋求玩伴。

3.少年期，從玩伴到對同性親近的需要的成熟。發展的這個階段被寬泛地定義爲「從進入學校到實際上結交了密友這段時間，如果少年期什麼時候結束的話，結交密友是結束少年期的最

終標誌」。這時少年已經社會化了，懂得競爭與合作。其自我能動的方向是保持名譽。主動避開不感興趣的事物，學會區分幻想與現實。但他們過早地以成人的文化定型（如「清教徒」、「硬漢」等）自居，對於許多人來說，這個時期是一個人人格發展的危險期。

4.前青年期，從同性親近到生殖欲動能的成熟。本期產生了一種尋求同性密友的需要，沙利文認為，這對於人格的向前發展極為重要。本期個人的主要任務是從自我中心主義轉向愛情，能夠體會到別人的滿足和安全與自己的同等重要。

5.青年期初期，從生殖欲到情欲行為的模式化。進入青春期，開始感到情欲的驅力，愛情欲的驅使，他們開始改變愛的風格，從同性愛轉向異性愛，但卻未能與他所愛的人形成戀愛關係。他們可以墜入情網，並結婚，但是仍存在著順應婚姻的性方向的關係的問題。

6.青春期後期和成熟，沙利文認為，「當一個人發現自己喜歡什麼樣的生殖行為和怎樣使之適合於其它的生活時，他便開始了青春期後期」。此一時期的人開始正好走上工作崗位，並順應之，有了家庭意識、父母身分和公民責任。成熟的人格基本上反映了親近的需要和與他人的合作。

第十章　弗洛伊德與現代西方社會思潮和文藝思潮

第一節　弗洛伊德與存在主義

存在主義是二十世紀一股影響巨大的哲學潮流，二次世界大戰以後風行一時。存在主義重視人，重視人的個性，注重人的情緒，強調人生在世的生活經驗。存在主義的創始人一般地公認是祁克果（Sören Kierkegaard, 1813～1855）和尼采（Friedrich Wilhelm Nietsche, 1844～1900），但是眞正使存在主義蓬勃發展並最終形成一股潮流的是海德格爾（Martin Heidegger, 1889～1976）、薩特（Jean-Paul Sartre, 1905～1980）和雅斯培（Karl Jaspers, 1883～1969）。在這些人中，祁克果和尼采都生活在弗洛伊德之前，無論從個人生活還是從學術思想上，都談不上什麼直接影響，海德格爾1927年發表《存在與時間》，從此名聲大振，在此之前，他一直受胡塞爾的影響，我們找不到他與弗洛伊德交往的記錄。薩特和雅斯培則在他們的學說中直接與弗洛伊德對話，因此，他們受弗洛伊德的影響頗深。但是從總的思想傾向來看，存在主義和精神分析學具有共同的思想因素。總的說來有以下幾個方面：

(1)都把非理性當作自己的理論基石。 弗洛伊德強調無意識思想，認爲意識的本質是無意識，意識是無意識的外在表現形式之一。 存在主義則強調非理性主義的情感因素， 所謂理性的認識、 感性、 知覺等等是受非理性的情感支配的。 在弗洛伊德之前，人們反對非理性主義思想，認爲非理性主義思想是無根據的東西，自從弗洛伊德發現無意識以後，非理性主義才算是有了自己的根源， 有了自己的堅實大地。 而存在主義所闡述的非理性主義的思想則又爲無意識提供了外在的證據，豐富了無意識的內涵，使無意識概念成爲一個內涵豐富的概念，而不是無中生有的臆造，空中樓閣式的幻想。

(2)都把人當作一個具體的人而不是抽象的人、 整體的人而不是零散的人來看待。弗洛伊德以前的心理學只是揭示人的外在心理，他們在實驗室中把具體的人的心理抽象成概念、定律，得出人所共有的普遍的、共同的心理過程，因此，他們的人是抽象的人，是概念式的人。弗洛伊德則是研究具體的個人，他認爲，人的心理是受個體的經驗決定的， 儘管他也得出普遍的理論，但是， 這些理論只有在具體的個人身上才顯示出其豐富性來。 同樣存在主義以前的哲學都把人當作理性的動物，來研究人的認識論，強調人所共有的認識過程、認識特點，在他們那裏，人成了抽象的理性的理論。存在主義者則不同，他們把人當作具體的人來看待，研究個人的生活體驗、情感世界、生活領域。因而人是具體的人。弗洛伊德以前的醫學是頭痛醫頭、腳痛醫腳，他們把人分成五官科、皮科、外科、內科等等零散的東西，在他們眼裏只有症狀，沒有人，而弗洛伊德則認爲，症狀是人的症狀，每一症狀因不同的人而異，研究症狀就得研究人，就得研究人的生活

經歷，因此，人是活生生的人，是整體的人。存在主義在這一點上與弗洛伊德具有共同的特點，只不過存在主義是從常態進行研究，而弗洛伊德是從病態進行研究。後來薩特吸收了弗洛伊德的思想，把精神分析引進了常態的研究之中。

(3)都強調人的情感，尤其是對焦慮、噁心等情感。弗洛伊德從焦慮、噁心等情感來揭示精神病發作的機制，存在主義則從這些情感來揭示人的存在。

(4)都對人類發展的前景懷著「絕望的希望」。弗洛伊德從本能學說出發，給人類一個悲觀的前景，並對生的本能與死的本能的衝突無能爲力。存在主義則對人類的理性和文明的進步深表失望，認爲人永遠難以擺脫異化的困擾和死亡的威脅。

在存在主義者中，薩特受弗洛伊德的影響最深。薩特對弗洛伊德的精神分析學說之所以如此傾心，是因爲他認爲，在追踪人的活動根源這一存在主義基本問題上，弗洛伊德與他的思想是一致的，他吸收了精神分析學說的許多內容，對它們加以改造，提出了「存在的精神分析」這樣一個方法論的問題，把它納入到他的存在主義的馬克思主義思想之中。在《存在與虛無》一書中，薩特說：

> 沒有人嘗試過系統地獲取一個活動包含的意義。只有一種學派是和我們出自同一原始自明性的：這就是弗洛伊德學派。弗洛伊德和我們一樣，認爲一個活動不能僅限於它本身：它直接歸結到更深的結構。而精神分析是能够闡明這些結構的方法。弗洛伊德像我們一樣自問：在什麼條件下這樣的人才能完成這樣一種特殊的行動呢？他和我們一樣

拒絕以在前的時刻來説明行動，就是説拒絕設想一種橫向心理決定論。在他看來活動是象徵性的，也就是説，他覺得這個活動表示了一種更深的欲望，這種欲望本身只能從主體里比多（Libido）的一種最初規定出發來説。只不過弗洛伊德力求以此來建立一種縱向決定論。而且他的概念必將這樣迂迴地返回主體的過去。情感對於它來説是在心理——生理意向性的形式下的活動基礎。但是這種情感在我們每個人身上一開始都是一種白板：是外界環境，換句話説，是主體的歷史來決定是否有這樣或那樣的傾向作用於這樣那樣的對象上。❶

薩特在這裏討論的是決定論的問題。關於什麼決定著人的活動，也就是説，人的活動的意義應該從哪一個角度來闡釋，有兩種觀點：一種是橫向決定論，認爲活動是由外在的行爲引起的；一種是縱向決定論，即活動是由內在的心理深層所引發的。薩特同意後者而否認前者。薩特認爲弗洛伊德同他的觀點是一致的，而且，弗洛伊德成功地利用他的精神分析方法闡明了縱向決定論的問題。從弗洛伊德的精神分析法，薩特得到了很大的啓示。他説：

於是，我們應該滿足於從精神分析的方法中得到啓示，就是説，我們應該企圖通過一個原則來揭示一個活動的諸多意義。這個原則就是：一個行動，無論它怎樣無意義，它

❶《存在與虛無》，三聯書店，1987年版，頁 587-588。

都不是在前的心理狀態的簡單結果，不屬於線性決定論的範疇，而是相反，它作爲次級結構融合在總結構中，並最終融合在我所是的整體之中。❷

　　但是薩特並不滿足於弗洛伊德的精神分析法，認爲，這種精神分析法是一種經驗的精神分析法。因爲它是在經驗的心理學研究中，所確定的人的內在主觀性的結構是人在滿足欲望中的各種意向的集合，並試圖把各種欲望還原爲普遍和抽象的原始本能，如性欲，卻無法說明爲什麼這普遍和抽象的東西產生的是人們不同的具體行爲，結果只好借助於外在的條件和在前的狀態去加以說明，這使弗洛伊德又回到了橫向決定論。因而，人的現在的行爲只能找到人的過去的經驗。因此，薩特說，「卽使我們接受精神分析學的方法，……我們也應該在相反的意義上去運用這種方法❸」。於是，他提出了他的「存在的精神分析法」。他認爲，人的活動就是選擇和謀劃，這種選擇和謀劃是原始的選擇和原始的謀劃，它不是普遍性和抽象性的實在，而是虛無，是種種的偶然性和可能性。通過存在的精神分析法，可以從人的經歷和體驗中去認識人的行爲和思想的因果關係，但是卻不能夠去認識它們。

　　在《辯證理性批判》一書中，薩特的精神分析法又有了發展，他將精神分析看作是馬克思主義與存在主義結合的一種中介。他一方面認爲，馬克思主義的社會經濟地位決定人的思想意識的觀點有合理之處，但另一方面他認爲這是獨斷論的結論，因爲人的思想行爲無不應該追溯到他的童年經歷，只有借助精神分析才能

---

❷　《存在與虛無》，頁 589。
❸　同上書，頁 589。

夠解釋爲什麼在相同的社會歷史地位上，不同的人會有不同的思想和行爲。所以，這就比《存在與虛無》又進了一步，不再否認弗洛伊德將人的心理結構訴諸如人的經驗，而是強調人在童年時的經歷的重要性。

第二節　弗洛伊德與結構主義

結構主義是六、七○年代盛行於法國的一種哲學思潮，其主要的代表人物有列維·斯特勞斯（C. Lévi-Strauss, 1908～）、福科（M. Foucault, 1926～）、拉康（J. Lacan, 1901～1981）、羅蘭·巴爾特（R. Barthes, 1915～）等人。結構主義是對存在主義的一種反動。他們在一些基本的哲學觀念上與存在主義持相反的態度。如針對存在主義的「主體」、「自我意識」、「個人」、「存在」、「本質」、「歷史性」、「人道主義」等等針鋒相對地提出了「主體移心化」、「客觀結構」、「無意識結構」、「模式」、「記號系統」、「意指作用」、「共時性關係」、「反人本主義」等等。結構主義採用自然科學中已經普遍採用的結構的觀點和方法，力求把人文科學和社會科學改造成與自然科學相統一的精密科學。

弗洛伊德的思想對結構主義哲學影響頗深。在列維·斯特勞斯、拉康、福科這些結構主義者的觀念中，可以清楚地看出語言學問題和精神分析問題趨於結合的傾向。結構主義者批判了弗洛伊德在解釋個性的深層結構時的生物主義和機械論，但他們卻認爲，正由於弗洛伊德的精神分析對人的活動的無意識機制和語言的符號職能的強調，不僅爲客觀地認識人的心理的個體發育的發展和系統發育的發展開闢了新的前景，而且也爲客觀地認識語言

結構、社會關係、個體在社會中生命活動的社會調節機制開闢了新的前景。結構主義是使用精神分析研究方法，來揭示思維和語言的結構化過程，以及文化和現代文明的民族學、歷史和經濟等方面的因素結構化過程的。例如，列維・斯特勞斯就試圖根據古典的精神分析思想去揭示支配原始社會的社會意識結構的無意識機制；福科在研究理性構成之外的人的表象的基本結構時，力求說明科學思維的內部規律性，以便建立「人文科學的考古學」；拉康在研究個性時，把注意力放在無意識在人的生活中的作用方面，並且概括地用「象徵性的」、「想像的」和「現實的」這幾個範疇表示的內在心理結構提出了自己的觀點。六、七〇年代，法國青年一代的結構主義者步列維・斯特勞斯的後塵，開始把弗洛伊德的精神分析思想積極地應用於文藝學，並把它們同藝術作品文句的語言學分析，同對作品內容的神話式的解釋結合起來。由此可見，精神分析的觀點已廣泛地運用於結構主義者的理論著作中。下面我們主要看一看列維・斯特勞斯和拉康兩人所受的弗洛伊德的影響。

　　列維・斯特勞斯是法國著名的社會學家和文化人類學家，結構主義的創始人。列維・斯特勞斯對精神分析學這一方法非常推崇，他認為，「現在，語言學、文化人類學和精神分析學構成了一個方法論三角體，它將取代古傳至今的人文科學原理的作用。在哲學和認識論上，使我們感興趣的是，這個三角體，借助一個被構成的和能構成的整體模式，影響了一切有意義的人類活動❹」。

---

　❹　《結構主義：莫斯科——布拉格——巴黎》，商務印書館，1986年，頁 116。

　　列維・斯特勞斯對弗洛伊德的無意識思想也很推崇，並將這一思想吸收到他的人類學研究之中，努力去挖掘原始社會的社會意識現象的無意識基礎。他認爲，人類是自然界發展的產物，其精神中必然先天內含著體現自然有序性的無意識結構，它作爲原型內在制約著由人所創造出來的語言及語言反映的人類社會生活和文化現象。因此，他要用語言學、文化人類學和精神分析學構成的一個方法論的三角體，通過人類的社會生活和文化現象及反映它們的語言去尋找深層的無意識結構，從而得到普遍有效的解釋原理。列維・斯特勞斯就曾詳細分析過原始人的神話故事和親屬關係，試圖發現他們的內在結構，從而把握住人類心靈的結構和社會關係的結構。

　　拉康也是當代法國最著名的結構主義者之一。拉康的目標是把精神分析納入現代人文科學的範圍裏，使精神分析學成爲獨立的、自成一體的科學理論，即要從傳統的精神分析學中創造出一種現代化的理論。拉康的精神分析學中最著名和最基本的結論是：「無意識的話語具有一種語言的結構」和「無意識是他者的話語」。

　　首先，拉康認爲無意識的研究應當在現代語言學的水平上進行。由此，他把人的世界劃分爲三個不同的層次：(1)在無意識之前的東西（因而不可能知道）；(2)在無意識的語言與意識的語言之間的劃分；(3)在意識的語言內的能指和所指的劃分。拉康說這三個不同的層次不可溝通。拉康把無意識看作是一種類似於語言的結構，他認爲，在症狀、夢、動作倒錯與笑話中有同態結構。在它們之間有同樣的壓縮與移位的結構法則在起作用，「它們是無意識的法則。這些法則與語言中形成意義的法則是一樣的」。

所謂語言的規則就是指語言所特有的修辭手法：隱喻和換喻。他把語言規則同夢的規則卽壓縮與移位相對比，認爲，在換喻中，如同在移位中一樣，整體被自己的部分所代替；在隱喻中，如同在壓縮中一樣，一種意義被另一種意義所代替。他認爲，借助這些規則，可以比較近似地描述所有的無意識：症狀就是隱喻，欲望就是換喻。拉康所說的「無意識具有語言的結構」就是指無意識可比擬於語言的話語或本文，其組成規則與語言規則類似。

　　拉康的另一個重要命題是：「無意識是他者的話語。」所謂「他者」，J. M. 布洛克曼解釋說：「必須記住，對拉康來說，（他者）不僅指其它的人，而且也指（彷彿由主體角度看到的）語言秩序，語言秩序旣創造了普通個人的文化，又創造了主體的下意識❺。」拉康認爲在作爲我們存在之核心的無意識中，「獨立主體」是不存在的，人向他者屈服並被他者屈服，人的每一行爲，包括最有利於他的，最終都來自要求被他者承認和自我承認的願望，所以說，人的無意識是他者的話語。

　　拉康的無意識理論雖然在內容上與弗洛伊德有相似之處，但在形式上屬不同的層次。拉康不重視弗洛伊德前期思想中生物學的性質，而受列維·斯特勞斯的影響關心心理、文化、語言三維的關係。拉康把無意識看作是另一套文字系統，它擠進意識的話語，「在其中的空隙間穿行」。拉康的弟子萊克頓爾對此有一段生動的描述：

　　　　無意識不是爲了使彩色構圖更鮮麗的畫架底布；它是在先

---

❺　《結構主義：莫斯科──布拉格──巴黎》，頁 106。

的素描，它在畫布用於另一幅畫之前已被覆蓋住。如果用
音樂比喻，無意識不是賦格曲的對位或旋律的和聲：它是
人們聽見的爵士樂，儘管它傳自海頓四重奏背後，當無線
電未調準或選擇不佳時，就會如此。無意識不是信息，
甚至不是人在一舊黃卷書上用心讀解的奇怪的或編碼的信
息：它是寫在文章下面的另一本文。人們必須通過從後面
照明它或借助顯色劑來閱讀。❻

第三節　弗洛伊德與西方馬克思主義

西方馬克思主義產生於本世紀二〇年代，它是西方一些馬克
思主義者所具有的共同理論傾向和學術風格所形成的一種社會思
潮，其創始人是匈牙利的盧卡奇（G. Lukäcs, 1885~1971），
德國的柯爾施（Kari Korsch, 1886~1961），意大利的葛蘭西
（Antonio Gramsei, 1891~1937）。這些人因不同意恩格斯和
列寧的觀點而被共產國際視為異端，但他們都自己認為是堅持馬
克思的正宗理論衛士。二次世界大戰以後，西方一些年輕的馬克
思主義者把馬克思的理論同形形色色的新興理論結合起來，形成
了存在主義的馬克思主義，弗洛伊德的馬克思主義等，逐漸匯
合成為西方馬克思主義的大潮，深刻地影響了西方世界的意識形
態。就弗洛伊德的馬克思主義這一西方馬克思主義而言，其主要
人物有三位，即賴希、弗洛姆和馬爾庫塞。

---

❻　《現代西方著名哲學家述評續集》，頁 412。

一、賴希的「弗洛伊德馬克思主義」

魏爾海姆・賴希（Wilhelm Reich, 1897～1957）是奧地利著名的精神分析學家，弗洛伊德的學生。賴希力圖在他的理論中把弗洛伊德的精神分析的觀點同馬克思的經濟學結合起來，並稱之爲「經濟學」理論。但是他所說的經濟學並不是馬克思所說的社會生產理論，而是弗洛伊德的性的理論的翻版，他用這一術語來測定人的機體內產生的性能量，是性能量經濟學。賴希認爲，馬克思的經濟決定論有兩個缺陷：其一是沒有說明經濟發展過程在實際上是怎樣被轉變爲意識的；其二是沒有對意識是怎樣反作用於各種經濟發展過程中作出解釋。弗洛伊德則正好解決了這個問題，那就是理解社會的經濟過程和社會過程的決定性因素是個性結構、人的性格，即在家庭生活中發生衝突情境的基礎上來揭示它們。因此可以把弗洛伊德與馬克思結合起來形成弗洛伊德的馬克思主義。

但是賴希所說的個性結構和人的性格並不是弗洛伊德所說的個性結構和人格，而是他受弗洛伊德影響下形成的自己的理論觀點。賴希認爲，個性結構是由三個獨立的發揮機能的組織平面或層面組成。其一是表層，即虛僞的僞裝社會層，或社會合作層。在這一層面中，人的眞面目隱藏在資產階級的溫情脈脈的面紗之下，在現行的道德規範和社會法規面前，個體用虛假的社會性和虛假的自我監督掩護自己。其二是中間層 —— 反社會層，或弗洛伊德所說的無意識的東西。它是各種繼發性的衝動的總和，其中包括粗魯的、粗暴的、性欲的衝動和變態的無意識的欲望。其三是深層，或由天賦的社會衝動組成的生物內核。當人暴露出這種

「天賦的社會衝動」時，他是以健康的人而出現的。賴希認爲，
個性結構最重要和最本質的部分是「深層」，它是人的天賦的、
健康的基礎。在此「深層」中，人的一切欲望和衝動的表現卽使
具有缺乏理性的、自發的、無意識的性質，仍具有眞正的人的性
質。「天賦的社會衝動」只有在個性結構的第二個層面上才具有
變態的、非理性的色彩。在這一層面上，「天賦的社會衝動」被
曲解和歪曲得面目全非。這些被歪曲的非理性衝動上升到個性的
表層時，就會巧妙地僞裝起來，從而創造出人的特殊性格，在此
基礎上產生所謂的「神經質」，它是防止來自外界社會的過大壓
力的特殊保護傘，是個體天賦的社會衝動自由表現的人工屏障。
在這裏，我們可以看到，弗洛伊德的人格學說被賴希作了一個
顚倒，自我和本我在這裏換了一個位置。弗洛伊德認爲無意識的
衝動、侵略的欲望等處在深層，而賴希則認爲深層是天賦的社會
性，只有在中間層才變成變態的非理性的東西。

由此而直接影響到賴希對「神經症」病理的看法。賴希認爲，
神經症是人生在具體的社會和歷史的生活條件下的病態現象，而
不是弗洛伊德所說的性的壓抑；而且賴希還認爲，神經病不是個
別病態的表現，而是人的共同的病態現象。在這裏我們可以看到
賴希受馬克思的「異化理論」的影響。

賴希看到了弗洛伊德生物主義的局限性，利用社會因素來補
充它，這是他的貢獻。

二、弗洛伊德與弗洛姆

弗洛姆 (Erich Fromm, 1900～1980) 是美籍德裔著名精
神分析學家、社會學家和哲學家。弗洛姆對弗洛伊德非常推崇，

認爲他關於「里比多」的理論是「關於人的科學的卓越貢獻」，並肯定精神分析認爲社會文明是現今社會病源的觀點是弗洛伊德的巨大歷史功績。另一方面，他對馬克思的經濟決定論也非常傾心，尤其是馬克思關於異化的理論更使他入迷，由此他將弗洛伊德和馬克思的理論結合起來，相互糾編、補充，形成他的人道主義馬克思主義理論。

弗洛姆認爲，馬克思的功績在於他強調了社會的經濟因素和政治因素對人的決定作用，但是他忽視了非理性的一面，而只強調理性的一面；弗洛伊德則相反，只強調非理性的本能的衝動，卻忽視了經濟的和社會的因素，因此必須把他們二人的理論結合起來，這樣才不至於失之偏頗。這樣就要創造性地提出弗洛伊德──馬克思主義的新理論，這就是他的人道主義理論。

弗洛姆說，馬克思認爲，現代的工業文明日益使人異化，使人成爲沒有思想沒有感情的機器，因此首先必須發動革命把人從資本主義制度的奴役下解放出來，使人成爲眞正的人，而眞正的人是具有政治權利的人。但弗洛姆認爲，資本主義對人的壓抑不是政治上的壓抑，從根本上來說是對人性的壓抑，因此現代革命的根本任務就是要把人們的本能衝動，把人的本性從愈趨嚴重的文明壓制下解放出來。

弗洛姆的社會革命也是以弗洛伊德的精神分析學爲基礎的。他認爲，社會的經濟政治改造同人的心理改造是相輔相成的。更確切地說，心理改造是政治改造的前提，革命不是簡單的生產資料所有制的變動和政權的更迭，而是「本能結構的革命」。卽通過精神分析使心理完成某種「蛻變」，以及進行「愛」的教育，使人的內心獲得解放，成爲「新型的道德完善的人」，這樣的人

組成的社會才是眞正的社會主義社會。這種社會的基礎是「愛」，愛是人的本性，因此也是人與人之間彼此聯合的基礎。

三、弗洛伊德與馬爾庫塞的社會批判理論

馬爾庫塞 (Herbert Marcuse, 1898～1979) 是法蘭克福學派的主要代表人物。馬爾庫塞早年受存在主義影響，力圖把存在主義和馬克思主義結合起來。後受弗洛姆的影響，開始推崇弗洛伊德主義，並力圖將弗洛伊德與馬克思結合起來。他的思想觀點總的說來沒有超出弗洛姆，但是他的貢獻在於利用弗洛伊德和馬克思的學說對現代西方資本主義社會進行猛烈的抨擊。

同弗洛姆一樣，馬爾庫塞認爲，馬克思重視政治經濟等社會方面的因素，用它來分析資本主義人的異化的本質，這是正確的；但是，卻忽視了人的心理的方面。而弗洛伊德關於人的本質是本能的衝動，即愛欲的衝動，這是正確的，因爲幸福的實質就是自由，而自由的獲得就在於解放被壓抑的欲望，弗洛伊德關於人的本質的觀點正好可以用來補充馬克思的缺陷。但是馬爾庫塞並不是把馬克思與弗洛伊德機械地結合在一起，而是創造性地提出了他的「發達工業社會」的理論。

馬爾庫塞認爲，馬克思關於資本主義的理論是古典的理論，因爲時代已進入了發達工業的社會，因此，剩餘價值學說過時了，因爲工人的生活水平的提高，已達到了資產階級和無產階級同流合污的階段，他們共同組成「富裕的社會」，而這個富裕的社會裏，人的異化不再是由於生活財富的匱乏造成的，而是財富的堆積造成的，其表現是生活日益奢華，政治和經濟權利高度集中，科學和僞科學盛行，整個社會成了爭權奪利的機器，一切社

會關係都變成了片面的社會關係，人的人性被嚴重地壓抑甚至扭曲，人成了「單面人」。這種壓抑主要分兩種：本能的壓抑和補充的壓抑。前者是指維護發達工業文明的「現實原則」把人類追求快樂的本能，主要是性本能壓制下去了；而後者則是爲了有利於維護和發展文明，由具體統治結構採用一些補充的控制形式使人類的可能狀況和現實狀況的鴻溝增大。

因此，必須發動革命來解放人性，這種革命不是像馬克思所說的政治革命，即打碎舊的國家機器，而是心理學的革命，或性本能的革命，那就是要解放人性，解放性欲。這樣就要建立「反文化」戰線，形成新意識，培養新型的人，即性本能徹底解放的人。這些人是革命的主體，而不是像馬克思所說的那些無產階級是革命的主體。他們所建立的社會也不是馬克思的烏托邦式的共產主義社會，而是沒有任何壓抑，沒有任何統治的性的解放的社會。在這個社會裏，一切衝突、敵對、反抗統統消失了，出現的是滿足和肉體的感受，是對立的統一和「寧靜生存的眞正和諧」。

第四節　弗洛伊德與現代西方文藝思潮

現代西方文藝思潮是個很廣泛的概念，總的說來它是指十九世紀末二十世紀初崛起的並盛行一時的各種大大小小流派的總匯，如象徵主義、表現主義、未來主義、達達主義、超現實主義、意識流小說、存在主義文學等等，它們總的特點都是對傳統的反叛，對非理性的注重，這樣的一股思潮在本質上具有與弗洛伊德相通之處。因此，他們吸收弗洛伊德的思想來發展他們的理

論，這就不足爲怪了。

一、弗洛伊德與現代西方文藝創作

在文藝創作方面受弗洛伊德影響較深的主要有超現實主義和意識流小說。

超現實主義的創始人是安德烈・布勒東（André Breton，1896～1966）。布勒東在其〈超現實主義宣言〉這一標誌超現實主義誕生的文章中明確地表明了弗洛伊德對他們的影響，弗洛伊德是其理論的精神支柱。從〈超現實主義宣言〉一文中看，他受弗洛伊德的影響主要有以下幾個方面：

首先，他們倡導利用弗洛伊德的自由聯想法來作爲寫作方式。弗洛伊德的自由聯想法是用來揭示病人病源的，他主張人在極度的放鬆下任由腦海中的思想浮現、不加控制、不加評說。布勒東認爲，這種自由聯想對作家的寫作具有極大的啓發性，超現實主義就應該記錄我們的自由聯想，而不要對浮現在我們腦海中的念頭枉加評說。由此，布勒東給超現實主義下了這樣的一個定義：「超現實主義，陽性名詞：純粹的精神自動性。人們打算通過它，以口頭、書面或任何其它的形式表達思想的眞正活動。它是思想的照實記錄，沒有絲毫理智的控制；擺脫了任何美學或倫理的成見。」

其次，他們把無意識看作是文藝作品的源泉，鼓吹面向內心的追求。超現實主義認爲，寫作就是無意識的自由流露，無意識是眞善美的源泉，由於人們日常生活中的政治社會因素的壓制，無意識處在被壓抑狀態，超現實主義應該將其解放出來，當作生活的實在，使人的精神獲得自由和解放。同時他們對性欲問題也

很重視，曾專門對此進行研究，但他們與弗洛伊德的性本能觀點不同的是，他們的立足點是愛情，認為愛是生活和創造的動力，一切反對愛的東西都應該被消滅。

第三，他們注重夢境和幻覺，認為夢境和幻覺是內心的真實流露，因此他們的創作中便大量地出現了夢境和幻覺的東西。布勒東在〈超現實主義宣言〉中說：「夢境與現實這兩種狀態似乎互不相容，但我相信在未來這兩者必會融為一體，形成一種絕對的現實，亦即超現實。」

超現實主義就是按照這些方針來創作的。如布勒東自己的創作《可溶解的魚》，就是自由聯想的產物，全書由三十節毫無聯繫的散文組成，記錄了夢幻般的內心活動，傾注了各種各樣的與現實相碰撞的意象。又如，他的詩體小說《娜嘉》就是理智和瘋狂交界、清醒和夢幻雜揉。

超現實主義的畫家也受弗洛伊德的影響而創作了許多著名的畫作。西班牙的三位現代派大師畢加索、達利、羅等就是其中的佼佼者。他們把無意識誘導出來的形象作為主題，描繪自己的種種夢幻和主觀感受。最著名的要數達利，他畫的鐘錶像一個軟麵團從樹枝、錶匣邊滑下來，落到一株橫在地上的長著睫毛的幼芽上，而這幼芽卻是個形體歪曲的人頭。據說，達利當時也對自己畫出來的形象感到驚奇，因為這是他無意識的流露。

受弗洛伊德影響較深的還有意識流小說流派。意識流的概念來自美國哲學、心理學家詹姆士。這一流派早在弗洛伊德有關夢的著作之前就已經存在了，他們強調人的心理活動的連綿不斷的變化過程，強調意識的隨意性、主觀性和不合邏輯性，因此其傾向與弗洛伊德異曲同工。弗洛伊德的精神分析發明以後，意識流

派立卽開始吸收弗洛伊德的思想，尤其是無意識理論。弗洛伊德
改變了意識流派的心理看法，他將意識分爲意識、前意識、無意
識，並認爲無意識是前二者的根源的觀點，使他們的理論更深入
到人的心理底層，並且爲他們的理論提供了科學的基礎。此外意
識流派的寫作方法也吸收了弗洛伊德自由聯想法的精髓。自由聯
想法只讓病人自由聯想，醫生不加干預，彷彿沒有醫生似的，意
識流派的寫作也是一任主人公自由地傾吐自己的思想，作家不作
任何評說，在作品中作家隱匿不見了。

意識流派的著名作家有很多，但最突出的要數愛爾蘭作家喬
伊斯（J. Joyce, 1882～1941）。喬伊斯在其小說《尤利西斯》
中，充分表現了意識流小說的寫作特點。喬伊斯利用小說主人公
的內心獨白，展現了變幻莫測的心理時空，傾訴了自己腦海中的
自由聯想，呈現了不同層次的心理活動，特別是對潛意識制約下
的各種各樣的幻覺經驗的描繪，對性衝動、性心理及親子關係等
主題的特殊處理，帶有強烈的弗洛伊德痕跡。

弗洛伊德的思想還以各種各樣的形式滲透到其它許多作家的
文藝思想和文藝創作中，包括表現主義的代表人物卡夫卡（F.
Kafka, 1883～1924），英國的頹廢派作家勞倫斯（D. H. Lawre-
nce, 1885～1930），德國的批判現實主義作家托馬斯‧曼，以及
美國的批判現實主義作家德萊塞（Theodore Dreiser）。德萊塞
對弗洛伊德的影響說過這麼一段話，也許，這可以代表二十世紀
作家的共同心聲：

> 我永遠忘不了我第一次接觸弗洛伊德的《性學三論》、
> 《圖騰與禁忌》以及《夢的解釋》時的情景。在當時，甚

至現在，它們的每一章每一節都浮現在我的腦海中。一束
強烈的、天啟的光芒照亮了縈繞我心頭、糾纏我作品的那
些黑暗的問題。它幫助我研究人生和人。當時我說過這樣
的話，在此我再重複一遍：他使我想起這樣的一個侵略
者，這個侵略者攻占了一座城市，他走進那些古老而灰暗
的監獄，採取了一個寬宏大量的行動，那就是把那些千百
年來折磨人的公式信仰和幻想的囚徒從其沉悶生鏽的細胞
中解放了出來。現在我還是這麼認為。

這就是弗洛伊德投向人類心靈的光芒！它異想天開！它摧
毀幻想！它療疾靈驗！對於我來說，它又偉大又美麗。❼

二、弗洛伊德與現代西方文藝批評

把精神分析應用到文藝批評上，這是弗洛伊德帶的頭。弗洛
伊德自己就曾分析過索福克勒斯的《俄狄普斯王》、莎士比亞的
《哈姆雷特》、歌德的《詩與真》以及霍夫曼的志怪小說。在作
這些分析時，弗洛伊德都是用俄狄普斯情結作為標準的。他的這
一行動直接導致了其後的精神分析的文藝批評。

精神分析的文藝批評的主要人物是弗洛伊德的學生瓊斯和蘭
克。瓊斯著有《用於解釋哈姆雷特之奧秘的俄狄普斯情結》，蘭
克著有《詩歌與民間傳說的亂倫主題》。他們都是在作品中去尋
找兒童性欲和家庭亂倫的內容。按照弗洛伊德的學說，人的潛意
識是人的本能欲望的壓抑，這些潛意識有時趁意識不注意會在作

---

❼ *Freud: The man and the cause*, p. 421.

家寫作之時偷偷地溜出來在白紙上變成黑字；或者說，這些經過意識檢查的文字也是無意識的結果。因此，精神分析的文藝批評家總是透過作品的表面形式去挖掘其中的內在深意。

　　弗洛伊德的思想還影響到另外一派文藝批評，即原型批評。原型批評的創始人也是弗洛伊德的學生，就是大名鼎鼎的榮格。榮格把弗洛伊德的無意識擴大爲兩個部分：即個體的無意識和集體的無意識。集體無意識的內容就是各種原型。原型批評的另一個創始人是英國的人類學家弗雷澤（J. G. Frazer）。原型批評在二十世紀四〇至五〇年代迅速發展，很快名震遐邇，成爲國際性的文藝批評流派。原型批評把文學藝術的主題、形象和敍事方式解釋成人類的基本原型的象徵和再現。這一流派的代表者是加拿大的諾斯洛普·弗賴（N. Frye），他在其《批評的解剖》一書中，把文學藝術看作是人類文明的一種象徵形式，並從遠古的宗教儀式、神話和信仰中去追尋這種象徵活動的源頭，發現基本的原型，從原型的置換變形的角度去透視文藝作品構成的規律。

弗洛伊德年表

1856年　5月6日生於奧匈帝國的摩拉維亞的弗萊堡（今屬捷克斯洛伐克）。 父親雅各布‧弗洛伊德（1815～1896）是個不得意的毛織商人。母親阿瑪麗婭‧弗洛伊德（1835～1930）賢淑勤勉。 家有兩個異母哥哥， 兩個同胞弟弟，5個妹妹。雙親皆爲猶太人。

1859年　舉家遷往萊比錫。

1860年　移居維也納，其後一生的大部分皆在此度過。

1865年　比一般人早一年上文科中學， 直至畢業，成績一直各列前茅。在上學之前，主要由父親言傳身教，以《聖經》和猶太法典的知識爲主。

1872年　探訪誕生之地弗萊堡，與父親朋友的女兒夏拉發生初戀。

1873年　以優異成績畢業於文科中學。畢業前夕，聽卡爾‧布呂爾教授的講演，對他朗誦的〈論自然〉一文憬然有悟，決定攻讀醫學。由於成績優異，中學畢業後按其志願被保送到維也納大學醫學院。在大學裏對著名生物學家布呂克、 動物學家克勞斯、 哲學家布倫塔諾的課最感興趣。受到克勞斯教授的襃獎。

1876年　入布呂克生物學研究所工作，被指定研究神經系統組織學，主攻低等動物的神經細胞及其功能。在此結識布洛伊爾教授。

1877年　拿出第一個科研成果〈鰻魚的生殖腺的形態和構造〉，並在科學院《學報》發表。

1880年　應徵入伍。將英國哲學家約翰·穆勒論社會問題及有關柏拉圖的論文譯成德文，譯筆流暢。

1881年　遲三年接受醫學院畢業考試，以優秀的成績獲博士學位。

1882年　4月，與猶太姑娘瑪塔·貝爾蕾絲（1861～1950）邂逅。

　　　　6月，與瑪塔·貝爾蕾絲訂婚。

　　　　7月，接受恩師布呂克的建議，從生物研究轉為臨床醫學，並在維也納總醫院服務，初為外科，後轉為內科。

1884年　發表有關可卡因的麻醉作用的論文〈論可卡因〉。

1885年　任維也納大學神經病理學講師。受布呂克的推薦留學巴黎，師從法國精神病學家沙可（1825～1893），對歇斯底里研究大感興趣。

1886年　與瑪塔·貝爾蕾絲結婚。在維也納開設醫治精神病的私人診所。

1887年　長女馬蒂爾德出生。與柏林內科、耳鼻喉科醫生弗里斯結交，成為最好的朋友。開始用催眠術治療。並同布洛伊爾合作，對歇斯底里進行治療，先用宣泄法，後發展成為自由聯想法。

1889年　赴法國南錫向伯恩海姆學習暗示法。在治療少女杜拉中，分析夢。長子馬丁出生。

1891年　發表〈論失語症〉。次子奧利佛誕生。

1892年　次女蘇菲誕生。

1893年　與布洛伊爾合著〈歇斯底里現象的心理機制〉發表。

1895年　與布洛伊爾合著《關於歇斯底里的研究》出版。

　　　　7月24日，首次對自己的夢進行分析，這就是著名的〈伊瑪的注射〉。從這時開始，放棄催眠療法，改用自由聯想法。

　　　　12月，三子恩斯特誕生。

1896年　開始使用「精神分析」一詞。小姨明娜・貝爾蕾絲住到他家。

　　　　10月，父親病亡，促使他回憶幼年生活。

1897年　對自己進行精神分析。

1898年　發表關於幼兒性欲的論文，以及〈性在神經症病因學中的地位〉。

1900年　《夢的解釋》出版。與弗里斯發生衝突，友誼破裂。

1902年　與弗里斯絕交。與阿德勒（1870～1937）等人建立「星期三心理學學會」。不久蘭克、漢斯加入。

1904年　發表少女杜拉的病例報告。《日常生活的精神病理學》出版。

1905年　《性學三論》完稿，同時完稿的還有《詼諧及其與無意識的關係》。探索源自幼兒的性欲發表規律。

1906年　與榮格（1875～1961）定期通信。

1907年　與榮格見面。與卡爾・阿伯拉罕交往。

1908年　在薩爾茨堡召開第一次國際精神分析代表大會。

　　　　4月，「星期三心理學學會」改名爲「維也納心理分析學會」。

　　　　開始與瓊斯和費倫茨交往。

　　　　發表〈「文明的」性道德與現代神經病〉、〈詩人與幻

想〉、〈歇斯底里的幻想及其與兩性並存的關係〉、〈性
格與肛欲〉等。

1909年　任維也納大學醫學院神經生理學助教授。

9月，應美國心理學家霍爾（1844～1924）之邀與榮格
一起赴美講學，作《精神分析五講》。在美會晤著名哲
學家、心理學家威廉・詹姆士（1842～1910），受到高
度評價。

研究一個五歲男孩的病歷，進一步證明歇斯底里與幼年
的性有關。後來又以之論證文明的起源。

1910年　第二屆國際精神分析學會代表大會在紐倫堡召開，榮格
當選爲主席。提出自戀理論，發表〈愛情心理學之一〉，
研究達・芬奇的繪畫與幼兒期的關係。

1911年　第三屆國際精神分析學會代表大會在魏瑪召開。阿德勒
退出學會，另建「自由精神分析學會」。因理論觀點之
分歧，與榮格關係惡化。美國精神分析運動興起，第一
項集會在巴爾的摩舉行。發表〈對心智機能的兩原則之
剖析〉。

1912年　創辦《意象》（Imago）雜誌，將精神分析擴展到其它
學科，弗洛伊德在雜誌上發表《圖騰與禁忌》。

1913年　第四屆國際精神分析學會代表大會在慕尼黑召開。與榮
格決裂。在瓊斯的建議下，成立保衞弗洛伊德委員會，
主要成員有費倫茨、阿伯拉罕、瓊斯、薩克斯、蘭克
等。《文化論》出版。

1914年　因第一次世界大戰爆發，德累斯頓大會中止。榮格退出
學會。撰寫〈精神分析運動史〉批判榮格與阿德勒。發

　　　　　表《米開朗基羅的摩西》。

1915年　里爾克訪問弗洛伊德。在維也納大學開設「精神分析引
　　　　　論」講座。發表〈無意識〉、〈壓抑〉等心理玄學方面
　　　　　的論文。

1917年　《精神分析引論》出版。

1918年　第五屆國際精神分析學會代表大會在布達佩斯召開，費
　　　　　倫茨任主席。發表〈愛情心理學之三〉。

1919年　在維也納設立「國際精神分析出版所」。艾丁根加入學
　　　　　會。

1920年　第六屆國際精神分析學會代表大會在海牙召開。著《超
　　　　　越快樂原則》。女兒蘇菲病亡。

1921年　發表《集體心理學和自我的分析》，涉及社會心理學。

1922年　下顎癌手術，至死共施手術33次。第七屆國際精神分析
　　　　　學會代表大會在柏林召開。女兒安娜當選會員。發表〈
　　　　　夢和心靈感應〉、〈妒嫉、妄想狂及同性戀的某些神經
　　　　　病機制〉。

1923年　與羅曼‧羅蘭通信。著《自我與本我》。

1924年　第九屆國際精神分析學會代表大會在薩爾茨堡召開，阿
　　　　　伯拉罕任主席。羅曼‧羅蘭和茨威格來訪。發表〈精神
　　　　　分析概述〉。維也納開始出《弗洛伊德全集》。

1925年　第九屆國際精神分析學會代表大會在洪堡召開。安娜代
　　　　　表弗洛伊德宣讀論文。布洛伊爾和阿伯拉罕去世，弗洛
　　　　　伊德撰文悼念。

1926年　艾丁根任國際精神分析學會會長，弗洛伊德決定引退。
　　　　　與蘭克分手。七十大壽，羅曼‧羅蘭、愛因斯坦等致賀

電。發表《抑制、症狀與焦慮》。

1927年　第十屆國際精神分析學會代表大會在因斯布魯克召開。
　　　　發表《一個幻覺的未來》、〈拜物教〉等研究宗教的論
　　　　文。

1928年　發表〈陀思妥耶夫斯基與弒父者〉、〈卡拉馬佐夫兄弟〉、
　　　　〈論「俄狄普斯情結」在文學上的應用〉。

1929年　第十一屆國際精神分析代表大會在牛津召開。德國作家
　　　　托馬斯‧曼在〈近代精神史上弗洛伊德的地位〉一文中
　　　　對弗氏評價甚高。

1930年　獲歌德文學獎。發表《文明及其不滿》。
　　　　9月，母病亡，享年95歲。

1931年　發表〈里比多類型〉、〈女性性欲〉等，研究女性性欲
　　　　及性動力諸類型。

1932年　第十二屆國際精神分析學會代表大會在維斯巴登召開，
　　　　瓊斯任主席。發表《精神分析引論新編》、《為什麼有
　　　　戰爭》。訪問托馬斯‧曼。

1933年　希特勒上臺，弗洛伊德的全部書籍成為禁書。

1934年　第十三屆國際精神分析學會代表大會在琉森召開。

1935年　被授予英國皇家學會名譽會員。

1936年　蓋世太保凍結「國際精神分析出版所」的全部財產。八
　　　　十大壽，羅曼‧羅蘭、茨威格、托馬斯‧曼等100多位
　　　　著名作家，集體署名贈送生日禮物，由托馬斯‧曼面
　　　　交。第十四屆國際精神分析學會代表大會在馬立安巴特
　　　　召開。發表〈給托馬斯‧曼──祝他六十大壽〉、〈自
　　　　傳的1935年追補〉。

1937年　發表〈有結局的分析和無結局的分析〉、撰〈摩西，一個埃及人〉。

1938年　納粹入侵奧地利，沒收「國際精神分析出版所」。

　　　　6月，因納粹逐猶運動、弗氏亡命倫敦。在倫敦會見了馬林洛夫斯基、茨威格、達利等人。

　　　　8月，第十四屆國際精神分析學會代表大會在巴黎召開。

1939年　因癌症復發，不能手術，囑醫生作安樂死。瓊斯與茨威格分別在倫敦與德國發表悼念演說。《摩西與一神教》出版，執筆中的《精神分析綱要》未能完成。

1940年　《弗洛伊德全集》（18卷本）出版發行，1952年出齊。1953年起，由詹姆斯‧斯特拉齊等人主編的《弗洛伊德全集》（標準版）（24卷）陸續出版。

《弗洛伊德全集》標準版目錄

第 一 卷

總序

關於我在巴黎和柏林學習情況的匯報

沙可的《神經系統疾病講義》譯序（1886）

一例嚴重的男性歇斯底里症的半麻痺症的觀察報告（1886）

短評二則（1887）

　　評艾烏伯格的《急性神經衰弱症》

　　評魏爾・邁特契爾的《神經衰弱和歇斯底里症的治療》

歇斯底里症（1888）

　　附：歇斯底里 —— 癲癇

有關催眠與暗示的論文（1888～1892）

　　編者導言

　　伯恩海姆的《暗示》譯序（1888）

　　　　附：德文第二版序

　　評奧古斯特・弗雷爾的《催眠術》（1889）

　　催眠術（1891）

---

* *The Standard Edition of the Complete Psychological Works of Sigmund Freud,* edited by James Strachey and Anna Freud, The Hogarth Press.

一例成功的催眠治療（1892～1893）

沙可的《星期二演講》譯序及注腳（1892～1894）

1893「初步交流」概況（1940～1941）

　　1.給約瑟夫・布洛伊爾的信

　　2.「Ⅲ」

　　3.關於歇斯底里症發作的理論

器質性運動麻痺和歇斯底里症的運動麻痺比較研究要點

〔1893（1888～1893）〕

弗里斯論文提要〔1950（1892～1899）〕

科學心理學設計〔1950（1895）〕

　　設計縮寫解釋

　　一、總綱

　　　　編者附錄A：弗洛伊德有關倒退概念的使用

　　二、精神病理學

　　三、試述正常Ψ過程

　　　　編者附錄B：弗洛伊德於1896年1月1日給弗里斯的第

　　　　　　　　　39封信摘要

　　　　編者附錄C：Q的實質

第 二 卷

關於歇斯底里的研究（*Studien über Hysterie,* 1893～1895）

　（約瑟夫・布洛伊爾和西格蒙德・弗洛伊德合著）

　　一、歇斯底里現象的心理機制：緒言（1893）（布洛伊爾和

　　　　弗洛伊德合著）

　　二、病例

　　1.安娜・奧小姐（布洛伊爾）

　　2.伊瑪・馮・N夫人（弗洛伊德）

　　3.露西・R小姐（弗洛伊德）

　　4.凱塞琳娜（弗洛伊德）

　　5.伊麗莎白・馮・R小姐（弗洛伊德）

　三、理論（布洛伊爾）

　四、歇斯底里的心理治療（弗洛伊德）

　　　編者附錄A：伊瑪・馮・N夫人病症年表

　　　編者附錄B：弗洛伊德主要論述轉換性歇斯底里的著作

　　　　目錄

第 三 卷

《弗洛伊德1893～1906短篇論文集》序（1906）

沙可（1893）

歇斯底里病症的心理機制：一次演講（1893）

防禦性神經精神病（1894）

　　　附：弗洛伊德基本假設的出現

強迫症與恐怖症：心理機制與病因（1895〔1894〕）

　　　編者附錄：弗洛伊德論恐怖症

關於用「焦慮性神經症」將一種特殊綜合症與神經衰弱相區別的

　　　理由（1895〔1894〕）

　　　編者附錄：關於A（焦慮）及其英文譯法

對我的「焦慮性神經症」的論文所受批評的答覆（1895）

遺傳和神經症的病因（1896）

再論防禦性神經精神病（1896）

第 四 卷

第 五 卷

第 六 卷

日常生活的精神病理學（*Zur Psychopathologie des Alltagslebens.,* 1901）

失誤行爲索引

第 七 卷

一例歇斯底里分析片斷（1905〔1901〕）

性學三論（*Drei Abhandlungen zur Sexualtheorie,* 1905）

　　一、性變態

　　二、幼兒性欲

　　三、靑春期變化

　　提要

　　　　編者附錄：弗洛伊德主要論述性欲的著述目錄

弗洛伊德精神分析程序（1904〔1903〕）

論心理治療（1905〔1904〕）

我對性欲在神經症病因中的看法（1906〔1904〕）

心理（或精神）療法（1890）

舞臺上的精神變態人物（1942〔1905或1906〕）

第 八 卷

詼諧及其與無意識的關係（1905）

　　編者附錄：弗蘭茨・布倫塔諾的謎語

　　詼諧索引

第 九 卷

第 十 卷

第十二卷

菲斯特的《精神分析方法》導言 (1913)

波克的《世界各地有關糞便的習俗》序 (1913)

短篇論文 (1911～1913)

　　元音字母前後排列順序的意義

　　「《以弗所》書中的狄安娜多麼偉大」

　　馬克西姆・斯特納的《男性性功能的心理障礙》序

第十三卷

圖騰與禁忌 (*Totem und Tabu,* 1913〔1912～1913〕)

　　編者附錄: 弗洛伊德論述社會人類學、神話學和宗教史的著
　　　　　　　述目錄

精神分析對科學興趣的要求

從精神分析實踐中來的觀察和實例 (1913)

精神分析治療中的體驗調查 (「已經講過了」) (1914)

米開朗基羅的摩西 (*Der Moses des Michelangelo,* 1914)

　　跋 (1927)

關於學童心理學的一些想法 (1914)

第十四卷

精神分析運動史 (1914)

論自戀: 導論 (1914)

有關心理玄學的論文 (1915)

　　本能及其變化 (*Triebe und Triebschicksale,* 1915)

　　壓抑 (1915)

　　無意識 (1915)

編者附錄A：弗洛伊德與艾夫瓦爾德‧赫林

B：心身平行論

C：詞與物

心理玄學對夢的理論的一個補充（1917〔1915〕）

悲傷與抑鬱症（1917〔1915〕）

編者附錄：弗洛伊德主要論述普通心理學理論的著述目
錄

與精神分析疾病理論相違背的一例偏執狂（1915）

目前對戰爭及死亡的看法（*Zeitgemäßes über Krieg und
Tod*, 1915）

附錄：弗洛伊德給德里克‧馮‧伊登博士的信

論變化無常（1916〔1915〕）

在精神分析中所遇到的一些性格類型（1916）

短篇論文（1915～1916）

神話中與視覺強迫症的類似情況

一種症狀與一種象徵之間的聯繫

給赫曼因‧馮‧胡一海爾姆斯博士的信

第十五卷

精神分析引論（1916～1917〔1915～1917〕）

一、過失心理學（1916〔1915〕）（1～4講）

二、夢（1916〔1915～1916〕）（5～15講）

第十六卷

精神分析引論（續）

三、神經病通論（1917〔1916～1917〕）（16～28講）

第十九卷

神經病與精神病（1924〔1923〕）

受虐癖的經濟問題（*Das ökonomische Problem des Maso-chismus,* 1924）

俄狄普斯情結的解除（1924）

神經病與精神病的現實性喪失（1924）

精神分析概述（1924〔1923〕）

對精神分析的抵抗（1925〔1924〕）

　　編者附錄: 叔本華的《作爲意志和表象的世界》摘錄

關於「奇迹本」的說明（1925〔1924〕）

否定（1925）

兩性解剖差異的心理後果（1925）

約瑟夫・波普 —— 林庫斯和夢的理論（1923）

桑多爾・費倫茨博士（五十壽慶）（1925）

艾契豪恩的《任性的青年人》序（1925）

約瑟夫・布洛伊爾（1925）

短篇論文（1922～1925）

　　雷蒙德・達・索松爾《精神分析的方法》序

　　馬克斯・艾丁根的《關於柏林精神分析門診部的報告（1920
　　年3月～1922年6月）》序

　　給弗利茨・魏特爾斯的信

　　給西尼・露易絲・勞柏絲 —— 貝利斯特羅斯・伊・達・特里
　　斯的信

　　給《Le Disgue vert》的信

　　給《蘇黎世猶太新聞中心報》編者的信

　　在希伯來大學開學之際

《期刊》的編者更替

第二十卷

自傳（1925〔1924〕）

　　跋（1935）

抑制、症狀與焦慮（1926〔1925〕）

　　編者附錄A：「壓抑」和「防禦」

　　　　　　B：弗洛伊德主要論述焦慮的著述目錄

非專業分析的問題（1926）

精神分析（1926〔1925〕）

給布奈・布里思協會的講演（1941〔1926〕）

短篇論文（1926）

　　卡爾・阿伯拉罕

　　給羅曼・羅蘭

　　寫給佩克沃思・法羅的一篇論文的序言性說明

第二十一卷

一個幻覺的未來（*Die Zukunft einer Illusion,* 1927）

文明及其不滿（*Das Unbehagen in der Kultur,* 1930〔1929〕）

拜物教（1927）

幽默（1927）

宗教體驗（1928〔1927〕）

陀思妥耶夫斯基與弒父者（1928〔1927〕）

　　附：弗洛伊德給西奧多・賴克的一封信

笛卡爾的夢：給馬克西姆・列羅的信（1929）

歌德獎金（1930）

　　給阿方斯・佩奎特的信

　　在法蘭克福歌德大廳所作的演講

　　編者附錄：弗洛伊德主要論述藝術、文學或美學理論的著述

　　　　　　目錄

里比多類型（1931）

女性性欲（1931）

短篇論文（1926～1931）

　　里克和庸醫行騙的問題：給《新聞自由報》的信

　　歐內斯特・瓊斯（五十壽慶）

　　專家對霍爾斯曼病例的意見

　　心理病理學特刊號《醫學評論》導言

　　艾道多・魏斯的《精神分析要素》導言

　　《柏林精神分析學研究所的十年》序

　　赫曼・南伯格的《以精神分析爲基礎的神經症概論》序

　　給皮利波的伯格馬斯特的信

第二十二卷

精神分析引論新編（*Neue Folge der Vorlesungen zur Ein-
　　führung in die Psychoanalyse* 1933〔1932〕）（29～35講）

生氣及其控制（1932〔1931〕）

爲什麼有戰爭？（*Warum Krieg?* 1933〔1932〕）（愛因斯坦和
　　弗洛伊德）

　　愛因斯坦的信

　　弗洛伊德的信

第二十三卷

防禦過程中的自我分裂（1938）

精神分析的一些基本教訓（1938）

論反猶太主義（1938）

短篇論文（1937～1938）

　　魯・安德里斯一塞洛姆

　　成果、思想、問題

　　英國的反猶太主義

第二十四卷

序

導言

標準版全集 1～23卷目錄

　　圖片目錄

　　縮寫目錄

標準版中弗洛伊德著作的字母順序排列目錄

編者注解索引

　　A.編者評注目錄

　　B.名詞及其用法注釋

　　C.主題目錄索引

文獻目錄和作者索引

　　A.弗洛伊德文獻目錄

　　B.除弗洛伊德外的文獻目錄和作者索引

期刊和論文輯目錄

病例索引

夢的一覽表

象徵索引
比喻索引
藝術和文學作品索引
人名索引
一般主題索引
補遺和勘誤

參 考 書 目

(一)德文書目

1. Freud, Sigmund: *Studienausgabe*. Herausgegeben von Alexander Mitscherlich, Angela Richards, James Strachey. Fischer Tatschenbuch Verlag, 1969~1979.

   Band I: *Vorlesungen zur Einführung in die Psychoanalyse, Neue Folge der Verlesungen in die Psychoanalyse.*

   Band II: *Die Traumdeutung.*

   Band III: *Psychologie des Unbewußten.*

   Band V: *Sexualleben.*

   Band VII: *Zwang, Paranoia und Perversion.*

   Band IX: *Fragen der Gesellschaft, Ursprünger der Religion.*

2. Freud, Sigmund: *Zur Psychopathologie des Alltagslebens*. Internationaler Psychoanalytischer Verlag, Wien, 1929.

3. Candrau, Gion: *Sigmund Freud und Martin Hei-*

degger. Universtätsverlag, 1992.

4. Fromm, Erich: *Schriften über Sigmund Freud.* Deutsche Verlags Anstalt, 1989.

5. Kessler, Alfred S.: *Zur Entwecklung des Realitäts- begriffs bei Sigmund Freud,* Königschausen u. Neumann, 1989.

6. Roazen, Paul: *Sigmund Freud und Sein Kreis.* Pawlak, 1976.

(二)英文書目

1. Freud, Sigmund: *The Standard Edition of the Complete Psychological Works of Sigmund Freud,* edited by James Strachey and Anna Freud, The Hogarth Press. 1955.
   Volume II: *Studies on Hysteria.*
   Volume XII: *The Case of Schreber Papers on Technique and Other Works.*

2. Freud, Sigmund: *The Basic Writings of Sigmund Freud,* translated and edited by A. A. Brill. Modern Library, 1938.

3. Freud, Sigmund: *An Autobiographical Study.* The Hogarth Press. 1935.

4. Freud, Sigmund: *Letters of Sigmund Freud(1873 ~1939),* edited by Ernst L. Freud. The Hogarth

Press. 1961.

5. Barrett, William: *Irrational Man.* Doubeday & Company, Inc., 1962.

6. Berliner, Arthur K.: *Psychoanalysis and Society: The Social Thought of Sigmund Freud.* Univ. Pr. of America, 1983.

7. Boring, Edward G.: *A History of Experimental Psychology.* Appleton-Century-Grofts, Inc., 1950.

8. Burn, Edward McNall, & Ralph, Philip Lee: *World Civilizations.* W. W. Norton & Company, Inc., 1974.

9. Chaplin, James P., & Krawiec, T. S.: *Systems and Theories of Psychology.* Holt, Rinehart and Winston, 1979.

10. Clark, Ronald W.: Freud: *The Man and The Cause.* Jonathan Cape and Weidenfeld and Nicolsen, 1980.

11. Gay, Peter: *Freud: A Life for Our Time.* W. W. Norton & Co., 1988.

12. Ghosh, Niva: *Freud and Adler on Man and Society.* Firma Klm Private Limited, 1981.

13. Herzog, Patricia Susan: *Conscious and Unconscious: Freud's Dynamic Distinction Reconsidered,* International Univ. Pr., 1991.

14. Jones, Ernest: *The Life and Work of Sigmund Freud.* Basic Book Inc., 1955.

Volume I: *The Formative Years and The Great Discoveries (1856~1900)*.

Volume Ⅱ: *Years of Maturity (1901~1919)*.

15. Isbistor, J. N.: *Freud: An Introduction to His Life and Work*. Polity Pr., 1985.

16. Krüll, Marianne: *Freud and His Father*. W. W. Norton & Co., 1986.

17. Lewis, Hele Block: *Freud and Modern Psychology*. Plenum Pr., 1981.

18. Murphy, Gardner, & Kovach, Joseph, K.: *Historical Introduction to Modern Psychology*. Harcourt Brace Jovanovich, Inc., 1972.

19. Olsen, Ole Andkjaer: *Freud's Theory of Psycho-Analysis*. New York Univ. Pr., 1988.

20. Wittels, Fritz: *Freud and His Time*. Horace Liveright, Inc., 1931.

21. Wollheim, Richard, & Hopkins, James ed. *Philosophical essays on Freud*. Combridge Univ. Pr., 1982.

(三)中文書目

1. 《弗洛伊德 —— 一個神秘的人物》，楊恩賓等著，遼寧大學出版社，1986年。

2. 《弗洛伊德精神分析述評》，張傳開等著，南京大學出版

社，1987年。

3. 《精神分析述評》，張英著，遼寧大學出版社，1987年。

4. 《弗洛伊德傳》，高宣揚編譯，南粵出版社，1980年。

5. 《現代西方人格心理學史》，鄭希林編著，河南人民出版社，1991年。

6. 《外國各家談夢匯釋》，傅正谷編著，天津社會科學出版社，1991。

7. 《心理學史》，張肯松編。

8. 《意識與無意識》，車文博著，遼寧人民出版社，1987年。

9. 《日常生活的心理分析》，弗洛伊德著，林克明譯，志文出版社。

10. 《弗洛伊德傳》，弗洛伊德著，廖運範譯，志文出版社。

11. 《弗洛伊德著作選》，約翰·里克曼編，賀明明譯，四川人民出版社，1986年。

12. 《馬克思恩格斯選集》（第四卷，第七卷），人民出版社，1975年。

13. 《自然辯證法》，恩格斯著，人民出版社，1975年。

14. 《弗洛伊德的使命》，弗洛姆著，尚新建譯，三聯書店，1986年。

15. 《弗洛伊德論創造力與無意識》，弗洛伊德著，孫愷祥譯，中國展望出版社，1986年。

16. 《弗洛伊德論美文選》，弗洛伊德著，知識出版社，1987年。

17. 《夢的精神分析》，弗洛姆著，葉頌壽譯，志文出版社。

18. 《弗洛伊德心理學入門》，C. S. 霍爾著，陳維正譯，商務

印書館，1985年。

19. 《榮格心理學綱要》，C. S. 霍爾等著，張月譯，黃河文藝出版社，1987年。

20. 《愛欲與文明》，馬爾庫塞著，黃勇等譯，上海譯文出版社，1987年。

21. 《從弗洛伊德到榮格》，L.羅恩著，陳灰欽等譯，中國國際廣播出版社，1989年。

22. 《弗洛伊德與馬克思》，奧玆本著，董秋斯譯，三聯書店，1986年。

23. 《理想的衝突》，L.賓克萊著，王太慶等譯，商務印書館，1983年。

24. 《國外心理學的發展與現狀》，雅羅舍夫斯基等著，王玉琴等譯，人民教育出版社，1981年。

25. 《影響世界歷史的16本書》，唐斯著，纓等編譯，上海文光出版社，1986年。

26. 《海涅選集》，馮至選譯，人民文學出版社，1983年。

27. 《存在與虛無》，薩特著，陳宣良譯，三聯書店，1987年。

28. 《西方心理學的新發展》，高覺敷主編，人民教育出版社，1987年。

29. 《心理學導論》（上），E. R. 希爾加德著，周克庚等譯，北京大學出版社，1987年。

30. 《馬克思主義對心理分析學說的批評》，C.克萊芒著，金初高譯，商務印書館，1985年。

31. 《奧地利史》，埃里布·策爾納著，李樹等譯，商務印書館，1981年。

32. 《十六～十八世紀西歐各國哲學》，北京大學編譯，商務印書館，1975年版。

33. 《西方哲學原著選讀》，北京大學編，商務印書館，1990年。

34. 《結構主義: 莫斯科 —— 布拉格 ——巴黎》，J. M. 布洛克曼著，李幼蒸譯，商務印書館，1986年。

35. 《現代西方著名哲學家述評續集》，杜任之主編，三聯書店，1982年。

36. 《現代西方著名哲學家述評》，杜任之主編，三聯書店，1980年。

37. 《弗洛姆著作精選》，弗洛姆著，黃頓杰主編，上海人民出版社，1989年版。

38. 《精神分析的過去和現在》，魯本・弗恩著，傅鏗編譯，學林出版社，1988年。

39. 《愛情心理學》，弗洛伊德著，林克明譯，作家出版社，1986年。

索　引

三　　畫

四　　畫

五　　畫

六　畫

七　畫

八　畫

十　一　畫

十二畫

十 三 畫

十 五 畫

十 六 畫

十 七 畫

十 八 畫

十 九 畫

二 十 畫

二十一畫

二十二畫

二十三畫

二十四畫

二十五畫

書　　　　　名	作　　　者	出　版　狀　況
庫　　　　　恩	吳　以　義	撰　　稿　　中
費　耶　若　本	苑　舉　正	撰　　稿　　中
拉　卡　托　斯	胡　新　和	撰　　稿　　中
洛　　爾　　斯	石　元　康	已　　出　　版
諾　　錫　　克	石　元　康	撰　　稿　　中
海　　耶　　克	陳　奎　德	撰　　稿　　中
羅　　　　　蒂	范　　　進	撰　　稿　　中
喬　姆　斯　基	韓　林　合	撰　　稿　　中
馬　克　弗　森	許　國　賢	已　　出　　版
希　　　　　克	劉　若　韶	撰　　稿　　中
尼　　布　　爾	卓　新　平	已　　出　　版
默　　　　　燈	李　紹　崑	撰　　稿　　中
馬　丁・布　伯	張　賢　勇	撰　　稿　　中
蒂　　里　　希	何　光　滬	撰　　稿　　中
德　　日　　進	陳　澤　民	撰　　稿　　中
朋　諤　斐　爾	卓　新　平	撰　　稿　　中

世界哲學家叢書(八)

書　名	作　者	出版狀況
布　拉　德　雷	張　家　龍	撰　稿　中
懷　　特　　海	陳　奎　德	排　印　中
愛　因　斯　坦	李　醒　民	撰　稿　中
玻　　　　　爾	戈　　革	已　出　版
卡　　納　　普	林　正　弘	撰　稿　中
卡爾・巴　柏	莊　文　瑞	撰　稿　中
坎　　爾　　爾	冀　建　中	撰　稿　中
羅　　　　　素	陳　奇　偉	撰　稿　中
穆　　　　　爾	楊　樹　同	撰　稿　中
弗　　雷　　格	趙　汀　陽	撰　稿　中
石　　里　　克	韓　林　合	排　印　中
維　根　斯　坦	范　光　棣	排　印　中
愛　　耶　　爾	張　家　龍	撰　稿　中
賴　　　　　爾	劉　建　榮	撰　稿　中
奧　　斯　　丁	劉　福　增	已　出　版
史　　陶　　生	謝　仲　明	撰　稿　中
赫　　　　　爾	馮　耀　明	撰　稿　中
帕　爾　費　特	戴　　華	撰　稿　中
梭　　　　　羅	張　祥　龍	撰　稿　中
魯　　一　　士	黃　秀　璣	已　出　版
珀　　爾　　斯	朱　建　民	撰　稿　中
詹　　姆　　斯	朱　建　民	撰　稿　中
杜　　　　　威	葉　新　雲	撰　稿　中
蒯　　　　　因	陳　　波	已　出　版
帕　　特　　南	張　尚　水	撰　稿　中

世界哲學家叢書(七)

書名	作者	出版狀況
沙　　特	杜小真	撰稿中
雅　斯　培	黃　藿	已出版
胡　塞　爾	蔡美麗	已出版
馬克斯·謝勒	江日新	已出版
海　德　格	項退結	已出版
漢　娜　鄂　蘭	蔡英文	撰稿中
盧　卡　契	謝勝義	撰稿中
阿　多　爾　諾	章國鋒	撰稿中
馬　爾　庫　斯	鄭　湧	撰稿中
弗　洛　姆	姚介厚	撰稿中
哈　伯　馬　斯	李英明	已出版
榮　　格	劉耀中	撰稿中
柏　格　森	尚建新	撰稿中
皮　亞　杰	杜麗燕	撰稿中
別　爾　嘉　耶　夫	雷永生	撰稿中
索　洛　維　約　夫	徐鳳林	排印中
馬　賽　爾	陸達誠	已出版
梅　露·彭　廸	岑溢成	撰稿中
阿　爾　都　塞	徐崇溫	撰稿中
葛　蘭　西	李超杰	撰稿中
列　維　納	葉秀山	撰稿中
德　希　達	張正平	撰稿中
呂　格　爾	沈清松	撰稿中
富　　科	于奇智	撰稿中
克　羅　齊	劉綱紀	撰稿中

世界哲學家叢書(六)

書　　　　　名	作　　者	出　版　狀　況
伏　　爾　　泰	李　鳳　鳴	排　印　中
孟　德　斯　鳩	侯　鴻　勳	已　出　版
盧　　　　　梭	江　金　太	撰　稿　中
帕　　斯　　卡	吳　國　盛	撰　稿　中
達　　爾　　文	王　道　遠	撰　稿　中
康　　　　　德	關　子　尹	撰　稿　中
費　　希　　特	洪　漢　鼎	撰　稿　中
謝　　　　　林	鄧　安　慶	排　印　中
黑　　格　　爾	徐　文　瑞	撰　稿　中
祁　　克　　果	陳　俊　輝	已　出　版
彭　　加　　勒	李　醒　民	已　出　版
馬　　　　　赫	李　醒　民	排　印　中
迪　　　　　昂	李　醒　民	撰　稿　中
費　爾　巴　哈	周　文　彬	撰　稿　中
恩　　格　　斯	金　隆　德	撰　稿　中
馬　　克　　斯	洪　鎌　德	撰　稿　中
普　列　哈　諾　夫	武　雅　琴	撰　稿　中
約　翰　彌　爾	張　明　貴	已　出　版
狄　　爾　　泰	張　旺　山	已　出　版
弗　洛　伊　德	陳　小　文	已　出　版
阿　　德　　勒	韓　水　法	撰　稿　中
史　賓　格　勒	商　戈　令	已　出　版
布　倫　坦　諾	李　　　河	撰　稿　中
韋　　　　　伯	陳　忠　信	撰　稿　中
卡　　西　　勒	江　日　新	撰　稿　中

世界哲學家叢書(五)

書　　　　　名	作　　　者	出　版　狀　況
中　江　兆　民	畢　小　輝	撰　　稿　　中
西　田　幾　多　郎	廖　仁　義	撰　　稿　　中
和　辻　哲　郎	王　中　田	撰　　稿　　中
三　　木　　清	卞　崇　道	撰　　稿　　中
柳　田　謙　十　郎	趙　乃　章	撰　　稿　　中
柏　　拉　　圖	傅　佩　榮	撰　　稿　　中
亞　里　斯　多　德	曾　仰　如	已　　出　　版
伊　壁　鳩　魯	楊　　適	撰　　稿　　中
愛　比　克　泰　德	楊　　適	撰　　稿　　中
柏　　羅　　丁	趙　敦　華	撰　　稿　　中
聖　奧　古　斯　丁	黃　維　潤	撰　　稿　　中
安　　瑟　　倫	趙　敦　華	撰　　稿　　中
安　　薩　　里	華　　濤	撰　　稿　　中
伊　本·赫　勒　敦	馬　小　鶴	已　　出　　版
聖　多　瑪　斯	黃　美　貞	撰　　稿　　中
笛　　卡　　兒	孫　振　青	已　　出　　版
蒙　　　　田	郭　宏　安	撰　　稿　　中
斯　賓　諾　莎	洪　漢　鼎	已　　出　　版
萊　布　尼　茨	陳　修　齋	排　　印　　中
培　　　　根	余　麗　嫦	撰　　稿　　中
霍　　布　　斯	余　麗　嫦	撰　　稿　　中
洛　　　　克	謝　啓　武	撰　　稿　　中
巴　　克　　萊	蔡　信　安	已　　出　　版
休　　　　謨	李　瑞　全	已　　出　　版
托　馬　斯·銳　德	倪　培　林	撰　　稿　　中

世界哲學家叢書(四)

書　　　　名	作　　者	出版狀況
奧羅賓多·高士	朱明忠	排印中
甘地	馬小鶴	已出版
尼赫魯	朱明忠	撰稿中
拉達克里希南	宮靜	撰稿中
元曉	李箕永	撰稿中
休靜	金烘泰	撰稿中
知訥	韓基斗	撰稿中
李栗谷	宋錫球	已出版
李退溪	尹絲淳	撰稿中
空海	魏常海	撰稿中
道元	傅偉勳	撰稿中
伊藤仁齋	田原剛	撰稿中
山鹿素行	劉梅琴	已出版
山崎闇齋	岡田武彥	已出版
三宅尙齋	海老田輝巳	已出版
中江藤樹	木村光德	撰稿中
貝原益軒	岡田武彥	已出版
荻生徂徠	劉梅琴	撰稿中
安藤昌益	王守華	撰稿中
富永仲基	陶德民	撰稿中
石田梅岩	李甦平	撰稿中
楠本端山	岡田武彥	已出版
吉田松陰	山口宗之	已出版
福澤諭吉	卞崇道	撰稿中
岡倉天心	魏常海	撰稿中

世界哲學家叢書 (三)

書　　　　　名	作　　　者	出版狀況
永　明　延　壽	冉　雲　華	撰　稿　中
湛　　　　　然	賴　永　海	已　出　版
知　　　　　禮	釋　慧　嶽	排　印　中
大　慧　宗　杲	林　義　正	撰　稿　中
袾　　　　　宏	于　君　方	撰　稿　中
憨　山　德　清	江　燦　騰	撰　稿　中
智　　　　　旭	熊　　　琬	撰　稿　中
康　有　　　爲	汪　榮　祖	撰　稿　中
章　太　　　炎	姜　義　華	已　出　版
熊　十　　　力	景　海　峰	已　出　版
梁　漱　　　溟	王　宗　昱	已　出　版
胡　　　　　適	耿　雲　志	撰　稿　中
金　岳　　　霖	胡　　　軍	已　出　版
張　東　　　蓀	胡　偉　希	撰　稿　中
馮　友　　　蘭	殷　　　鼎	已　出　版
唐　君　　　毅	劉　國　強	撰　稿　中
宗　白　　　華	葉　　　朗	撰　稿　中
湯　用　　　彤	孫　尚　揚	撰　稿　中
賀　　　　　麟	張　學　智	已　出　版
龍　　　　　樹	萬　金　川	撰　稿　中
無　　　　　著	林　鎮　國	撰　稿　中
世　　　　　親	釋　依　昱	撰　稿　中
商　羯　　　羅	黃　心　川	撰　稿　中
維　韋　卡　南　達	馬　小　鶴	撰　稿　中
泰　戈　　　爾	宮　　　靜	已　出　版

世界哲學家叢書 (二)

書　　　　　名	作　　　者	出　版　狀　況
陸　　象　　山	曾　春　海	已　　出　　版
陳　　白　　沙	姜　允　明	撰　　稿　　中
王　　廷　　相	葛　榮　晉	已　　出　　版
王　　陽　　明	秦　家　懿	已　　出　　版
李　　卓　　吾	劉　季　倫	撰　　稿　　中
方　　以　　智	劉　君　燦	已　　出　　版
朱　　舜　　水	李　甦　平	已　　出　　版
王　　船　　山	張　立　文	撰　　稿　　中
眞　　德　　秀	朱　榮　貴	撰　　稿　　中
劉　　蕺　　山	張　永　儁	撰　　稿　　中
黃　　宗　　羲	吳　　　光	撰　　稿　　中
顧　　炎　　武	葛　榮　晉	撰　　稿　　中
顏　　　　元	楊　慧　傑	撰　　稿　　中
戴　　　　震	張　立　文	已　　出　　版
竺　　道　　生	陳　沛　然	已　　出　　版
眞　　　　諦	孫　富　支	撰　　稿　　中
慧　　　　遠	區　結　成	已　　出　　版
僧　　　　肇	李　潤　生	已　　出　　版
智　　　　顗	霍　韜　晦	撰　　稿　　中
吉　　　　藏	楊　惠　南	已　　出　　版
玄　　　　奘	馬　少　雄	撰　　稿　　中
法　　　　藏	方　立　天	已　　出　　版
惠　　　　能	楊　惠　南	已　　出　　版
澄　　　　觀	方　立　天	撰　　稿　　中
宗　　　　密	冉　雲　華	已　　出　　版

世界哲學家叢書㈠

書　　　　　名	作　　　者	出　版　狀　況
孔　　　　　子	韋　政　通	撰　稿　中
孟　　　　　子	黃　俊　傑	已　　出　　版
荀　　　　　子	趙　士　林	撰　稿　中
老　　　　　子	劉　笑　敢	撰　稿　中
莊　　　　　子	吳　光　明	已　　出　　版
墨　　　　　子	王　讚　源	撰　稿　中
公　孫　龍　子	馮　耀　明	撰　稿　中
韓　非　子	李　甦　平	撰　稿　中
淮　南　子	李　　　增	已　　出　　版
賈　　　　　誼	沈　秋　雄	撰　稿　中
董　仲　舒	韋　政　通	已　　出　　版
揚　　　　　雄	陳　福　濱	已　　出　　版
王　　　　　充	林　麗　雪	已　　出　　版
王　　　　　弼	林　麗　真	已　　出　　版
阮　　　　　籍	辛　　　旗	撰　稿　中
嵇　　　　　康	莊　萬　壽	撰　稿　中
劉　　　　　勰	劉　綱　紀	已　　出　　版
周　敦　頤	陳　郁　夫	已　　出　　版
邵　　　　　雍	趙　玲　玲	撰　稿　中
張　　　　　載	黃　秀　璣	已　　出　　版
李　　　　　覯	謝　善　元	已　　出　　版
楊　　　　　簡	鄭　曉　江	撰　稿　中
王　安　石	王　明　蓀	排　印　中
程　顥、程　頤	李　日　章	已　　出　　版
朱　　　　　熹	陳　榮　捷	已　　出　　版